Navid Kermani

Was jetzt möglich ist

33 politische Situationen

C.H.Beck

© Verlag C.H.Beck oHG, München 2022
www.chbeck.de
Umschlaggestaltung: Rothfos & Gabler, Hamburg
Satz: Fotosatz Amann, Memmingen
Druck und Bindung: CPI – Ebner und Spiegel, Ulm
Gedruckt auf säurefreiem, alterungsbeständigem Papier
Printed in Germany
ISBN 978 3 406 79023 2

⌒myclimate

klimaneutral produziert
www.chbeck.de/nachhaltig

www.navidkermani.de

Inhalt

Vorwort

Zeitungen sind vergänglich. Den ältesten Text, den ich für das vorliegende Buch vorgesehen hatte, den Artikel über Nasr Hamid Abu Zaid in der *Frankfurter Rundschau* aus dem Jahr 1993, konnte ich zu Hause nirgends finden, nicht einmal als Datei in meinem Computer. In der Annahme, dort sei der Artikel elektronisch erfaßt, wandte sich mein Lektor an die *Frankfurter Rundschau* – vergebens. Gut, dann gibt es doch sicher einen Keller, in dem ältere Jahrgänge der Zeitung lagern, glaubte der Lektor, und gegen ein entsprechendes Entgelt werde die entsprechende Ausgabe hervorgeholt. Nein, gibt es nicht, teilte die Redaktion mit: Die *Frankfurter Rundschau*, die bis vor wenigen Jahren zu den vier, fünf überregionalen Zeitungen im deutschsprachigen Raum gehörte, mit einem herausragenden Feuilleton und einer Auslandsberichterstattung, deren schierer Umfang heute kaum glaublich erscheint – sie verfügt heute nicht einmal mehr über ein Archiv. Schließlich begab sich eine Mitarbeiterin des Verlags in die Münchner Staatsbibliothek und fand in einem der Regale tatsächlich die große, staubbedeckte Kladde mit dem Jahrgang 1993. Als sie die Ausgabe vom 4. September aufschlug, war sie so geistesgegenwärtig, nicht nur den gesuchten Artikel über Abu Zaid abzuphotographieren, sondern auch die Titelseite: «Ukraine gibt Atomwaffen ab. Auch über die Schwarzmeerflotte Einigung mit Rußland erzielt». Dreißig Jahre später, im März 2022, herrschte in der Ukraine Krieg.

Mit fünfzehn Jahren habe ich begonnen, für die Siegener Lokalredaktion der *Westfälischen Rundschau* zu arbeiten. Von Ratssitzungen über Theateraufführungen und Rockkonzerte bis hin zu Demonstrationen gegen die geplante Stadtautobahn und die unvermeidlichen Schützenfeste gab es nichts, worüber ich nicht berichtet hätte. Seither habe ich immer weiter für Zeitungen geschrieben, anfangs häufiger, seit meinen ersten Buchveröffentlichungen eher sporadisch. Was habe ich aus den politischen Situationen gelernt, die ich beschrieben oder kommentiert habe? Wenn ich nur einen Punkt herausgreifen soll, wäre es dieser: Gelernt oder genauer gesagt: erfahren, ja, mit eigenen Augen gesehen habe ich, wie einzelne Ereignisse, die regional begrenzt zu sein scheinen, weit entfernt und Jahre später massive Eruptionen auslösen können. Wie in der Natur scheint auch in der Politik alles mit allem durch eine Kette von Ursache und Wirkung verbunden, die in ihrer Komplexität selten vorauszusehen ist, aber im nachhinein bisweilen erkennbar wird.

Ich erinnere mich, daß afghanische Bekannte 1989 behaupteten, die Berliner Mauer sei eigentlich von Afghanen zu Fall gebracht worden. Als Student schien mir das etwas weit hergeholt, aber als ich mich näher mit den Ereignissen beschäftigte, ging auch mir schnell auf, daß die Reformpolitik Michail Gorbatschows, die zur deutschen Einheit führte, kausal mit dem erfolgreichen Widerstand der Mudschaheddin zusammenhing – und also mit der Entscheidung des Kremls, 1979 in Afghanistan militärisch zu intervenieren. Oder: Hätte 1952 der demokratische Bewerber Adlai Stevenson die Wahl zum amerikanischen Präsidenten gewonnen, dann hätte ein Jahr später die CIA nicht in Teheran die demokratische Regierung Mossadegh gestürzt und wäre es 1979 nicht zur Islamischen Revolution und zur Besetzung der amerikanischen Botschaft gekommen – mit allem, was daraus für das Verhältnis zwischen dem Westen und der islamischen Welt folgte. Dabei hatte wohl nicht einmal Dwight D. Eisenhower selbst im Wahlkampf viel über Iran nachgedacht. Und so weiter und so fort bis hin zur Ukraine: 1993 wollte das Land seine Nuklearwaffen nicht nur im Vertrauen auf das russische Versprechen abgeben, seine Souveränität in den bestehenden Grenzen zu respektieren. Wie aus der Meldung auf der Titelseite der *Frankfurter Rundschau* vom 4. September 1993 hervorgeht, verlangte die Ukraine außerdem Sicherheitsgarantien des Westens. Ich glaube nicht, daß sich außerhalb der Fachwelt irgendwer noch an diese Forderung erinnert – ich selbst tat es jedenfalls nicht. Vielleicht wurde sie seinerzeit in den westlichen Hauptstädten nicht einmal ernstgenommen. Aber dreißig Jahre später weiß die ganze Welt, wie berechtigt die Forderung war. Sie seinerzeit zu erfüllen, hätte den Krieg womöglich verhindert, der nicht nur für die Ukraine verheerend ist, für Rußland, für ganz Europa, sondern weit entfernt in Ostafrika zu fürchterlichen Hungersnöten führen wird. Im schlimmsten Fall folgt aus der damaligen Weigerung, die Sicherheit der Ukraine zu garantieren, der Dritte Weltkrieg.

Der Gedanke kam mir oft, als ich die Artikel für das vorliegende Buch zusammenstellte: Daß politische Entscheidungen, die man womöglich sogar als bedenklich markiert, gleichwohl in ihren Konsequenzen nicht absieht, lange Zeit später und ganz woanders dramatische Folgen haben. Manchmal allerdings können die Folgen auch viel früher eintreten, und das Seltsame ist: Jeder ist dann genauso überrascht. Ohne den fluchtartigen Rückzug des Westens aus Afghanistan wäre Rußland vermutlich nicht versucht gewesen, die Ukraine anzugreifen, in der Annahme, daß der Westen uneinig, müde, ängstlich, mit sich selbst beschäftigt und also zu keiner entschlossenen Reaktion fähig sein würde. Man ahnte wohl, daß die Bilder vom Kabuler Flughafen, wo Afghanen sich vergeblich an die amerikanischen Flugzeuge klammerten, weiteres Unheil nach sich ziehen würden, und zwar nicht nur für Afghanistan selbst. Nicht nur ich schrieb, daß die Herrschaft der Taliban auch im Westen spürbar sein würde, etwa durch neue Fluchtbewegungen, verbilligte Drogen, terroristische Rückzugsgebiete oder die weitere Stärkung Chinas. Aber daß nur wenige Monate später mitten in Europa Krieg herrschen würde – nein, das hat niemand auf der Rechnung gehabt, außer vielleicht im Kreml selbst. Und doch läßt sich im Rückblick ein Zusammenhang erkennen, der vom Einmarsch der Roten Armee in Afghanistan 1979 über das Erstarken des islamischen Fundamentalismus und die Anschläge vom 11. September bis hin zu den Kriegen Amerikas im Nahen Osten, der Passivität des Westens in Syrien, der Flüchtlingskrise 2015 und schließlich zum Brexit, zu Trump und der Schwäche des Westens reicht, die China und Rußland immer selbstbewußter auftreten ließ. Im Grunde gilt das für alle Bereiche unseres sozialen Lebens, nur merken wir es nicht bereits, wenn wir die Zeitung von heute aufschlagen, und schon gar nicht, wenn wir lediglich die Nachrichten verfolgen oder im Netz die Topthemen anklicken. Man denke nur an den Klimawandel, den wir im Norden maßgeblich bewirken und der im Süden zu schweren Dürren führt, durch die wiederum Kriege ausbrechen und ganze Völker ihre Lebensgrundlagen verlieren – wenn nicht sogar physisch den Boden unter ihren Füßen wie in Bangladesch oder auf den Malediven. Was für eine Illusion, zu glauben, daß wir von den Entwicklungen um uns herum auf diesem immer kleiner werdenden Planeten abgeschottet wären – und wie ernüchternd, zu sehen, daß die Illusion mit jedem Wahlkampf von neuem gehegt wird, in dem es alle vier Jahre wieder nur um Deutschland, Deutschland, Deutschland geht.

Das vorliegende Buch bildet die maßgeblichen politischen Entwicklungen der vergangenen drei Jahrzehnte nicht repräsentativ oder gar gültig ab, schon weil die Themen, über die ich mich zu äußern vermag, nun einmal begrenzt sind. Hinzu kommt, daß ich, wie bereits angedeutet, in manchen Jahren häufiger für Zeitungen schrieb, dann wieder über Jahre kaum, weil mich die Bücher oder auch mal das Leben zu sehr in Beschlag nahmen. Zudem bestand bis zur Pandemie ein guter Teil meiner publizistischen Arbeit aus Reportagen. Je inflationärer die Meinungen von jedem zu allem wurden, seit es die Talkshows und das Internet gibt, desto stärker wurde mein Drang zu berichten. Die Reisen aber haben, auch wenn viele Reportagen zunächst als Zeitungstexte erschienen, fast immer zu eigenen, in sich abgeschlossenen Büchern geführt. Ebensowenig berücksichtigt habe ich die Feuilletons, Kritiken und literarischen Impressionen, die ich über die Jahre in Zeitungen veröffentlichte. Das vorliegende Buch beschränkt sich auf meine politischen Stellungnahmen. Unter ihnen habe ich die dreiunddreißig ausgewählt, die mir aus heutiger Sicht am bedeutsamsten erscheinen, sei es, weil sie unmittelbar nach der Veröffentlichung besonders starke Reaktionen hervorriefen, sei es, weil sie immer noch relevant sind oder durch die nachfolgenden Entwicklungen von neuen relevant geworden sind. Dabei habe ich in Einzelfällen auch Artikel berücksichtigt, die bereits in frühere Bücher eingegangen sind, in den vergriffenen Sammelband *Strategie der Eskalation. Der Nahe Osten und die Politik des Westens,* in den Essay *Wer ist Wir? Deutschland und seine Muslime* sowie in abgewandelten Fassungen in den Roman *Dein Name.*

Nicht alle meine Vorhersagen haben sich als richtig erwiesen, und das vorliegende Buch übergeht nicht die Fehleinschätzungen, die mir unterlaufen sind. Der Leser, der von heute aus auf die jeweiligen Situationen blickt, wird sein eigenes Urteil fällen, das aufgrund der abgelaufenen Zeit auf einer stabileren Grundlage steht. Bestürzt hat mich bei der Durchsicht der Texte allerdings, daß ich seltener mit den Hoffnungen richtig lag, häufig indes mit meinen Befürchtungen, wenn diese nicht sogar übertroffen wurden. Und so gehört zu den Einsichten, die mir als politischer Kommentator und erst recht als Reporter zuteil geworden sind, leider auch diese: Gewalt wirkt. Wer Oppositionelle gnadenlos verfolgt, gleich zu Beginn von Protesten Schußwaffen gegen friedliche Demonstranten einsetzt oder Bomben auf eine aufständische Bevölkerung wirft, dessen Herrschaft hat gute Chancen zu überleben. Nicht Glasnost hat seit der Zeitenwende von 1989 Schule gemacht, sondern Tian'anmen. In gewisser Weise gilt das auch für unsere westlichen Demokratien, ob in den Vereinigten Staaten, Europa oder Israel: Wer das Völkerrecht bricht, im Kampf gegen den Terror allein auf Härte setzt, den Rechtsstaat aufgibt, gegen Fremde hetzt oder Demokratie als Diktatur der Mehrheit versteht, gewinnt allzu häufig die nächste Wahl.

Gewalt wirkt. Aber wie lange? Wenn wie in der Natur auch in der Politik alles mit allem durch eine Kette von Ursache und Wirkung verbunden ist, holt Gewalt früher oder später die Gewalttäter selbst ein oder mindestens ihre Nachfahren, ihre Gesellschaften. Deshalb bleibt es in gleich welcher politischen Situation falsch, das eigene Handeln danach auszurichten, was kurzfristig Erfolg verspricht, am wenigsten Einsatz verlangt oder gerade am populärsten ist. Nichts hat seit dem Zweiten Weltkrieg so viel realpolitischen Schaden angerichtet wie vermeintliche Realpolitik. Es ist nicht nur der Moral geschuldet, daß unsere Religionen nicht die Eigennützigen verehren, sondern die Märtyrer, und selbst in unseren heutigen säkularen Gesellschaften diejenigen zu

Helden werden, die gegen das Unrecht aufbegehren. Es ist auch klug im Sinne des Selbsterhalts, sofern der Horizont über den Tag hinausgeht, den die Zeitung festhält.

Köln, Mai 2022

1

Islam gegen Islam

Das Urteil gegen den ägyptischen Korangelehrten Nasr Hamid Abu Zaid

Frankfurter Rundschau, 4. September 1993

Von ihrer bevorstehenden Scheidung erfuhr Ebtehal Yunes aus der Zeitung. Ein ebenso eifriger wie vor religiöser Überzeugung eifernder ägyptischer Rechtsanwalt hatte im Juni vor einem ordentlichen ägyptischen Gericht – ohne daß sie oder ihr Mann, der Universitätsdozent Nasr Hamid Abu Zaid, davon gewußt hätten – die Scheidung beantragt. Seine Begründung: Die Ehe einer muslimischen Frau mit einem Apostaten sei nach islamischem Recht ungültig.

Ein schlechter Scherz, möchte man meinen; tatsächlich ist es der neueste Höhepunkt einer Affäre, die seit Monaten die ägyptische Öffentlichkeit in Atem hält. Die *Washington Post* hielt die Auseinandersetzung, in deren Mittelpunkt einige literatur- und islamwissenschaftliche Bücher eines ägyptischen Gelehrten stehen, für so bedeutsam, daß sie auf der Titelseite darüber berichtete. Aus gutem Grund: Wie in einem Brennglas scheint in ihr das Elend der muslimischen Welt sowie das verzweifelte Ringen um Erneuerung konzentriert zu sein. «Ich erwarte das Schlimmste», wird Frau Yunes von der *Washington Post* zitiert. Falls das Gericht die Scheidung verkünde, werde sie mit ihrem Mann das Land verlassen: «Haben Sie eine andere Lösung? Wir sind keine Helden.»

Seine Bücher behandeln den Koran und die Geschichte der islamischen Theologie, und wie heikel ein solches Thema im heutigen Ägypten ist, erfährt Nasr Hamid Abu Zaid nun am eigenen Leib. Abu Zaids Studien erscheinen zu einem Großteil im Ausland, seine Ernennung zum

Professor der Kairo-Universität wurde ihm aus fadenscheinigen Gründen verweigert, das Zentrum der sunnitisch-islamischen Theologie, die Azhar-Universität in Kairo, hat ein Verfahren wegen Apostasie gegen ihn eingeleitet, in der Presse ist er wüsten Beschimpfungen ausgesetzt, Prediger verurteilen ihn öffentlich als Ketzer, in seinem Briefkasten finden sich Morddrohungen, in seinem Heimatdorf wird er nach eigener Aussage mitsamt seiner Familie terrorisiert, von seiner Frau soll er geschieden werden, und nun erklärt ihn ein Rechtsanwalt zum Freiwild: «Unsere Verfassung schützt die Rechte der Mitglieder aller drei Religionen: Christentum, Islam und Judentum. Aber sie schützt nicht diejenigen, die sich entscheiden, ihre Religion zu verlassen», erläuterte Mohammed Samida Abu Samada der *Middle East Times*, weshalb es für ihn unausweichlich gewesen sei, die Scheidung der Eheleute Abu Zaid zu beantragen.

Etwa zur gleichen Zeit rechtfertigte der ehedem als moderat geltende Scheich Mohammed Ghazali, einer der einflußreichsten Theologen Ägyptens, die Ermordung von «Apostaten», falls der Staat seiner Verpflichtung zur Verurteilung und Bestrafung der Frevler nicht nachkomme. Ghazali, durch regelmäßige Fernsehauftritte bis in die abgelegensten Dörfer bekannt, verkündete diesen Freibrief zur Selbstjustiz als Zeuge der Verteidigung im Verfahren um dreizehn Fanatiker, die der Ermordung des säkularistischen Autors Farag Foda angeklagt waren. Foda war 1992 vor seinem Haus erschossen worden, nachdem er zuvor – ähnlich wie nun Abu Zaid – von der staatstragenden Presse als Ketzer gebrandmarkt worden war. Man hat in Ägypten sehr genau verstanden, daß der angesehene Scheich praktisch den Mord an Abu Zaid legalisiert hat. Was vor knapp drei Jahren mit der Veröffentlichung einer literaturwissenschaftlichen Studie über den Koran begann, könnte mit dem Exil oder gar Tod des Autors enden. «Es gibt keine Diskussion mit Dir», heißt es in einem der anonymen Briefe. «Entscheidend ist, daß Du an irgendeinen Ort, weit weg von der islamischen Welt, emigrierst; denn Du wirst nicht leben können in einem Land, das Du zerstören willst. Egal, wie sehr die Polizei versucht, Dich zu beschützen, Du wirst nicht entkommen.»

Das Übliche also? Wird nach Salman Rushdie, Aziz Nesin, Sadiq al-Azm, Mohammed Khalafallah, Said Aschmawi, Mahmud Mohammed Taha nun ein weiterer Vertreter westlich-säkulärer Aufklärung von religiösen Terrorkommandos bedroht? Ein erneuter Beleg für die zunehmende, religiös begründete Intoleranz in der islamischen Welt? Oder gar ein weiteres Anzeichen für den Kampf der Muslime gegen die Moderne, der sich noch gegen die Modernisten im eigenen Lager richtet?

Machen wir es uns nicht zu einfach. Die meisten der genannten Autoren sind in erster Linie keineswegs die Anwälte der westlichen Freiheits- und Menschenrechtsideale, als die sie oft dargestellt werden, sondern genauso Produkte ihrer eigenen, orientalisch-islamischen Kultur wie die großen Vereinfacher vom fundamentalistischen Lager auch. Es ist eben nicht so, daß auf der einen Seite vom Westen geprägte Modernisten und auf der anderen Seite die in ihrer Tradition verhafteten Fundamentalisten stehen, sondern beide Denkrichtungen, in sich unendlich vielfältig und uneinheitlich, sind dem Boden der gleichen, vom Westen zutiefst und unwiderruflich geprägten Kultur entwachsen. Nicht zwei Kulturen mit jeweils unterschiedlichen Wertmaßstäben stehen sich gegenüber, sondern zwei Standpunkte innerhalb einer Kultur. Khomeini ist genausowenig ein Repräsentant des Islams wie es Rushdie für die Werte des Abendlandes ist; vielmehr stehen beide für unterschiedliche Antworten innerhalb derselben geistigen Welt auf die unübersehbare Krise, in der sie sich befindet. Die Affäre Abu Zaid verdeutlicht, daß ein wahrhafter Modernist der islamischen Kultur viel traditionalistischer sein kann als alle Traditionalisten.

Auslöser der Debatte um den Kairener Gelehrten, die sich später auch auf andere Werke Abu Zaids erstreckt hat, war die Veröffentlichung von *Mafhum an-nass* (etwa: «Das Konzept Text»), in dem der Ägypter die koranische Offenbarung mit literaturwissenschaftlichen und linguistischen Methoden untersucht. Sein selbsterklärtes Ziel ist es, ein Bewußtsein von der Geschichtlichkeit des Textes, der dialektischen Beziehung zwischen Offenbarung und Wirklichkeit zu erzeugen. Daher führt er akribisch auf, wie sehr der Koran auch ein Produkt des kulturellen und historischen Umfeldes ist, in das er herabgekommen ist, und wie es dazu kam, daß diese eigentlich selbstverständliche Tatsache tabuisiert wurde im Laufe der islamischen Theologiegeschichte, so daß ihn schließlich eine Aura der Unberührbarkeit umgab. Die Botschaft Gottes sei herabgesunken «zu einem verdinglichten, heiligen Objekt» und zu «einem Gegenstand der Zierde».

Man muß die überragende Stellung des Korans für den islamischen Glauben kennen, um den Aufruhr zu verstehen, den Abu Zaids wissenschaftlicher Ansatz hervorgerufen hat. Um sie zu verdeutlichen, sei daran erinnert, daß der Koran in der islamischen Lehre die zentrale Rolle einnimmt, die für Christen der Person Jesu Christi zukommt: nämlich Gott nicht bloß zu verkündigen, sondern selbst göttlicher Natur zu sein. Abu Zaid leugnet zwar mit keiner Zeile den göttlichen Ursprung des Korans, klammert ihn aber aus dem wissenschaftlichen Diskurs aus. Studieren könne man nicht die Göttlichkeit des Textes, sondern lediglich seine Bedeutung als ein Dokument, das in der Wirklichkeit entstanden ist, die Einflüsse dieser Wirklichkeit aufnimmt und die Wirklichkeit wiederum verändert, genauso wie man jeden anderen – literarischen – Text studieren würde. «Ich behandele den Koran als einen Text in arabischer Sprache, den der Muslim ebenso wie der Christ oder Atheist studieren sollte, weil sich in ihm die arabische Kultur verdichtet und weil er noch immer imstande ist, auf andere Texte in der Kultur auszustrahlen», sagte mir Abu Zaid in einem Gespräch, das ich letztes Jahr mit ihm geführt habe. «Es ist ein Text, der die vorislamischen Texte aufgenommen hat und den alle Texte nach ihm aufgenommen haben, selbst diejenigen, die heute entstehen.»

Tatsächlich erinnert Abu Zaids wissenschaftliche Koran-Exegese in mancherlei Hinsicht an die historisch-kritische Bibelforschung, deren Methode für die christliche Theologie ähnlich revolutionär war, wie die Arbeit des Kairener Wissenschaftlers für den Islam zu sein scheint – und die für viele Christen noch immer eine ähnliche «Entartung im Glauben» darstellt, als die Abu Zaids Position in der ägyptischen Presse verurteilt wurde. Ein entscheidender Unterschied ist: Während die historisch-kritische Bibelforschung ein völlig neuartiges Verhältnis zur Offenbarung präsentierte, läßt sich das von Abu Zaid so nicht behaupten. Abgesehen davon, daß schon andere muslimische Gelehrte in den letzten Jahrzehnten ähnliche Ansätze vertraten, steht Nasr Hamid Abu Zaid durchaus in der Tradition klassisch-islamischer Gelehrsamkeit. Mehr noch: In seinem Bemühen um Wissenschaftlichkeit in der Koranexegese beruft sich Abu Zaid immer wieder auf die Tradition, oder genauer: auf die textkritischen Methoden der klassisch-islamischen Theologie. Im Gespräch formulierte er diesen Ansatz besonders markant: «Der Koran muß studiert werden, wie man die Sprache Shakespeares studiert, mit den Instrumenten und der Methode der Sprachanalyse, um den Sinn zu entdecken. So studierten ihn früher die Gelehrten.»

Aber warum der Aufruhr, wenn Abu Zaid im Prinzip nichts Neues vertritt? Bestimmend für die Reaktion der ägyptischen Öffentlichkeit war nicht die Anknüpfung an progressive und pluralistische Elemente in der frühen Tradition, sondern die Kritik an jener Interpretation des Korans, die sich im 10. Jahrhundert herausgebildet hat und heute den theologischen Diskurs dominiert. Abu Zaid nennt sie reaktionär. Diese Interpretation isoliere den Koran vom Kontext seiner objektiven geschichtlichen Umstände und verfälsche dadurch seine Botschaft und seine Bedeutung für die Gesellschaft. Und das habe politische Gründe: Rationalität, Undogmatismus und Vielfalt in der Koranauslegung seien verloren gegangen, seitdem die Theologen in die Abhängigkeit des Staates geraten seien, der naturgemäß die bestehenden Verhältnisse zementieren wolle. Die Konservierung der Koranauslegung und ihre Monopolisierung durch «Staatstheologen» habe zur Bewahrung des jeweiligen Status quo beigetragen, indem Neuinterpretationen und kritische Fragen, die oft auch sozialen Sprengstoff in sich bargen, als ketzerisch gebrandmarkt und der Verfolgung preisgegeben worden seien.

Abu Zaids Problem ist, daß der von ihm kritisierte religiöse Diskurs heute vielfach mit dem Islam gleichgesetzt wird. Aus einer Attacke auf eine bestimmte theologische Richtung wird eine «Attacke auf den Koran und die Sunna», wie es zum Beispiel das einflußreiche, in Riad erscheinende Organ der Islamischen Weltliga, *al-Alam al-Islami*, festgestellt haben will. Es zeigt sich: Ein guter Muslim hat heute nicht nur an Gott und seinen Gesandten zu glauben, sondern auch an die offiziösen, im Fernsehen predigenden Gelehrten. Dem zweifachen Glaubensbekenntnis des Islams wird de facto ein drittes hinzugefügt: der Glaube an eine islamische Kirche, die es im Islam nicht geben darf, aber sich in vielen muslimischen Ländern praktisch etabliert hat.

Die Attacke Abu Zaids auf die staatsnahen Theologen, die Infragestellung ihres Monopols auf die Auslegung der heiligen Texte, ist von eminenter tagespolitischer Bedeutung. Dahinter steht der Kampf zahlreicher Intellektueller gegen den wachsenden Einfluß der Islamisten auf alle Bereiche der Gesellschaft, die zunehmende Akzeptanz radikaler Ideen in der Öffentlichkeit. Abu Zaid nennt ein Phänomen beim Namen, das heute auch in Deutschland im Umgang mit rechtsradikalen Parteien zu beobachten ist: Man bekämpft die extremistischen Organisationen und verwirklicht gleichzeitig ihr Programm. Weil die Kritik Abu Zaids an gesellschaftlichen Entwicklungen im Rahmen einer islamwissenschaftlichen Studie erscheint, verwundert es nicht, daß die Kritisierten und deren Apologeten sich mit dem – im heutigen Ägypten lebensbedrohlichen – Vorwurf des Unglaubens zur Wehr setzen.

Die scharfen Reaktionen auf die Veröffentlichung von *Mafhum annass* haben Abu Zaid nicht davon abgehalten, in weiteren Büchern und Artikeln seine Attacke auf den staatlich geförderten Islam fortzuführen und zu präzisieren. So wirft er in dem 1992 erschienenen Werk *Kritik des religiösen Diskurses* den offiziellen religiösen Institutionen vor, sich inhaltlich nicht wesentlich von der gewalttätigen islamistischen Opposition zu unterscheiden. «Der Unterschied zwischen ihnen besteht lediglich darin», meinte Abu Zaid in unserem Gespräch, «daß die Extremisten den politischen Sinn dieser Gedanken kennen und sich um die Veränderung der Gesellschaft bemühen. Die Meinungsverschiedenheit entzündet sich an der politischen Bedeutung der Gedanken. Die gedanklichen Grundlagen sind die gleichen. Wie können die offiziellen Religionsmedien nur eine so verfälschende Rolle spielen?»

Die verfälschende Rolle der ägyptischen Medien wird von der Debatte um Abu Zaid eindrucksvoll belegt. So läßt etwa ein Artikel von Abduldschalil Schalabi in der regierungsnahen Zeitung *al-Dschumhuriyya* den unkundigen Leser in der Annahme, Abu Zaid führe das Auftreten Mohammeds auf wirtschaftliche Motive zurück – kein Wort davon im Buch. Der Kolumnist der staatlichen Zeitung *al-Ahram*, Fahmi Huwaidi, diagnostiziert eine persönliche Aversion des Autors gegen den Islam und seinen Propheten; der populäre Autor Mustafa Mahmud beklagt in derselben Zeitung, daß Transzendenz für Abu Zaid lediglich eine Legende sei; und Dschamal Badawi, Chefredakteur der ehemals liberalen *al-Wafd*, empört sich, daß Abu Zaid mutwillig die Religionen beschmutze und damit die Freiheit der Wissenschaft mißbrauche. Einig ist man sich mit dem Präsidenten des Schriftstellerverbandes, Tharwat Abaza, der bekanntgibt: «Kein Zweifel, er ist ein Ungläubiger.»

Man muß solche Behauptungen – so verleumderisch sie sein mögen – ernstnehmen, ebenso wie man die Ermordung Farag Fodas, die Bedrohung Sajid Aschmawis, die Verurteilung Salman Rushdies ernstgenommen hat. Es handelt sich nicht um Flugblätter einer extremistischen Organisation, sondern um Beiträge von Männern, die oberste Positionen in den ägyptischen Medien einnehmen. Es sind Biedermänner und Brandstifter zugleich. Sie geben Abu Zaid zum Abschuß frei. Die extremistischen Organisationen brauchen keine Flugblätter zu verteilen, wenn das, was sie sagen, bereits in den Regierungszeitungen des engsten Verbündeten der USA im Nahen Osten steht. Sie brauchen lediglich auszuführen.

Der Skandal um die verweigerte Beförderung Abu Zaids zum Professor der Kairo-Universität wirft ein Licht auf den zunehmenden Einfluß islamistischen Gedankenguts selbst in den ehemaligen Hochburgen säkularer Wissenschaft. Im Mai letzten Jahres legte der «Dozent für rhetorische und islamische Studien», der zuvor in Japan und den Vereinigten Staaten gelehrt hat, seiner Universität zwei Bücher und insgesamt dreizehn Artikel vor und beantragte die Habilitation. Von den drei Gutachtern befürworteten zwei den Antrag, während der dritte, Professor Abdussabur Schahin, sie in einer polemischen, stellenweise vulgär formulierten Stellungnahme ablehnte. Schahin, prominentes Mitglied der regierenden Nationaldemokratischen Partei, fand in den Werken Abu Zaids neben ungeheuerlichen Lügen, inhaltlichen Fehlern, perversen Ideen und marxistisch-atheistischen Gedanken «die abscheulichste Verachtung für die Grundsätze der Religion» und empfahl ihm gönnerhaft, seine Gedanken lediglich in literarischen Magazinen mit geringen Auflagen zu verbreiten, damit ihn nicht der Zorn der Gesellschaft treffe.

Nachdem der dreizehnköpfige Auswahlausschuß sich nach einer heftigen Debatte über die zwei anderen Gutachten hinwegsetzte und die Habilitation Abu Zaids ablehnte, reagierten Kollegen der Universität, aber auch Intellektuelle und Journalisten bestürzt und versuchten, die Entscheidung des Ausschusses anzufechten. Zu ihrer Überraschung stellten sich allerdings viele Zeitungen auf die Seite Schahins. Als der Universitätssenat am 18. März die Habilitation endgültig ablehnte, schaltete sich sogar die ägyptische Menschenrechtskommission in den Fall ein und verurteilte den Senatsbeschluß als «einen Anschlag auf die Freiheit des Glaubens, des Ausdrucks und der wissenschaftlichen Forschung in Ägypten». Die Zeitschrift *Ruz al-Yusuf* nannte die Entscheidung des Senats «eine wissenschaftliche und akademische Blamage», während die linksgerichtete Wochenzeitung *al-Ahali* titelte: «Der Terrorismus bedroht die größte Festung des Denkens». Ghali Asch-Schukri meinte in seiner wöchentlichen Kolumne in der *al-Ahram*, daß die Kairo-Universität sich zu einem «Gerichtshof der Inquisition und zum Zentrum des Terrorismus» verwandelt hätte. Ähnlich argumentierte auch Lutfi al-Khuli, als er in der englischsprachigen *al-Ahram Weekly* eine nationale Debatte über den Zustand der Universitäten forderte, «weil wir nun beginnen, alarmierende Belege zu sehen – sowohl innerhalb der Universitäten als auch anderswo – für die Gefahren der Unterdrückung von intellektuellen Aktivitäten, der zwanghaften Gleichförmigkeit der akademischen Arbeit und der Liquidierung – sei es physisch, mit Kugeln, oder nur metaphorisch – von Denkern und Autoren, die der Blasphemie beschuldigt werden. In anderen Worten, der Terrorismus der Straßen hat begonnen, sich in den Universitäten auszubreiten, und vice versa.»

«Ein Koran, der weder gelesen noch verstanden wird, ist ein Buch wie jedes andere, ein unbeschriebenes Blatt», sprach Ali Schariati zu seinen Zuhörern Anfang der siebziger Jahre in Teheran. «Daher gibt man sich so viel Mühe, uns davon abzuhalten, ihn zu lesen, zu verstehen und darüber nachzudenken. Wir würden ihn nicht verstehen, weil er so kompliziert sei, die rationale Interpretation sei verboten.» Schariati wurde 1977 ermordet; nicht von islamischen Fundamentalisten, sondern wahrscheinlich von Schergen des iranischen Schahs. Aber auch im heutigen Iran ist für viele seiner Bücher kein Platz mehr, und seine Witwe meinte einmal, daß, wenn ihr Mann noch lebte, er sicher im Gefängnis wäre.

Das bleibende Verdienst Nasr Hamid Abu Zaids ist es, die Misere der arabischen Kultur nicht anhand von äußeren Vergleichen beschrieben zu haben, sondern direkt in das Innerste der Kultur vorgedrungen zu sein, um dort die Verkrustung offenzulegen, die sich um ihr Herz gelegt hat: um den Koran. Was auch immer mit ihm geschehen wird, mag er erschossen oder ins Exil getrieben werden – nach ihm wird ein neuer Abu Zaid auftreten. Es wird sie immer wieder geben, in ganz verschiedenen Gestalten – als Modernisten und Erneuerer, Blasphemiker und Ketzer, als Iqbals und al-Afghanis, als Aschmawis und Fodahs, als Rushdies und Abu Zaids; sie werden nicht verschwinden, solange die islamische Kultur keinen Ausweg findet aus der geistigen und sozialen Not, in der sie sich befindet. Sie sind, ebenso wie Fundamentalismus und Traditionalismus, ein notwendiger Reflex auf die Herausforderung der Moderne. «Solange kein vorwissenschaftliches Glaubenssystem und keine Methode der Weltaneignung und des Handelns die Fähigkeit besitzt, sich erfolgreich der Penetration und Destabilisierung des modernen Systems der Wissenschaften zu widersetzen, werden in der islamischen Welt mit einer beinahe naturgesetzlichen Regelmäßigkeit weiterhin Rushdies auftauchen», schrieb der Syrer Sadiq al-Azm in der Auseinandersetzung über die *Satanischen Verse*.

Man kann zur Moderne stehen, wie man will, und gerade für den Orient finden sich genügend Gründe, ihr Mißtrauen und Vorsicht entgegenzubringen – aber man kann sich ihr nicht entziehen. Wie traurig ist es und wie erschütternd, daß gerade die kreativsten und klügsten, die ehrbarsten und mutigsten Geister der islamischen Welt – Wissenschaftler, Theologen und Künstler – von ihrer eigenen Mitwelt verleumdet und bekämpft, ermordet und verjagt werden. Sie sind es, die ihre Kultur und ihre Identität in einer veränderten Welt behaupten, anstatt ängstlich in Dogmen und Dumpfheit Zuflucht zu suchen. Sie ringen um die Moderne, anstatt vor ihr wegzulaufen. Sie bemühen sich um Antworten, anstatt die Augen zu schließen. Sie werden nicht verstummen. Gerade ihnen, nicht nur den Schreihälsen, die das angebliche Schwert des Islams in den Händen halten, sollten wir Gehör schenken.

Die Affäre Abu Zaid macht auch Hoffnung. Eine Gesellschaft, die solche selbstkritischen Bücher hervorzubringen vermag, kann nicht am Ende sein. Der Aufschrei, den sie verursachen, ist auch ein Indiz dafür, daß sie einen Nerv berühren. Und keineswegs waren die Reaktionen nur negativ. Zahlreiche Menschen und insbesondere viele seiner Studenten haben dank Abu Zaid Mut gefaßt, in Frage zu stellen, was ihnen bislang apodiktisch verkündet wurde. Sie haben erfahren, daß die islamische Tradition über zahlreiche Ansätze zu Progressivität und Pluralismus verfügt. Eine Diskussion ist in Gang gekommen. Verleumdungen und Bedrohungen haben eine Welle der Solidarität ausgelöst, nicht nur in Ägypten.

Zugleich haben die Attacken auf Nasr Hamid Abu Zaid offenbart, mit welch unseriösen Methoden der islamische Diskurs arbeitet. Eine Argumentation, die auf so schwachen Beinen steht, wird sich auf Dauer nicht behaupten können: Das ist die zugegeben verzweifelte Hoffnung. Vielleicht ist der oft beschriebene Vormarsch des Fundamentalismus in Wahrheit ja eine erbittert geführte Verteidigungsschlacht gegen das Hereinbrechen der Realität in das Bewußtsein der Menschen. Und vielleicht ist die unbestreitbare Gefahr, die von ihm ausgeht, die eines verwundeten Tieres. «Es ist meine wohlüberlegte Meinung», schreibt Sadiq al-Azm, «daß in den muslimischen Gesellschaften eine Klarheit darüber wächst, daß eine Entscheidung *gegen* das moderne System der Wissenschaftslogik, des Glaubens, des Erfassens der Welt und Handelns in ihr, nur möglich ist um den Preis der Selbstüberantwortung an den Mülleimer der Geschichte.» Sollte die islamische Kultur diesem Schicksal entgehen, hat sie es auch Gelehrten wie Nasr Hamid Abu Zaid zu verdanken.

2

Die tausend Stimmen des Schweigens

Die Situation von Künstlern und Intellektuellen in Iran

Süddeutsche Zeitung, 12. August 1995

Wenn es in Teheran Stammtische gäbe, stünden sie rund um den Imam-Hossein-Platz. Ausgerechnet hier einen Bericht über Künstler und Intellektuelle im Iran beginnen zu lassen, das ist ungefähr so, als ob sich einer in den Bayerischen Wald begäbe, um über Deutschlands Techno- und Jungleszene zu berichten. Denn der Platz ist Zentrum und Mitte einer iranischen Kleine-Leute-Gegend, von Kleinhändlern, Arbeitern und Handwerkern, laut, lebhaft und zutiefst religiös. Die schiitische Volksfrömmigkeit mit ihren Riten, Traditionen und Sitten ist nirgends in dieser Stadt so gegenwärtig wie auf diesem Platz und in den Straßen und Gassen ringsum. Die einzige Kultur, die man diesem Ort zutraut, sind Teehäuser, schiitische Passionsspiele und Kinos mit iranischen Rambo-Plagiaten.

«Diese Gegend ist anrüchiger als ein toter Hund», grummelt der Taxifahrer aus dem noblen Teheraner Norden, als ich ihn in eine Seitengasse lotse. Doch ausgerechnet hier befindet sich die Redaktion von *Gardun*, einer der progressivsten Kulturzeitschriften Irans. In der obersten Etage eines kleinen Wohnhauses wird nicht nur das neue Buch über den französischen Dekonstruktivismus oder der letzte Film von Wim Wenders diskutiert; auch der Kampf um Meinungsfreiheit in der Islamischen Republik hat hier einen Hauptstützpunkt. Von hier aus verbreitete man in den letzten Jahren immer wieder kritische Artikel und Bücher, man stritt für die Wiederbelebung des iranischen Schriftstellerverbandes, setzte sich für den im Januar im Gefängnis umgekommenen, wahrscheinlich ermordeten Literaten Saíd Sirdjani ein und beteiligte sich maßgeblich an der aufsehenerregenden Protesterklärung, mit der 134 iranische Schriftsteller im vergangenen Herbst an die Öffentlichkeit gegangen sind. Als ich die Vier-Zimmer-Wohnung betrete, die gleichzeitig als Redaktion und als Verlag dient, weiß ich: Hier muß eine Reportage, die vom Leben der Künstler und Intellektuellen in der Islamischen Republik handeln soll, ihren Anfang haben. Die Beschränkungen, denen sie ausgesetzt sind, und gleichzeitig die Beharrlichkeit ihrer Bemühungen könnten nirgendwo so präsent sein wie in diesen mit Künstler-Porträts und Theaterplakaten aus aller Welt ausstaffierten Räumen.

Mit 20 000 bis 25 000 verkauften Exemplaren pro Ausgabe gehört *Gardun* zu den auflagenstärksten Kulturzeitschriften Irans. Dennoch kann sich das Blatt – auch bei äußerster Sparsamkeit in den Personalkosten und einer rudimentären Ausstattung (selbst ein Fax-Gerät fehlt) – nicht einmal annähernd selbst tragen. Das liegt hauptsächlich daran, daß der Redaktion seit einiger Zeit kein subventioniertes Papier mehr zugeteilt wird. Die Folge: *Gardun* muß das Papier auf dem freien Markt kaufen, zum achtfachen Preis. Dadurch wird jede Ausgabe von vornherein zum Verlustgeschäft. Ein anderes Mittel des Staats, mit unbequemen Geistern fertigzuwerden: Privaten Unternehmen wird zu verstehen gegeben, daß in Blättern wie *Gardun* besser keine Anzeigen erscheinen sollten. Dementsprechend enthält die Zeitschrift, die mir der Herausgeber, der Schriftsteller Abbas Maroufi, druckfrisch zu lesen gibt, überhaupt keine Werbung mehr. In den letzten Jahren konnte Maroufi zwar immer wieder Geld aus den Einkünften seiner Romane und Erzählungen, die in hohen Auflagen auf den iranischen Markt kamen, in seine Zeitschrift fließen lassen. Doch auch diese Einnahmequelle ist versiegt: Maroufi darf kein einziges seiner Bücher neu auflegen, geschweige denn einen neuen Roman veröffentlichen.

«Was wollen sie uns noch verbieten?», fragt Esmail Djamschidi, Redakteur bei *Gardun*. «Praktisch haben wir geschlossen. Wenn wir statt vierzehn geplanten Ausgaben nur zwei herausgeben, gibt es keine wirkliche Zeitschrift mehr. Wie sollen wir unsere Leser, unsere Abonnenten halten?» Und Abbas Maroufi schrieb kürzlich in seinem Editorial, adressiert an einen Staatssekretär im Kulturministerium: «Mehr als die Hälfte unserer Zeit verwenden wir darauf, Ihre Schwindeleien aufzudecken, und den Rest sind wir Gefangene von Ihnen, den Papierverkäufern, den Banken und einem Bissen Brot. Von unserem Schlaf und von unserer Seele schneiden wir uns ein Stück ab, um etwas zu schreiben. Und das von einer Seele, die verwundet und halbtot ist. Und jetzt, wo ich das schreibe, weiß ich, daß ich, was meine Bücher in diesem Land betrifft, endgültig das Totengebet aufsagen kann. Und sage es auf.»

Maroufi ist ein hagerer Mittdreißiger mit Schnäuzer und dunklen, hervorstechenden Augen, ruhelos, voller Pläne und mit dem Pathos des Streiters für eine bessere Welt. Aufgeben, sich in die Poesie zurückziehen, will er nicht. «Die Intellektuellen haben zu allen Zeiten ihr Blut gelassen», sagt er. «Betrachten Sie das Leben von André Malraux. Solche Leute haben wirklich geschuftet. Oder Camus, Sartre, die sich aufgeopfert haben für ihre Sache. Wie viele Tode sind sie gestorben, wie oft wurden sie gehäutet? Man kann nicht nur in einer Ecke sitzen und Romane schreiben, schon gar nicht in Iran.»

Das mag altmodisch klingen. Aber hat man es mit iranischen Künstlern und Intellektuellen zu tun, fühlt man sich bisweilen in die ‹fabelhaften› Zeiten zurückversetzt, als Kunst Ausdruck einer unmittelbaren Not und gleichzeitig die subversivste Form des Aufbegehrens war. In den Diktaturen des Kommunismus oder der lateinamerikanischen Militärs mag das ähnlich gewesen sein. Wie anders als mit der Notwendigkeit von Kunst angesichts einer entsetzlichen Wirklichkeit ist es zu erklären, daß ausgerechnet die Islamische Republik Iran ein Land ist, in dem ambitioniertes Autoren-Kino gemacht und die klassisch-iranische Musik weiterentwickelt wird, avantgardistische Poesie sowie große sozialkritische Romane entstehen und Dutzende beachtlicher Kulturzeitschriften herausgegeben werden. Iranische Filme haben in den letzten Jahren mehr als 170 Preise auf internationalen Festivals zwischen Cannes und Berlin, Tokio und Montreal errungen. Konzerte iranischer und internationaler Ensembles sind Monate im voraus ausverkauft. Die Musikschulen des Landes erleben einen Boom. Erschienen im vorrevolutionären Iran jährlich etwa dreitausend Buchtitel, sind es heute zehntausend, mit Auflagen, die mitunter in die Hunderttausende gehen. Viele der Neuerscheinungen sind Übersetzungen aus europäischen Sprachen. Private Dichterlesungen gehören zu den beliebtesten Freizeitaktivitäten, und eine iranische Zeitung titelte deshalb vor einigen Monaten, in Anspielung auf die Talsohle der nationalen Wirtschaft: «Iran ist Weltrekordhalter – in der Gedichtproduktion.»

Es ist nicht nur der politische Druck, der viele Menschen dazu treibt, ihre Nöte und Ängste zu einem künstlerischen Ausdruck zu bringen. Die Iraner waren in den letzten sechzehn Jahren einer wohl einzigartigen Massierung historischer Ereignisse und Veränderungen ausgesetzt: eine Revolution, ein achtjähriger Krieg, Naturkatastrophen wie das Erdbeben von 1990, bei dem mehr als sechzigtausend Menschen umkamen, eine Wirtschaftskrise, die ganze Schichten der Bevölkerung in ihrer Existenz bedroht, dazu Flüchtlingsströme aus dem Land und in das Land, die Iran einerseits finanziell und intellektuell ausbluten ließen und es andererseits zum Staat mit den meisten Flüchtlingen der Welt gemacht haben.

Besonders prägend dürfte für die Bevölkerung noch etwas anderes gewesen sein: die kollektiven Grenzerfahrungen der iranischen Gesellschaft, die Erfahrung des Todes und der Verzweiflung über seine Sinnlosigkeit. Auf Demonstrationen und auf dem Schlachtfeld haben viele Menschen selbst dem Tod ins Auge gesehen, wobei die Allgegenwart des Todes durch den Büßer- und Märtyrerkult der schiitischen Volksfrömmigkeit noch potenziert wird. Praktisch jede Familie hat Märtyrer zu beklagen, Märtyrer der Revolution, Märtyrer des Krieges, Märtyrer des Widerstands gegen das Mullah-Regime. Und wofür? Weder geht es den meisten Menschen heute besser als vor zwanzig Jahren noch sind sie freier. Umsonst all das Blut, umsonst die Opfer, umsonst gerannt, umsonst gekämpft, umsonst gelebt – diese Erfahrung prägt das Lebensgefühl vieler Iraner.

Und das Rennen hat kein Ende. Da ist kein Ruhen und kein Verschnaufen. Nun ist es das tägliche Rennen um einen Lebensunterhalt, zwei, drei Berufe gleichzeitig, vierzehn Stunden täglich, sechseinhalbmal die Woche, das ist der Alltag vieler Iraner heute. «Ob die Menschen wohl dafür Revolution gemacht haben», fragte Abbas Maroufi vor einiger Zeit in einem Editorial, «daß sich der Gedanke an Freiheit von selbst erledigt; daß, bevor sie dazu kommen, das Wort Freiheit nur in den Mund zu nehmen, die vierundzwanzig Stunden eines Tages schon zu Ende sind?»

Viele Iraner ziehen sich zurück ins Privatleben oder fliehen, soweit finanzierbar, in den Konsum. Satellitenfernsehen, Video, westliche Billigkultur haben Hochkonjunktur. Andere werden Dichter. Die Kunst ist vielen Iranern ein Weg, mit der Vergeblichkeit menschlichen Bemühens umzugehen. Sie ist Ausdruck des Fragens, des Nichtverstehens, der Verzweiflung, der betrogenen Hoffnung auf eine bessere Zukunft. Sie verkündet, wie der große iranische Erzähler Mahmud Doulatabadi einmal sagte, «mit tausend Stimmen des Schweigens: Ich bin stumm».

Bei internationalen Filmfestivals ist oft bemerkt worden, daß den iranischen Beiträgen ein Ernst, eine Tiefe, eine Unbedingtheit gemeinsam sind, selbst wenn es sich um Komödien handelt. Das liegt – natürlich – an der Wirklichkeit, mit der die dortigen Filmemacher konfrontiert sind. Was im Werk des Künstlers zum Ausdruck kommt, die Erfahrungen einer Gesellschaft, das ist um einiges brutaler und für den einzelnen existentieller als in Westeuropa. Ich möchte niemanden verklären, es gibt auch in Iran eine Menge Mittelmaß und Kunst aus Zeitvertreib. Aber ich habe während meines Aufenthalts ein paar Menschen getroffen, die mich so sehr beeindruckt haben, daß ich gedacht habe: das sind Helden. Sie nutzen den Spielraum, den ihnen das System gibt, konsequent aus und gehen immer wieder an dessen Grenzen, um sie Stück für Stück zu verschieben.

Für den Außenstehenden ist oft schwer zu durchschauen, wo diese Grenzen liegen. Für die Betroffenen sind sie dagegen meist sehr klar. «Können Sie das laut sagen?», frage ich einen älteren Literaturprofessor, der mir in aller Deutlichkeit die katastrophalen Folgen der iranischen Bildungspolitik geschildert hat. «Ich veröffentliche über dieses Thema sogar Artikel», antwortet der Professor, der zu den angesehensten Gelehrten des Landes zählt: «Ich kann doch nicht stillsitzen, wenn ich sehe, wie wir auf den Abgrund zusteuern.» «Und Sie bekomme keinen Ärger?» – «Ach, ich gehöre hier zu den Dinosauriern; mich lassen sie in Ruhe. Wir sterben sowieso aus. Wenn sie mich absetzten, würde ihnen das mehr schaden, als mich ab und zu ein bißchen meckern zu lassen. Fast die gesamte ehemalige Elite der iranischen Gelehrten ist schon weg. Geflohen oder entlassen. Das wissenschaftliche Niveau vor allem in den Geisteswissenschaften ist so weit gesunken, daß sie sich inzwischen bemühen, den Rest zu halten. Daher kann ich dort, wo ich tätig bin, durchaus sagen, was ich denke. Aber ein junger Assistenzprofessor, ein Doktorand oder gar ein Student könnte das niemals öffentlich sagen, ohne daß sie ihn von der Universität schmeißen.»

Da ist sie, eine Grenze. In diesem Fall trennt sie einen siebzigjährigen, durch seine Veröffentlichungen schon unterm Schah zu Ruhm gelangten Literaturprofessor von seinem wissenschaftlichen Nachwuchs. Um vom Sockel gestoßen zu werden, bedarf es mehr als einiger kritischer Worte. Um auf den Sockel zu gelangen, muß man sich stromlinienförmig zeigen: in Reden, Texten und auch in der äußeren Erscheinung. «In den normalen Vorlesungen habe ich alle möglichen Studenten vor mir, die typischen Hisbollahis sind eher die Ausnahme. Aber wenn ich mich in den Graduierten-Kursen umschaue, dann sehe ich fast nur die Unrasierten und die Tschador-Trägerinnen. Ihr größtes akademisches Verdienst ist ihr Kriechertum. Das sind die Kriterien, wonach hier die Eliten ausgewählt werden. Was ist von der Zukunft eines Landes zu erwarten mit solch einer Elite?»

Ob ich ihn für eine deutsche Zeitung interviewen könne, frage ich den Professor und stoße auf eine zweite Grenze. «Gerne – solange Sie meinen Namen nicht nennen.» – «Aber Sie haben doch gesagt, daß Sie es sich leisten können, Ihre Kritik öffentlich zu äußern.» – «Gewiß, aber das bleibt im Lande. Wenn plötzlich mein Name in einer westlichen Zeitung auftaucht, kann ich Probleme bekommen. Dann helfen mir mein Ruf und mein Alter auch nicht mehr. Das wäre jenseits der Grenze, innerhalb derer ich mich bewegen kann.»

Relativ klar ist die Grenze zwischen privaten und öffentlichen Äußerungen. Geschimpft, geflucht und gespottet wird über die Herrschenden so gut wie überall, in Taxis, auf der Straße, selbst in Behörden, Schulen und Universitäten; mal lauthals und mal hinter vorgehaltener Hand. Im privaten Bereich läßt sich also durchaus von Meinungsfreiheit sprechen. Dagegen ist die Kunst einer strengen Zensur unterworfen. Zu den vielen Paradoxa der iranischen Wirklichkeit gehört allerdings auch: Die zensierten Schriftsteller können sich in unabhängigen Zeitschriften über diese Zensur beschweren. Das liegt daran, daß eine Zeitschrift, sofern sie nicht verboten ist, vor ihrem Erscheinen kaum kontrolliert wird – im Gegensatz zu Romanen oder auch Filmszenarios. Eine Grenze trennt also auch die künstlerische und publizistische Meinungsäußerung. Die Kunst, das Wort der Dichter, wird ungleich schärfer kontrolliert – kein Wunder in einem Land, in dem die Poesie fast ein Grundnahrungsmittel ist. «Wir haben immer mit der Zensur und dem politischen Druck gelebt, auch unter dem Schah», sagt der Dichter Mohammed Ali Sepanlu, der Ende der sechziger Jahre zu den Gründungsmitgliedern des iranischen Schriftstellerverbands gehörte. «Frei waren wir nie. Aber wir hatten immer etwas zu sagen. Unsere Hoffnung ist: frei zu sein, eines Tages, und dann immer noch etwas zu sagen zu haben.»

Nun gehört Sepanlu zu denjenigen, die ab und an ein Buch herausbringen dürfen. Und wenn nicht, kann er wenigstens zu Hause sitzen und schreiben. Anderen Künstlern ist selbst diese Möglichkeit verwehrt. Als ich etwa mit dem Filmregisseur Bahram Beizaí über die Vitalität und Kraft der iranischen Kunst spreche, sagt er mir: «Was auf den Markt kommt, ist nur ein kleiner Teil dessen, was möglich wäre.» Und er fügt hinzu, man habe der Kunst so sehr ins Gesicht geschlagen, daß sie halbtot vor sich hinröchele. Was mir vital vorkäme, sei in Wirklichkeit das Stöhnen eines Verwundeten.

Bahram Beizaí ist der große alte Mann des iranischen Kinos. Die Verdienste, die er sich um die iranische Kultur erworben hat – mit Filmen, mit Büchern, mit Theaterstücken und als Universitätsprofessor –, sind beispiellos. In Deutschland ist er vor allem mit seinem 1986 gedrehten, aber erst drei Jahre später von den iranischen Behörden freigegebenen Film *Baschu, der kleine Fremde* bekannt geworden, der zahlreiche Preise gewonnen hat und mehrmals im Fernsehen lief. Ich habe Beizaí in Teheran besucht. Der Nachmittag in seiner Wohnung gehört zu den traurigsten Erlebnissen meiner Reise nach Iran.

Beizaí wohnt außerhalb von Teheran, in einem erbärmlichen Vorort. Dort, im ausgebauten Keller der Wohnung seiner Eltern, fristet einer der bedeutendsten Regisseure der iranischen Filmgeschichte sein Dasein, ein Künstler, der in Iran so bekannt ist wie in Europa Louis Malle. Im Keller lebt er, ein Mann von bald sechzig Jahren, gemeinsam mit seiner Frau, einer Schauspielerin. Beizaís künstlerische Produktion ist fast völlig zum Stillstand gekommen. Seit fünf Jahren hat er keinen Film mehr drehen, seit fünfzehn Jahren kein Theaterstück inszenieren dürfen. Als Professor an der Filmakademie wurde er – wegen seiner Herkunft aus einer Baha'i-Familie – bereits Anfang der achtziger Jahre entlassen. Einzig das Schreiben bleibt ihm. Hie und da kann Beizaí etwas veröffentlichen, zum Leben jedoch reicht das nicht; abgesehen davon, daß seine Bücher, wenn überhaupt, nur zensiert erscheinen dürfen. Und selbst Theaterstücke, die als Buch bereits gedruckt worden sind, können von iranischen Theatergruppen nicht aufgeführt werden. «Jeder Künstler in Iran ist eine Geisel», klagt Beizaí. «Wenn etwas gedreht wird, was der Regierung nicht gefällt, erteilt sie das nächste Mal einfach keine Genehmigung. Das ist einfacher und effektiver, als einen Prozeß zu führen.» Daß Beizaí keine Filme mehr machen darf, liegt daran, daß er zu laut gegen die Zensur seines Filmes *Die Reisenden* protestiert hat. Seitdem hat er bei der Zensurbehörde keine Chance.

Aber Beizaí erzählt mir noch etwas anderes. Vor einigen Jahren war er zu Besuch in Europa. Einige Fernsehanstalten, unter ihnen das ZDF, hatten Interesse gezeigt, einen Film des Iraners zu produzieren. Bei den Gesprächen stellten die Mainzer eine Bedingung: Keine Kritik an der Islamischen Republik. Unverrichteter Dinge reiste Beizaí zurück in den Iran. «Ich hatte gar nicht vor, einen politischen Film zu drehen, aber wenn man mir das von vornherein zur Bedingung macht, kann ich doch nicht darauf eingehen. Solche Vorgaben habe ich ja nicht einmal in Iran gehabt.»

Die Klagen über die Haltung des Westens sind unter iranischen Intellektuellen und Künstlern nicht selten. Zu der Skepsis, die sich auf die geschichtlichen Erfahrungen mit dem Westen während der Schah-Zeit, der Revolution und des ersten Golfkrieges gründet, gesellt sich nun das

Gefühl, für Dinge bestraft zu werden, für die man nicht verantwortlich ist. Der im Zuge der Salman-Rushdie-Affäre verhängte Kulturboykott isoliert die iranischen Künstler von der Welt. Und er nützt denjenigen Kräften in Iran, die die Zusammenarbeit mit dem Westen ohnehin nur auf Technologie und Wirtschaft beschränkt sehen möchten. Ich habe keinen iranischen Künstler getroffen, der sich hinter die Fatwa Khomeinis gestellt hätte. Aber durchgängig wurde die Affäre als ein Instrument der westlichen Regierungen wahrgenommen, als ein schmerzfreies Mittel, der eigenen Öffentlichkeit Entschlossenheit in Menschenrechtsfragen zu demonstrieren, ohne die fabelhaften Wirtschaftsbeziehungen zu gefährden. Dabei wäre der Dialog mit den Künstlern und Intellektuellen als den Repräsentanten eines anderen Iran weit mehr als nur eine Solidaritätsmaßnahme. Die Auseinandersetzung mit ihren Lebenserfahrungen lohnt aufgrund der Qualität ihrer Werke.

Am Tag vor meinem Abflug besuche ich noch einmal die Redaktion von *Gardun*. Auf Maroufis Schreibtisch sehe ich ein nagelneues Fax-Gerät. Ein hoher Beamter im Postministerium hat es der Redaktion zugeschanzt. Außerdem sind gerade ein paar Anzeigen eingegangen, und – wichtiger noch – sein neues Buch hat eine Druckerlaubnis erhalten. Am selben Abend erfahre ich am Telephon, daß der Literaturprofessor, der sich trotz seiner beißenden Kritik an der Bildungspolitik für ungefährdet hielt, entlassen worden ist. Er hatte die Grenze wohl falsch eingeschätzt. Hoffnung und Schrecken an einem Tag.

In Isfahan traf ich einen bekannten iranischen Lautenspieler. Er beschrieb mir die iranische Musik als einen Teig. Er sagte: «Die Bürokraten und Mullahs haben den Teig in der Hand. Sie wollen ihn möglichst klein haben, also drücken sie ihn mit den Fingern zusammen, so fest sie können. Aber je mehr sie drücken, desto fester wird der Teig. Sollen sie nur drücken. Sollen sie nur versuchen, den Teig zu zerquetschen. Er wird nur immer fester, und aus den Ritzen zwischen den Fingern quillt er hervor.» Und dann rief der Musiker: «Erzählen Sie das den Europäern! Sagen Sie ihnen, wie wir hier leben. Und daß der Teig sehr fest geworden ist.»

3

Sympathie für den Satan

Nach den Anschlägen des 11. September

Süddeutsche Zeitung, 18. September 2001

Daß am Wochenende Fußballmannschaften auf der ganzen Welt eine Trauerminute für die Opfer der Anschläge in New York und Washington einlegten, ist an sich kaum bemerkenswert. Bemerkenswert ist, daß sie dies auch in Teheran beim Qualifikationsspiel der iranischen Nationalmannschaft gegen Bahrein taten. Daß ausgerechnet in der Hauptstadt der Islamischen Republik, die den Haß auf die Vereinigten Staaten seit zweiundzwanzig Jahren als Staatsdoktrin predigt, ebenso viele Fußballer und hunderttausend Zuschauer ihr Mitgefühl mit den Vereinigten Staaten bekunden, das hätte sich ein Wochenende zuvor niemand vorstellen können, mehr noch: Die sechzig Sekunden der Stille könnten einst als eine Zäsur in die Katastrophengeschichte der amerikanisch-iranischen Beziehungen eingehen.

Man kann den Anti-Amerikanismus, der im Nahen Osten selbst unter laizistischen Intellektuellen weit verbreitet ist, nicht als durchweg fanatisch und irrational abtun; ein Land wie Iran hat unter der Außenpolitik Washingtons vielfach gelitten, angefangen vom CIA-Putsch gegen die demokratische Regierung Mossadeghs 1953 über das praktisch koloniale Gebaren unterm Schah bis hin zur Unterstützung Saddam Husseins bei seinem Einmarsch 1980 sowie dem Abschuß eines vollbesetzten iranischen Zivilflugzeuges und der Dekorierung des verantwortlichen Generals gegen Ende des darauf folgenden Golfkrieges. Allein, jetzt überwiegt in Iran und anderen Ländern der Region, unter den Eliten ebenso wie in der einfachen Bevölkerung, ein gänzlich konträrer, der einfachste menschliche Instinkt: Das darf nicht sein. Das nicht. Das kollektive Gefühl ist so stark, daß selbst die konservativsten Führer nicht zu widersprechen wagen.

Gewiß herrscht nicht bei allen nur Mitgefühl, selbst wenn man die fatal überzeichnete Freude einzelner Palästinenser nicht mit hinzurechnet, die am 11. September als Dauerschleife in den Nachrichtensendern lief: Man spürt aus eigenen Gesprächen wie aus den Berichten anderer, wie sich zur Ablehnung der Gewalt immer wieder auch eine zynische Genugtuung darüber gesellt, daß die Amerikaner nun selbst das Leid erführen, das sie anderen zugefügt hätten. Doch betrifft das nicht den Nahen Osten allein. Freunde und Kollegen berichten aus Südamerika, aus Indien oder China von ähnlichen Reaktionen auf der Straße oder unter Bekannten, und selbst bei öffentlichen Diskussionen in Deutschlands linken Milieus scheint die Trauer um die Opfer mitunter nicht eben ausgeprägt zu sein.

Das sind bekannte Verhaltensmuster, so verbohrt wie verwerflich, doch es ist keine allgemeine Stimmung. Vorherrschend ist allerorten, hier wie im Nahen Osten, das Gegenteil und damit alles andere als etwas Bekanntes, nämlich Schrecken, Ratlosigkeit, Trauer darüber, was vor sieben Tagen mit Amerika geschehen ist; das Eingeständnis sogar, daß man in der Vergangenheit vielleicht selbst nicht deutlich genug zwischen der politischen Kritik an der amerikanischen Außenpolitik und der Verdammung eines ganzen Volkes unterschieden hat.

In den islamischen Ländern wie unter Muslimen in Deutschland ist das Bedürfnis unübersehbar, sich geradezu ostentativ von den Tätern zu distanzieren, auch weil die Berichterstattung im Fernsehen und in der Boulevardpresse dazu beigetragen hat, den Islam unter Generalverdacht zu stellen. Daß Palästinenser Blut für Amerikaner spenden, junge Menschen in Teheran Kerzen anzünden oder tief verschleierte Libanesinnen – darunter Angehörige der Täter – sich zur Trauerkundgebung vor der amerikanischen Botschaft in Beirut versammeln, ist mit Blick auf die jüngere, von den Vereinigten Staaten nicht eben glücklich beeinflußte Geschichte dieser Völker unerhört.

Für Tage wenigstens scheint in weiten Teilen der Welt ein zivilisatorischer Grundkonsens neu empfunden zu werden, nämlich daß der Mord an unschuldigen Menschen kein Mittel der Politik sein darf. Die

Chancen, die aus dieser neuen Konstellation etwa für den Nahost-Konflikt oder für das Verhältnis zwischen dem Westen und der islamischen Welt erwachsen könnten, sind kaum zu überschätzen, zumal sich die spontane emotionale Einigkeit der Gesellschaften ausnahmsweise in der Politik dieser Länder widerspiegelt.

Wohl lassen sich auch im Orient Herrscher weniger von Emotionen als von Interessen leiten, weshalb ihren Beileidskundgebungen nicht abzulesen ist, ob sie echte Trauer verraten; dennoch bleibt es bemerkenswert, daß bis auf den Irak und Afghanistan alle Staaten der islamischen Welt den Terroranschlag in den Vereinigten Staaten scharf verurteilt haben. Das hat es in dieser Einhelligkeit bislang nie gegeben und eröffnet der Diplomatie neue, hoffnungsvollere Perspektiven.

Eine kluge Politik des Westens würde die islamischen Länder beim Wort nehmen und sie, statt sie auszugrenzen, in den Kampf gegen den Terrorismus einbeziehen. Die Möglichkeiten hierfür sind konkret und nicht erst seit vergangener Woche bekannt: Sie laufen zunächst darauf hinaus, die Terroristen und ihre afghanischen Schutzherren zu isolieren, sie von ihren pakistanischen Nachschubwegen und saudischen Finanziers abzuschneiden. In der Vergangenheit ist dies nicht an den übrigen Anrainerstaaten gescheitert, sondern daran, daß die Vereinigten Staaten nicht genügend Druck auf die eigenen Verbündeten Saudi-Arabien und Pakistan ausgeübt haben. Eine solche Allianz zur Befriedung Afghanistans, die herzustellen vor Jahren schon einmal die Vereinten Nationen versucht hatten, könnte weitere Attentate nicht von sofort an verhindern, böte aber eine weit realistischere Option, das wichtigste Quellgebiet des islamistischen Terrors auszutrocknen, als flächendeckende Bombardements.

Voraussetzung für einen kulturübergreifenden Schulterschluß gegen die politische Gewalt wäre, daß der Westen, sollte er sich denn zu der erwartet schnellen militärischen Reaktion auf die Terroranschläge entschließen, gezielt die Terrororganisationen angreift und weitere Leiden der Zivilbevölkerung, die durch das Zwangsregime der Taliban und den Jahrzehnte währenden Bürgerkrieg ohnehin geschunden ist, nicht achselzuckend als Kollateralschäden in Kauf nimmt; Fernsehbilder von zerbombten afghanischen Dörfern und Städten, klagenden Frauen und ermordeten Babys würden den Konsens der Zivilisationen zunichte machen, bevor er überhaupt hätte politische Gestalt annehmen können. Voraussetzung wäre langfristig auch, die legitimen Interessen der Bevölkerungen insbesondere in zwei Konfliktregionen stärker zu berücksichtigen, um dem Anti-Amerikanismus allmählich seine Brisanz zu nehmen: natürlich im Nahen Osten, aber auch in dem sträflich vernachlässigten Gürtel, der sich von Kaschmir im Süden bis in die zentralasiatischen Republiken im Norden Afghanistans zieht. Gerade amerikanische Experten haben seit Jahren auf die Gefahr hingewiesen, die von den vielfältigen ungelösten Konflikten, der Verelendung und dem Verfall staatlicher Strukturen in dieser atombewaffneten Region für die Weltpolitik ausgeht. Und noch ein Stück weiter gedacht, würde Washington aus einer falsch verstandenen Interessenpolitik nicht länger verbrecherische und korrupte Regime in der Region unterstützen, sondern die Entwicklung ziviler Gesellschaften, denn nur sie können am Ende jene Stabilität und das Mindestmaß an sozialer Gerechtigkeit bescheren, das dem Extremismus den Boden entzöge.

Vor einer vergleichbaren Richtungsentscheidung steht Deutschland im kleineren Maßstab. Eine kluge Innenpolitik in Deutschland würde gerade jetzt die hier lebenden Muslime demonstrativ in den Wertekonsens und ihre Würdenträger in öffentliche Trauerveranstaltungen einbeziehen, statt polarisierend von einem Angriff auf «unsere» Zivilisation zu sprechen, womit sie die hier lebenden Angehörigen jener «anderen» Zivilisation implizit den Angreifern zuordnet. Das wäre der auch sicherheitspolitisch beste Weg, die muslimischen Gemeinden für extremistische Mitglieder und Gruppen zu sensibilisieren, damit diese nirgends mehr aus falsch verstandener Solidarität stillschweigend geduldet werden. Zwar hat der Bundespräsident wichtige Signale in diese Richtung gesandt und sind auch andere Spitzenpolitiker und zumindest die öffentlich-rechtlichen Sender nach der anfänglichen Kulturkampfrhetorik seit drei, vier Tagen deutlich um Differenzierung bemüht, aber das innenpolitische Handeln der Bundesregierung in den letzten Tagen spricht eine andere Sprache.

So unvermeidlich es ist, das geplante Zuwanderungsgesetz fortan auch vor dem Hintergrund der jüngsten Anschläge zu diskutieren, so illusorisch ist die Annahme, durch eine Verschärfung der bestehenden oder bislang geplanten Bestimmungen zu verhindern, daß sich Ausländer als Terroristen entpuppen, die gegen kein Gesetz verstoßen und sich womöglich sogar bewußt im Merz'schen Sinne integrieren, also ihre Kultur allenfalls als Folklore bewahren. Die Verbindung, die Innenminister Otto Schily zwischen den beiden Hamburger Studenten, die als mutmaßliche Terroristen identifiziert worden sind, sofort und gleichsam automatisch zur gesamten Ausländerpolitik hergestellt hat, befriedigt in vorauseilendem Gehorsam jene Geister, die hinter jedem orientalisch aussehenden Nachbarn ebenso automatisch einen potentiellen Extremisten vermuten.

Die Gleichsetzung der Attentäter mit der Kultur, aus der sie stammen, hat das Klima in Deutschland schon jetzt vergiftet. Wohl die meisten Muslime in Deutschland haben am eigenen Leib oder aus dem Bekanntenkreis von Beleidigungen, Pöbeleien oder Morddrohungen erfahren. Die Äußerungen, die im Internet kursieren, überschreiten nicht selten die Grenze der Zitierbarkeit und bilden spiegelbildlich ab, was in einzelnen arabischen Chaträumen zu beobachten ist: Virtuell findet hier bereits jener Kulturkampf statt, den Verbrecher wie Osama bin Laden seit Jahren herbeibomben wollen. Buchhändler berichten von zahlreichen Nachfragen nach Huntingtons gedankenfaulem Werk, das – einmal ungeachtet seiner Einschätzungen, die man ablehnen oder befürworten kann – zahlreiche Fehler und falsche Angaben enthält.

Die Gefahr besteht, daß seine These vom Zusammenprall der Zivilisationen just in dem Augenblick politisch und militärisch wirksam wird, da sich unter dem Eindruck der Bilder von New York und Washington erstmals ein weltweiter zivilisatorischer Konsens zur Ächtung des Terrorismus herauskristallisieren könnte. Dann hätten die Attentäter erreicht, wofür sie Tausende von Menschen mit in den Tod gerissen haben.

4

Die leisen Worte der Gewalt

Nach Beginn des Krieges in Afghanistan

Süddeutsche Zeitung, 11. Oktober 2001

Osama bin Laden spricht ein schönes Arabisch. Weder unterlaufen ihm Wendungen des Dialekts, wie es bei der heutigen Führergeneration der arabischen Welt zu beobachten ist, noch verwechselt er die komplizierten Flexionsendungen, wie es selbst Intellektuellen geschieht. Er wählt altertümliche Worte, die den gebildeten Arabern aus der religiösen Literatur und der klassischen Poesie vertraut sind, und hütet sich vor allen Neologismen. Die atemberaubend differenzierte Artikulation der hocharabischen Konsonanten sowie die Modulation und Länge der Vokale könnten präziser sein – daran merkt man die fehlende theologische Ausbildung, die mit der Rezitation des Korans auch das wohlklingende Arabisch vermittelt. Andererseits ist es gerade die bemühte Bescheidenheit des Ausdrucks, die ans Herz der Glaubensbrüder zu rühren trachtet. Wenn Gewand und location der Aufnahme eine prophetische Aura erzeugen sollen, knüpft die sprachliche Askese an die militärische und politische Unterlegenheit der frühen Muslime an, die sie durch die Reinheit ihres Glaubens vielfach kompensierten. Noch im Fehlen von Betonungen kündet seine Rhetorik vom puritanisch-wahhabitischen Geist, der angeblich mit jenem des göttlich Gesandten identisch ist.

Man kennt eine ähnliche Zurückhaltung gegenüber dem ästhetischen Glanz aus dem Protestantismus, während die muslimische Tradition, an die Sprachgewalt des Korans anknüpfend, die Pracht der Worte immer betont und gelehrt hat. Erben dieser Tradition sind die großen, oft libertären arabischen Dichter der Gegenwart wie Adonis oder Mahmud Darwisch, die ihre Verse beim Vortrag als Klangwerk inszenieren; Erben sind aber auch die politischen und religiösen Führer der heutigen arabischen Welt, die die Banalität ihrer Aussagen in Schwulst und Pathos zu ertränken suchen. Speziell sie sind es, von denen sich der Mann in den Bergen absetzt, indem er auf die klare Ruhe des Ausdrucks setzt.

Man merkt den Bruch mit der herrschenden Tradition am deutlichsten, wenn Osama bin Laden Wendungen des Korans zitiert: Wo andere Redner die Stimme grotesk zu heben und wieder zu senken pflegen, sobald sie die Offenbarung sprechen, fährt Osama bin Laden im gleichen betulichen Tonfall fort, als wolle er allein durch die Vernunft seiner Botschaft überzeugen. Daß der Verzicht auf alle Rhetorik in dieser Situation, da ihn die westliche Welt zum Ausbund des Bösen stilisiert, das klügste rhetorische Mittel ist – wer weiß, bis zu welchem Grade er selbst es übersieht. Jedenfalls ist Osama bin Laden mit einer siebenminütigen Ansprache innerhalb der islamischen Welt ein mindestens ebenso großer Mediencoup gelungen wie George W. Bush in den Vereinigten Staaten, als dieser sich innerhalb von Tagen vom verunsicherten, verbal um sich schießenden Cowboy in den entschlossenen Weltstaatsmann verwandelte.

Der Ungleichheit der militärischen Instrumente – hier ein paar Taschenmesser, um die Supermacht zu demütigen, dort die größte Militärmaschinerie der Welt, um eines der ärmsten Länder der Welt zu bombardieren – entspricht die Unterschiedlichkeit der propagandistischen Mittel: hier eine Videokamera, dort ein Heer aus Beratern, Fernsehstationen und Agenturen. Dabei richten sich die Kontrahenten ausschließlich an die je eigene, islamische beziehungsweise westliche Öffentlichkeit, selbst wo sie der Form nach die des Gegners ansprechen. Daß Osama bin Laden den Amerikanern droht, soll ihn jenen als unerschrockenen Vorkämpfer empfehlen, die sich selbst von Amerika bedroht fühlen.

Daß George W. Bush neuerdings nicht müde wird, den Islam zu loben, kann höchstens das potentiell schwankende Europa und allenfalls noch die amerikanischen Muslime erreichen. In der islamischen Welt selbst kommen die freundlichen Worte angesichts der amerikanischen Außenpolitik im Nahen Osten selbst den schärfsten Kritikern des Islamismus genauso zynisch vor wie die Essenspakete, die seine Armee nebst Bomben über Afghanistan abwirft. Wenn es der amerikanischen Administration darum gegangen wäre, die Öffentlichkeit in den islamischen Ländern zu gewinnen, hätte sie sich ein stärkeres Mandat der Vereinten Nation eingeholt, die Beweise für ihre Anschuldigungen in nachvollziehbarer Weise vorgelegt und ihre Strategie tatsächlich auf die Bekämpfung des Terrorismus ausgerichtet, anstatt sich nun auch in Zentralasien dauerhaft militärisch einzurichten und Waffen einzusetzen, die – wie die B-52-Bomber – erkennbar nicht dazu geeignet sind, einzelne Schlupflöcher auszuräuchern.

Bis zu seiner Ansprache war Osama bin Laden für die islamische Welt mehr ein Phantom denn eine reale Gestalt. Gewiß, in einzelnen Ländern sind seine Biographien verbreitet, aber die Mehrheit der Menschen kannte ihn aus den wenigen Interviewausschnitten, die CNN, BBC und Al Dschasira von ihm wiederholt haben. Bevor ihn die CIA vor ein paar Jahren zum Chefterroristen ausrief (kurz nachdem sie ihm zum letzten Mal Begleitschutz gewährt hatte), war er praktisch unbekannt. Er hat keine Bücher veröffentlicht, keine Doktrin entwickelt, nicht einmal Reden mitschneiden lassen – er war der Feind der Vereinigten Staaten, und das genügte den Extremisten, um ihn als väterlichen Freund anzunehmen. Daß der Chef von vielleicht drei-, vielleicht fünftausend Extremisten es überhaupt geschafft hat, zum Hauptgegner der gesamten westlichen Welt ausgerufen zu werden, daß er in den Medien weltweit als Counterpart des amerikanischen Präsidenten agiert und nicht als der Kriminelle und Mörder, der er ist, übertrifft schon alles, was sich selbst der intelligenteste Terrorist hätte erhoffen können.

Aber nun spricht dieses Phantom plötzlich zu den Menschen in der islamischen Welt und wirkt überhaupt nicht wie der Dämon, als der er präsentiert worden ist. Zwar drückt sich in seinem Wort ein fanatischer Kampfeswille aus, aber er spricht nicht wie ein Fanatiker, sondern leise, behutsam, in einem schlichten, überzeugenden Arabisch. Und vieles von dem, was er sagt, entspricht dem, was viele, auch friedliche Menschen in der muslimischen Welt denken, aber nur wenige Politiker in dieser

Einfachheit zu sagen wagen: über das Leid der Palästinenser, die Rolle der amerikanischen Außenpolitik, die doppelten Standards und das Gefühl, vom Westen täglich erniedrigt und entwürdigt zu werden. So einseitig das Bild ist, ist es doch nicht einseitiger als das Bild, das Talkshows, Bestseller und unsägliche Dokumentationen hierzulande von der islamischen Welt zeichnen.

Um die bislang friedliche Mehrheit der Muslime auf seine Seite zu ziehen, mußte Osama bin Laden mit seinem ersten Video bis zum vergangenen Sonntag warten. Solange die Vereinigten Staaten Afghanistan nicht bombardiert hatten, wäre es aussichtslos gewesen, breitere Bevölkerungsschichten anzusprechen, da keine Aussicht bestand, die Rolle des Aggressors abzuschütteln. Wie alle Kriegsherrn mußte er sich zunächst zum Opfer deklarieren, um die eigenen Angriffe – und damit den Tod unschuldiger Menschen – zu legitimieren. Deshalb hat er sich, obwohl er doch innerhalb einer rein terroristischen Logik mit ihnen prahlen könnte, keineswegs zu den Anschlägen in New York und Washington bekannt, sondern sie lediglich als gerechte Strafe begrüßt.

Nun aber, nach den von ihm gewiß erwarteten, wenn nicht ersehnten Bombardements, kann er seinen Kampf als Verteidigung ausgeben, ohne allseits verlacht zu werden. Er kann die Amerikaner Terroristen nennen und das bombardierte afghanische Volk als Kronzeugen gegen die Vereinigten Staaten anführen, um an die Solidarität der Glaubensbrüder zu appellieren. Man muß nicht an Bushs Wort vom «Kreuzzug» oder Berlusconis Ankündigung, die islamische Welt zu erobern, erinnern, um zu zeigen, daß die Mechanik des Arguments im Westen so unbekannt nicht ist. Wenn der amerikanische Präsident in seiner jüngsten Ansprache die Bereitschaft einer Viertkläßlerin lobt, ihm ihren Dad «zu geben», ist das beinah identisch mit Äußerungen aus muslimischen «Märtyrerfamilien». Und übrigens will die Sprache, in der Bush sich an die Amerikaner wendet, das ohnehin breite Englisch der Südstaaten, das er betont langsam spricht und mit so viel Pausen zelebriert wie sonst nur ein Held im Western, genauso kernige Ursprünglichkeit suggerieren wie das Arabisch seines Erzfeindes – und ist genauso künstlich: Wer sich einmal alte Aufnahmen von George W. Bush besorgt, wird überrascht sein, ein ganz gewöhnliches, alltäglich betontes amerikanisches Englisch ohne allzu deutlichen texanischen Einschlag zu hören.

Osama bin Laden wird nicht die Mehrheit der Muslime überzeugen. Die meisten Menschen in der islamischen Welt durchschauen seine einfach gestrickte Masche, und ausgerechnet der Staatspräsident einer Islamischen Republik, Mohammad Chatami, hat sie in dankenswerter Klarheit benannt. Osama bin Laden ist ein mutmaßlicher Massenmörder, seine Auslegung des Islams widerspricht allen anerkannten Lehrmeinungen. Aber jene, die dazu neigen, ihm Glauben zu schenken, sind nach dieser Ansprache, soweit man das aus Telefonaten und Kommentaren erahnen kann, nicht mehr nur versprengte Radikale, sondern breitere Schichten, jedenfalls in der arabischen Welt, in Indonesien und in Pakistan. In diesen Ländern schlägt die öffentliche Meinung zwar nicht um, droht sich aber signifikant zugunsten des Terroristen zu verschieben.

Auch vor der Ansprache konnte man nicht damit rechnen, daß die meisten Araber oder Pakistanis sich gleich ihren Führern vorbehaltlos auf die Seite der Vereinigten Staaten stellten, doch noch viel weniger schien die Rechnung der Terroristen aufzugehen, einen Aufstand der Muslime gegen ihre eigenen Führer anzetteln zu können. Seit dem vergangenen Sonntag besteht die konkrete Gefahr, daß eine politisch relevante Minderheit in der islamischen Welt dazu neigt, aus Bushs manichäischer Rhetorik und seinem Diktum, daß es in diesem Kampf «keine Neutralität» gibt, einen fatalen Schluß zu ziehen, nämlich ihm zu glauben. Das ist der Schluß, den Osama bin Laden ihnen vorschlägt, wenn er davon spricht, daß die ganze Welt nun in zwei Lager geteilt sei, das Lager der Gläubigen und das der Ungläubigen.

5

Welche Alternative?

Vor dem Krieg im Irak

Süddeutsche Zeitung, 27. Februar 2003

Die Vereinigten Staaten haben kaum jemanden in der Welt davon überzeugen können, daß es ihnen bei einem Krieg gegen den Irak um Massenvernichtungswaffen zu tun ist. Um das propagandistische Debakel abzuwenden, sind sie auf ein zweites Argument verfallen, nämlich auf die Demokratie, die es in Bagdad und im gesamten Nahen Osten zu errichten gälte. Bereinigt man das Argument um seinen Idealismus, ist es nicht so weit entfernt von dem, was Washington tatsächlich betreibt: den gewaltsamen Regimewechsel als Teil einer hegemonialen Ordnungspolitik in einer Region, die für die eigene Sicherheit, Ökonomie und Energieversorgung als wichtig erachtet wird.

Die Friedensbewegung konnte deshalb so stark werden, weil das erste Argument so viel einfacher zu widerlegen war als die Gründe für alle Kriege der vergangenen Jahrzehnte. Es ist lächerlich, zu behaupten, von einem demoralisierten und militärisch ruinierten Land wie dem Irak, in dem seit Jahren jeder Fußbreit von Satellitenkameras und Aufklärungsflugzeugen überwacht wird, gehe eine akute, ja mit Nazideutschland vergleichbare Gefahr für den Weltfrieden aus. Auf das zweite Argument ist der Friedensbewegung jedoch keine Antwort eingefallen. Das ist ihre große Schwäche, denn zur Zeit deutet Saddam Hussein das Nein zum Krieg in ein Ja zu seiner Herrschaft um. Wie vorgeschoben der Einsatz der USA und speziell ihrer gegenwärtigen Regierung für Menschenrechte sein mag – das Regime in Bagdad wird durch die Heuchelei Washingtons nicht erträglicher. Ein amerikanischer Frieden ist heutzutage keine Verheißung mehr – aber böte er für die Menschen im Irak nicht bessere Perspektiven als der rundum trostlose status quo? Wer als Kriegsgegner glaubwürdig sein möchte, sollte sich diese Frage stellen, anstatt stetig nur die Litanei vom Öl herzubeten. Eine eindeutige Antwort gibt es nur für Anhänger des amerikanischen Präsidenten und für Pazifisten. Alle anderen kommen nicht um die unangenehmste Anstrengung des Intellekts herum: abzuwägen. Auch wenn es in diesen Tagen beinah schon ketzerisch klingt: Es gibt Gründe, die für einen Krieg sprechen. Um sie ernst zu nehmen, muß man nicht Donald Rumsfeld glauben, sondern sich bloß unter irakischen Schiiten, Kurden und Exilanten umhören.

Dennoch tendiert der Verfasser, obwohl er die Chancen eines Regimewechsels erkennt, dazu, die Gefahren eines Krieges gegen den Irak für unvertretbar zu halten. Selbst wenn man von allen schwer zu kalkulierenden Folgen absieht – der Anzahl der zivilen Opfer und das Ausmaß der Zerstörung, die sprichwörtliche verbrannte Erde, die Saddam hinterlassen könnte, die mögliche Afghanisierung des Irak, die drohende Instabilität im übrigen Nahen Osten, die israelischen Gedankenspiele darüber, was im Windschatten der amerikanischen Invasion mit den Palästinensern anzustellen wäre, und vieles andere mehr –, selbst wenn man von diesen unbekannten Größen absieht, eines ist doch klar: Der Terrorismus dürfte sich in der Folge einer Invasion erheblich ausweiten, sei es, weil sich die bestehenden Gruppierungen zu neuen Anschlägen motiviert sehen, sei es, weil sich allerorten neue Grüppchen bilden könnten, die allenfalls ideell noch mit Al-Qaida zusammenhängen. Die zu erwartenden Gegenmaßnahmen werden neue Anschläge bewirken, und so könnte sich die Spirale der Gewalt, die jetzt schon Israel und Palästina erschüttert, endgültig globalisieren.

Ein solches Bedenken zu äußern, scheint dem Terror vorbeugend nachzugeben; tatsächlich zielt dessen Logik auf das Gegenteil, nämlich die Angegriffenen vom politischen Handeln abzubringen und sie zur Gewalt zu provozieren. Wie man es jetzt bereits in den Vereinigten Staaten beobachten kann, wird der Kampf gegen den Terror auch in Europa grundlegende Werte der eigenen Zivilisation aushöhlen und gerade dadurch dessen Zielen näherkommen. Und selbst wenn keine der genannten Gefahren sich bewahrheiten und Saddam Hussein zwei Tage nach Kriegsbeginn im Flugzeug nach Den Haag sitzen sollte – ein leichter Sieg gegen den Irak würde den messianisch verbrämten Imperialismus der Bush-Administration so beflügeln, daß einem erst recht angst und bange werden müßte. Das sind, zusammengefaßt, einige Gründe, die selbst dann gegen den Krieg sprechen, wenn man einem amerikanischen Marionettenregime in Bagdad den Vorzug gibt vor Saddam Hussein. Aber sie reichen nicht aus. Gegen den Krieg zu sein, beantwortet nicht die Frage, wie denn die Zukunft des Irak ohne Krieg aussähe.

Die Europäer werfen den Amerikanern vor, keine realistischen Pläne für das Nachkriegsszenario vorzuweisen, sie selbst aber haben nicht einmal unrealistische Pläne für das Nichtkriegsszenario. Soll es einfach so weitergehen wie in den vergangenen zwölf Jahren? Da mögen die Demonstranten weltweit beteuern, sie seien nicht gegen etwas, sondern für den Frieden – ein Frieden, in dem Saddam Husseins Herrschaft und ein mörderisches Embargo fortbestehen? Müssen in einem solchen Frieden weitere Hunderttausende Kinder sterben (wie seit der Verhängung des Embargos geschehen), muß ein reiches, industrialisiertes Land wie der Irak ökonomisch endgültig ins 18. Jahrhundert zurückgeworfen werden? Soll das die Alternative zum Krieg sein?

Die Kriegsgegner sollten sich nicht auf das Nein beschränken, sondern über Perspektiven nachdenken, wie der Irak mittelfristig Embargo und Tyrannei abschütteln kann. Dafür liegen keine Lösungen parat? Richtig, also hätte man längst anfangen sollen, sie zu suchen. Die Gegenwart des Landes ist für die Bevölkerung so schlecht, daß selbst Europas Diplomatie imstande gewesen sein sollte, Pläne für ihre Verbesserung auszuarbeiten. Das hätte nicht gleich die KSZE des Nahen Ostens sein müssen, die den Konflikt zwischen Palästinensern und Israelis im selben Handstreich zu lösen hofft. Zwar würde ein Gesamtplan die Aussicht auf Änderungen auch im Irak erhöhen, aber bei der jetzigen Konstellation – mit Scharon statt Rabin, Bush jr. statt Clinton und einem Arafat, der allenfalls noch die Ruine seines Bürogebäudes regiert – ist sie vollkommen unrealistisch.

Die amerikanischen Kriegspläne sind nur das letzte Glied einer Kette verhängnisvoller Fehler und vermeidbarer Krisen in der westlichen Irak-Politik. Sie reicht von der Unterstützung Saddam Husseins im Angriffskrieg gegen Iran über die Entscheidung von Präsident Bush sen., den zweiten Golfkrieg nicht mit dem damals vergleichsweise leichten Regimewechsel abzuschließen, bis zur desaströsen Sanktionspolitik. Aber jetzt ist die Situation nun einmal, wie sie ist, das Land ist am Boden, Saddam Hussein hat sein Volk als Geisel genommen, und die amerikanischen Truppen stehen an den Grenzen zum Irak. Statt über Fehler und verpaßte Chancen zu lamentieren, ist es wichtiger, auch jetzt noch Alternativen zum Krieg zu formulieren. Mit dem gewaltigen internationalen Druck, der auf Saddam Hussein lastet, wäre mehr möglich, als ihn zu zwingen, noch die letzten zwei Prozent seiner einstigen militärischen Stärke aufzugeben.

Saddam Hussein ist nicht Osama bin Laden. Es geht ihm nicht um Ideologie oder Religion, sondern um Macht und persönlichen Vorteil. Seine politische Wandlungsfähigkeit und die kalte Rationalität seines Handelns hat er wiederholt unter Beweis gestellt. Die Aussicht auf sein persönliches Überleben und das Ende der Sanktionen könnten dazu verhelfen, Saddam Hussein in einen politischen Prozeß einzubinden, der ihn nach außen eindämmen, nach innen mäßigen und die Fundamente seiner Macht mittelfristig aushöhlen könnte. Es gibt viele Beispiele – von Iran bis Indonesien, von Südkorea bis Südafrika oder in Europa Spanien und Portugal –, die zeigen, daß auch solche Reformen, die ein repressiver Staat aufgrund äußeren Drucks einleitet, eine Eigendynamik entwickeln können, etwa wenn Informationen frei ins Land kommen oder zivilgesellschaftliche Strukturen entstehen. Eine Voraussetzung hierfür wäre im Falle des Irak die Präzisierung des Embargos im Sinne von smart sanctions, damit es tatsächlich auf die Privilegien und Guthaben der Herrscherclique zielt, statt wie bisher das Volk und hier vor allem die säkulare Mittelschicht zu treffen, die für einen friedlichen Wandel entscheidend ist. Die Instrumente westlicher Diplomatie, wie sie einst die Entspannungspolitik entwickelt hat, sind nicht spektakulär und garantieren nicht den Erfolg. Aber aller Erfahrung nach bieten sie die einzig realistische Möglichkeit, mit einer Diktatur umzugehen, wenn ein militärischer Einsatz zu viele Risiken birgt.

Krieg ist das falsche Mittel. Aber Befreiung ist nicht das falsche Ziel.

6

Leider recht behalten

Der Anschlag auf die Synagoge in Istanbul

Süddeutsche Zeitung, 27. November 2003

Experten können recht behalten. Wer seinen Informationsbedarf nicht bloß mit Fox-TV oder den RTL 2-Nachrichten gedeckt hat, konnte wissen, daß die Vereinigten Staaten einen Krieg gegen Saddam Husseins Irak rasch für sich entscheiden würden. Die viel größere Herausforderung – so war man in den großen Zeitungen Europas informiert worden, aber ebenso in der kritischen arabischen oder amerikanischen Presse –, die größere Herausforderung bestand darin, eine stabile Nachkriegsordnung zu errichten. Natürlich gab es die notorischen Islamkenner, die die religiösen Massen herbeibeteten, die sich den amerikanischen Panzern entgegenwerfen würden, und den sofortigen Flächenbrand in der gesamten Region ankündigten, so wie sie zuvor von der selbstmörderischen afghanischen Kriegerrasse gewarnt hatten. Die meisten Wissenschaftler aber, die seriösen Publizisten und selbst die meisten Konservativen unter Europas Außenpolitikern sahen voraus, daß Erfolg oder Mißerfolg der Amerikaner im Irak sich erst in den Monaten und Jahren nach dem Sturz Saddams erweisen würde.

Man konnte vor dem Irak-Krieg auch nachlesen, daß die Iraker froh sein würden über das Ende der Diktatur, aber deswegen die Amerikaner nicht gleich als Befreier begrüßen müßten. Es stand zu lesen, daß der Irak bei aller Brutalität im Inneren militärisch viel zu schwach sei, um den Weltfrieden zu bedrohen. So ist denn auch niemand ernstlich überrascht, daß die Suche nach Massenvernichtungswaffen im Irak erfolglos verlief. Daß auch der zweite Kriegsgrund – die Verbindung Saddams mit dem internationalen Terrorismus – sich als obsolet erweisen würde, hätte jeder Zuschauer der Tagesschau voraussehen können. Die Vereinigten Staaten können unmöglich mit den Sympathien der irakischen Bevölkerung gerechnet haben, als sie den Wiederaufbau des Irak in die Hände von einzelnen amerikanischen Firmen legten, die teilweise auch noch mit Mitgliedern der Regierung Bush verbandelt sind.

Und als wollte Washington noch das letzte anti-amerikanische Klischee bedienen, ließ es zu, daß unmittelbar nach dem Fall Bagdads im gesamten Irak Missionare der «Samaritan's Purse» ausschwärmten, jener protestantisch-fundamentalistischen Organisation des Predigers Billy Graham. Im Westen mag man sich allenfalls noch daran erinnern, daß der Prediger den jetzigen amerikanischen Präsidenten nach der Alkoholentwöhnung zum Glauben führte und bei dessen Amtseinführung das Bittgebet sprach. In der islamischen Welt hingegen ist außerdem unvergessen, daß Graham kurz vor dem Irak-Krieg den Islam als «eine üble und böse Religion» bezeichnet hatte.

Die Warnungen hätten präziser nicht sein können: daß die voraussehbare Instabilität im Irak die ganze Region erschüttern würde; daß ein völkerrechtswidriger Krieg gegen den Irak nicht nur die Emotionen gegen den Westen schüren und tausend neue Bin Ladens schaffen würde, wie Ägyptens Präsident Mubarak prophezeit hatte, sondern ganz konkret den Kämpfern bin Ladens nach Afghanistan und den unbeherrschbar gewordenen Teilen Pakistans ein neues Rückzugsgebiet bescheren würde, das ihnen strategisch ungleich günstigere Bedingungen bietet; daß ein so blindwütig geführter Antiterrorkampf zu weiteren Terrorakten führen werde, die schließlich auch Europa erreichen würden. Daß George W. Bush jüngst erklärte, der Irak sei ein Zentrum des internationalen Terrorismus geworden, ist nicht falsch, und fatal wäre es, wenn Amerika dieses herrschaftslos gewordene und daher von Islamisten aller Länder heimgesuchte Land nunmehr sich selbst überließe. Aber zugleich ist die Erklärung ein Eingeständnis, daß Amerika durch den Krieg überhaupt erst die Notwendigkeit geschaffen hat, im Irak präsent zu sein.

Seit dem Terroranschlag gegen die Synagoge in Istanbul hat sich auch ein letzter, besonders beängstigender Aspekt der Kritik an der amerikanischen Außenpolitik endgültig als real erwiesen: die Warnung vor einem neuen muslimischen Antijudaismus, der sich aus der Wahrnehmung nährt, Washington tue im Nahen Osten nichts anderes, als israelische Interessen durchzusetzen. Niemand hatte ernstlich an das Versprechen Bushs glauben können, daß mit der Befreiung des Irak auch der Konflikt zwischen Israelis und Palästinensern lösbar würde, weil die Finanzierung der Selbstmordattentate, die Saddam zur Last gelegt worden waren, ausbliebe. Im Gegenteil: Vielfältig waren die Voraussagen, daß die beispiellose Parteinahme der Vereinigten Staaten für die radikalste Regierung in der Geschichte Israels die antijüdischen Ressentiments, die ohnehin schon beängstigend genug geworden waren, noch anheizen würde. Angesichts einer Politik, die Israels Regierung mit den Interessen des Judentums identifiziert, ist es verwerflich und verachtenswert, jedoch nicht überraschend, wenn Kritik an Israel umschlägt in Feindschaft gegen Juden. Entgegen der Beteuerung vieler Muslime ist dieses Sentiment nicht mehr zu übersehen. Es ist zu einer Bedrohung geworden für Juden weltweit und zugleich zu einem Opium für viele Muslime, die lieber andere Völker beschuldigen, als die Gründe für die Rückständigkeit und den Mangel an Demokratie bei sich selbst zu suchen.

Daß der Antijudaismus in der islamischen Welt keine historischen Wurzeln hat, die vergleichbar wären mit denen des europäischen Antisemitismus, macht ihn nicht harmloser oder weniger verabscheuungswürdig. Die Auswirkungen, die er auf die Situation im Nahen Osten, aber auch für die Koexistenz von Muslimen und Juden im Westen haben könnte, mag man sich kaum ausmalen. Der Kampf gegen das antijüdische Ressentiment muß in der muslimischen Öffentlichkeit ausgetragen werden, nirgends sonst. Das setzt voraus, das Ressentiment, das unbeteiligte Juden in Israel, auf Djerba oder sonstwo auf der Welt das Leben kostet, erst einmal zuzugeben, statt stets zu beteuern, der Widerstand richte sich allein gegen den Staat Israel.

So beschämend leise die selbstkritischen Stimmen noch sind, so werden sie nicht eben lauter, wenn die amerikanische Nahostpolitik an Israel verteidigt, was sie an muslimischen Staaten zu Recht bekämpft: Unterdrückung und Gewalt gegen Zivilisten. Scharons Wort, Europa sei mit seiner Kritik an Israels Politik indirekt schuldig an den Anschlägen von Istanbul, ist an Zynismus schwer zu überbieten. Besser hätte er sich an Wolfowitz und Cheney wenden sollen, die Frieden in den Besetzten Gebieten in der Vergangenheit damit gleichsetzten, den Widerstand der Palästinenser zu brechen.

Kein informierter Zeitgenosse kann also behaupten, auf das Szenario nicht hingewiesen worden zu sein. Dennoch ist es eingetreten, mit unheimlicher Präzision. Das wirft die Frage auf, wieso die Vereinigten Staaten wider alles verfügbare Wissen exakt jene Politik betreiben, die Ablehnung und neue Anschläge geradezu heraufbeschwört. Schließlich ist mit dem Engagement im Irak (von einzelnen Firmen und Wirtschaftszweigen abgesehen) nicht einmal der amerikanischen Ökonomie gedient, wie es der anti-imperialistische Reflex gern hätte. Mit Dummheit mag man es sich nicht erklären und auch nicht damit, daß die Regierung in Washington schlechter informiert sei als der Rest der Welt. Hat sie also nach dem 11. September – genau gesagt: nach dem weitgehend akzeptierten Krieg gegen die Taliban – bewußt einkalkuliert, daß heute außer Israel selbst die meisten Verbündeten verstört sind über ihre Politik?

Ob die Eskalation im Nahen Osten das Ergebnis falscher Einschätzungen oder selbst Teil einer Strategie ist, mit immer neuen Bedrohungen Gewalt zu legitimieren und die eigene Herrschaft zu sichern – festzuhalten bleibt: In der Folge des 11. September entziehen sich wesentliche Stränge westlicher Außenpolitik der gewohnten realpolitischen Rationalität, die außer auf Stabilität auf den nationalen Vorteil, die eigene Sicherheit und das eigene Ansehen bedacht ist. Damit herrscht im Krieg gegen den Terror die kalkulierte Irrationalität auf beiden Seiten.

Auf der einen Seite hat man es mit Extremisten zu tun, die sich um die öffentliche Meinung in den muslimischen Ländern und damit um ein realpolitisches Ziel nicht scheren, sonst würden sie nicht wahllos auch Muslime in die Luft sprengen. Mit ihnen kann man weder reden, noch läßt sich im Namen des Islams oder der Humanität an sie appellieren – man kann sie nur mit allen rechtsstaatlich vertretbaren Mitteln bekämpfen. Auf der anderen Seite hat man es in Washington und Jerusalem mit einer Politik zu tun, die allen Erkenntnissen zufolge genau das tut, was den Terrorismus befördert. Das bedeutet nicht, daß beide Seiten gleich seien oder gar moralisch von gleicher Verworfenheit. Neben allen anderen Unterschieden ist einer besonders wichtig: Auf dieser Seite der Front hat man es mit demokratisch gewählten Regierungen zu tun. Vor allem deswegen bleibt die Hoffnung, daß sich wenigstens die schlimmsten Voraussagen der Experten nicht bewahrheiten.

Eine andere Regierung in Washington könnte es im Irak den Briten gleichtun, die im Süden nicht wie Besatzer auftreten, zivile Prozesse wirksam unterstützen und ahnen lassen, daß Demokratie auch in einem arabischen Land möglich wäre. Sie würde außerdem Putins Völkermord in Tschetschenien und die Verbrecherregime in Zentralasien, die jedes demokratische Aufbegehren als islamistisch denunzieren und im Keim ersticken, nicht gleichgültig hinnehmen. Afghanistans Regierung, die bisher kaum mehr ist als eine Stadtverwaltung von Kabul, würde sie weit entschlossener unterstützen als bisher. Eine andere Regierung in Washington würde vor allem aber die Chance nutzen, die sich aus der Erschöpfung von Israelis und Palästinensern ergibt und im Abkommen von Genf endlich eine realistische Formel gefunden hat. Israelische Oppositionspolitiker und palästinensische Arafat-Vertraute haben darin konkrete Vorschläge ausgearbeitet, wie die Probleme im abgebrochenen Friedensprozeß zu lösen seien. Nach einer Umfrage der israelischen Zeitung *Ha'aretz* wird das Abkommen, das im Dezember unterzeichnet werden soll, von einer Mehrheit beider Völker unterstützt. Statt hinzunehmen, daß Scharon die israelischen Unterhändler als Verräter beschimpft, würde eine kluge Politik, die an die Sicherheit und Existenz Israels glaubt, solche Unterhändler unterstützen, genauso wie deren palästinensische Partner. Keine dieser Maßnahmen würde den islamistischen Terror rasch stoppen, dafür haben sich seine Motive schon zu sehr verselbständigt. Aber zusammengenommen könnten sie verhindern, daß aus den tausend Bin Ladens, die es schon gibt, morgen eine Million wird.

7

Strategie der Eskalation

Zur Geiselnahme in Beslan

Neue Zürcher Zeitung, 11. September 2004

Das einzige, was an den Terrorakten muslimischer Extremisten noch überrascht, ist der Umstand, daß ihr Schrecken von Mal zu Mal noch zu steigern ist. Schien es nicht, daß der letzte noch verbliebene Skrupel der modernen Zivilisation – nämlich das Töten weder zeigen noch sehen zu wollen – ganz offensichtlich abhanden gekommen war, als irakische Geiselnehmer den Amerikaner Nick Berg vor laufender Kamera enthaupteten? Es gibt noch weitere Skrupel, wie die Welt entsetzt bemerkt, und man kann sie noch offener fallen lassen: durch die gezielte, hundertfache Opferung von Kindern. Vermutlich gehört es zur Logik des zeitgenössischen Terrorismus, sich selbst zu übertreffen; nur auf diese Weise können die Attentäter die Macht der Gewöhnung jedes Mal neu brechen und verhindern, daß die internationale Öffentlichkeit sie in ihren Nachrichten auf die hinteren Plätze abdrängt. Nicht nur, daß man sich nicht ausmalen mag, was als nächstes kommt, um die weltweite Ansetzung von Sondersendungen zu gewährleisten – man kann es sich auch kaum ausmalen, hat die Brutalität doch längst einen Grad erreicht, den zumindest die behüteten Nachkriegsgenerationen im Westen für unvorstellbar hielten oder dem Reich der Fiktion zuordneten. Es ist eine Brutalität, die wir bisher nur aus Horrorfilmen und Snuff-Videos kannten. Die Geiselnehmer von Beslan womöglich auch.

Beinah verzweifelt wirkt es, wie der Terror gegen seine eigene Ritualisierung ankämpft, droht doch die Steigerung seiner Tabubrüche selbst zum Ritual zu werden. Alles andere bleibt sich längst gleich. Wo auch immer ein Anschlag gegen wen auch immer verübt worden ist: Austauschbar wirken die Bilder von Sanitätern und Absperrungen, von davonrasenden Krankenwagen und zurückbleibenden Angehörigen, von Politikern, die sich an Krankenbetten mitfühlend zeigen und in Pressekonferenzen martialisch. Bis in den Wortlaut identisch sind die Sätze, mit denen Staatsvertreter auf die Ermordung ihrer Bürger reagieren, in Israel, in den Vereinigten Staaten, zuletzt im Irak, nun wieder in Rußland.

Indem die Politiker dazu neigen, von allen regionalen Unterschieden abzusehen und reflexartig nach jedem Anschlag das Stichwort des internationalen Terrorismus zu beschwören, der immer noch unerbittlicher zu bekämpfen sei, tun sie freilich den jeweiligen Attentätern den Gefallen, sie auf die eigene Augenhöhe zu heben, sie zum Gegner in einem Dritten Weltkrieg zu stilisieren, der längst begonnen habe. Noch schlimmer aber ist: Im Krieg gegen den Terrorismus droht das Antlitz der eigenen Zivilisation so häßlich zu werden, daß es bald schon der Fratze ähneln könnte, welche die Terroristen vom Feind zeichnen. Ihr könnt das nicht nachvollziehen, wenn einem die Leichenteile um die Ohren fliegen, sagen selbst wohlmeinende Intellektuelle in den Frontstaaten des Terrorismus, die von außen zur Behutsamkeit gemahnt werden und zur politischen Rationalität: Ihr sollt nachvollziehen, wie es ist, wenn die eigenen Kinder ermordet werden, rief ein Terrorist in Beslan einer Geisel zu, die fragte, weshalb sie ausgerechnet eine Schule erstürmt hätten.

Von Gipfeltreffen zu Gipfeltreffen, von Anschlag zu Anschlag wird der internationale Terrorismus mit immer weiter reichenden Gegenmaßnahmen bekämpft. Auch dabei fallen die Tabus wie reife Früchte: Was sich in Europa bis jetzt auf neue Gesetze, Kulturkämpfe gegen den Islam und grobschlächtige Bestseller beschränkt, äußert sich andernorts längst in Folter, Vertreibung und offener Rechtlosigkeit. Wenn sich aber die Koalitionäre gegen den internationalen Terrorismus darauf beschränken, auf jeden Anschlag mit noch schärferen Gesetzen und Weltkriegsrhetorik, Drohgesten und Ausgrenzung zu reagieren, beginnen sie sich ihrerseits den Tabubrüchen der Terroristen spiegelbildlich anzunähern.

Wer die Dialektik der Eskalation in Frage stellt und auf Ursachen der Gewalt hinweist, wird zum Komplizen des Terrors erklärt, wer von politischen Verhandlungen, gar von friedlichen Lösungen spricht, zum naiven Tropf. «Achtung vor der Verständnisfalle!», warnt selbst die Wochenzeitung *Die Zeit* ihre Leser auf der Titelseite. Mit Terroristen könne man nicht verhandeln, so heißt es, der Terrorismus verstünde nichts als die Sprache der Härte. Könnte es nicht sein, daß gerade dies der Fehler der Terrorbekämpfung ist: eine Sprache zu sprechen, die Terroristen verstehen? Womöglich treten die Koalitionäre eben dadurch erst mit den Terroristen in eine Kommunikation, die neue Antworten geradezu herausfordert. Jedenfalls wäre es Zeit, im Krieg gegen den Terror eine Bilanz zu ziehen, bevor noch mehr zivile Opfer zu beklagen und noch mehr Terroristen zu bekämpfen sind.

Gegen die Ausweitung polizeilicher und geheimdienstlicher Aktivitäten, die konkret geeignet erscheinen, möglichen Attentätern auf die Spur zu kommen, ist schwerlich etwas einzuwenden. Jede vereitelte Gewalttat legitimiert aufs Neue staatliches Eingreifen bis an die Grenzen des rechtsstaatlich Vertretbaren. Doch werden einzelne Erfolge der Terrorbekämpfung Makulatur bleiben, solange Staaten sich dazu verleiten lassen, die Sprache von Terroristen zu sprechen. Dauerhafter Erfolg wird dem Kampf gegen den Terror erst dann beschieden sein können, wenn er zurückkehrt zu dem, was Terroristen nicht beherrschen: zur Politik. Gewiß kann man Leute, die bereits zum Massenmord entschlossen sind, nicht zu politischen Partnern aufwerten. Aber man kann versuchen, zu verhindern, daß auf jeden gefaßten oder getöteten Terroristen Hunderte neuer Rekruten kommen.

Es gibt kein Beispiel, daß es in jüngerer Zeit gelungen wäre, den Terror einzig mit immer härteren Gegenmaßnahmen dauerhaft zu besiegen – nicht in Israel, nicht in Tschetschenien, nicht im Irak oder in Kaschmir. Hingegen sind Zahl und Ausmaß der Gewaltakte stets dann ungleich geringer gewesen, wenn eine politische Lösung jedenfalls nicht mehr ausgeschlossen schien: während des Friedensprozesses im Nahen Osten oder der Pendeldiplomatie von Indern und Pakistanern um Kaschmir, seit dem Abzug der Israelis aus dem Libanon oder zwischen den beiden Tschetschenienkriegen Rußlands; oder, um noch zwei von vielen unscheinbaren Beispielen zu nennen, in der indonesischen Region Aceh ebenso wie im tadschikischen Bürgerkrieg. Man muß nicht mit Terroristen verhandeln. Aber man sollte auch nicht mit Verhandlungen warten, solange es Terroristen gibt. Vor allem aber sollte man nicht, wie die russische Regierung, alles dafür tun, daß aus möglichen Verhandlungspartnern irgendwann Terroristen werden.

Erst jüngst hat der schiitische Großajatollah al-Sistani den waffenstarrenden Amerikanern und der verblüfften Weltöffentlichkeit vorgeführt, wie eine umkämpfte Stadt wie Nadschaf gewaltlos zu befrieden ist. Das Beispiel mag zu speziell sein, um auf andere Schauplätze des Terrors übertragen zu werden. Aber das Prinzip, das al-Sistani eingeführt hat in die Auseinandersetzung zwischen faktischen Besatzern und sogenannten Widerstandskämpfern, ist realpolitisch erfolgreicher als die Realpolitik der Terrorbekämpfung. Es ist das Prinzip, am Primat der Politik auch dann festzuhalten, wenn es von den jeweiligen Gegnern mißachtet wird. So grotesk ist der bisherige Krieg gegen den Terror gescheitert, daß es auf einen Versuch ankäme, ernst zu machen mit dem Frieden. Nichts könnte Terroristen mehr überraschen.

8

Gut, daß ihr mich erzieht ...

Eine Verwirrung in der Integrationsdebatte

die tageszeitung, 20. November 2004

Aufgefallen ist mir, daß die meisten, die sich über die Ausländer oder, um genau zu sein: über die Türken, nein, das ist es auch nicht, schließlich zeigt das Fernsehen im Augenblick ständig richtig gute Türken, die das Kopftuch abgelegt haben und auf die Türken schimpfen, wie sage ich es nun: also, daß die meisten, die sich über den Fundamentalismus aufregen ... Fundamentalismus, Fundamentalismus, das ist gut, muslimischer Fundamentalismus, um genau zu sein, Islamismus sozusagen, das kann man sagen, andererseits, der Islam ist doch fundamentalistisch, jedenfalls wenn man daran glaubt, der Islam ist frauenfeindlich und verherrlicht die Gewalt, da ist doch diese eine Sure mit den Frauen, die unter den Männern stehen, und daß man die Ungläubigen töten soll, uns also töten soll, also euch, meine ich, ich selbst gehöre ja zu den Mördern, gibt's zwar in der Bibel zuhauf so Verse, aber, mein Gott, wir hatten ja auch eine Aufklärung, die Muslime hingegen, die leben noch im Mittelalter, und außerdem ist unsere Religion die Religion der Liebe, also eure Religion, ich selbst lebe ja noch im Mittelalter mit meiner Religion der Gewalt, und wenn ich meine Frau nicht schlage und meine Tochter nicht zwangsverheirate und keine Selbstmordattentate begehe, dann liegt es nur daran, daß ihr mich erzogen habt im Geiste der Toleranz und Aufklärung, gereinigt von meiner fundamentalistischen Tradition, im Elternhaus kann ich das kaum gelernt haben, das sind ja Islamfaschisten, ihr hingegen, mein Gott, was habt ihr die Welt geliebt, vor allem die armen verfolgten Türkinnen, denen ihr keine Wohnung und keinen Arbeitsplatz gebt, weil sie ja verfolgt sind, also nicht von euch verfolgt, sondern von den Muslimen verfolgt, von ihren muslimischen Islamfaschomännern, und deshalb müßt ihr sie auf der Straße anspucken, damit sie merken, wie verfolgt sie sind, und auf Schulkinder darf man die armen verfolgten islamfaschogehirngewaschenen Kopftuchträgerinnen schon gar nicht loslassen, nur aus Liebe, meine ich, aus Liebe zu den Kindern und auch, ja, zu den armen Musliminnen, die unter die Burka gezwungen worden sind, ihr seid wirklich eine Kultur der Nächstenliebe und Toleranz, das wird mir jetzt erst richtig klar, Verzeihung, liebe Springer-Presse, lieber *Spiegel*, liebe Alice Schwarzer, daß ich das jetzt erst merke, was habt ihr vor allem die Juden und die Neger geliebt, und Gewalt in der Ehe, das kennt ihr natürlich nicht, völlig unbekannt, und wenn es doch Gewalt gibt in Familien, was es nicht gibt, hat das natürlich nichts, aber auch gar nichts mit eurer Kultur zu tun oder gar eurer Religion, und die Asylbewerber erst, Mensch, habt ihr die geliebt, als ihr sie in Rostock angezündet habt, ihr toleranten, nächstenliebhabenden Deutschen, nun gut, war vielleicht ein wenig heftig, besser, man liebt die Asylbewerber nachts in der Nebenstraße, wenn es niemand sieht, andererseits muß man auch mal die Relation sehen, darüber wird gar nicht gesprochen, gerade mal hundert tote Ausländer gab es in den neunziger Jahren, das ist doch nichts gegen die Tausende, die am 11. September bestialisch ermordet worden sind von diesen Islamfaschos, die sich von unserer Toleranz genährt haben, unserer Toleranz und Nächstenliebe, die wurden einfach zu viel geliebt, die Muslime, zu viel Toleranz, und dann in Madrid und in Djerba, das sind doch die Dimensionen, um die es geht, die wollen uns alle umbringen, also euch, jedenfalls ist mir aufgefallen, daß die meisten, die sich über den Islamfaschismus aufregen, Muslime höchstens aus dem Urlaub oder aus dem Restaurant kennen, weil sie entweder im Osten leben, wo sich Muslime sowieso kaum hintrauen, oder in Stadtvierteln, wo es nur gute Ausländer gibt, gemäßigte Ausländer, wie es so schön heißt, Verzeihung, gemäßigte Muslime, meine ich, obwohl das ja ein Widerspruch in sich selbst ist, aber man kann schlecht sagen: nichtmuslimische Muslime, Exmuslime, wie man sagt Exnazis oder Exfrauen, aber ist auch egal, ich wollte nur sagen, es gibt auch gute Muslime, wie überall in der

Presse zu lesen ist, sozusagen geschiedene Muslime, vom Islam und ihren faschistischen Eltern geschiedene Muslime, die ihre Kinder auf die Montessori-Schule schicken und dort auf den Elternabend köstliche Süßspeisen mitbringen, so köstliche kleine Islamfaschosüßspeisen, die aber vom Geist der christlichen Liebe und westlichen Toleranz durchzogen sind, daß man sie wirklich gut integrieren kann in unsere, nein eure säkulare Gesellschaft und in die Montessori-Schule, und das wollen wir ja, oder ihr, Integration ist unheimlich gut, auf daß niemand sagen könne, wir hätten etwas gegen den Islam, also ihr hättet etwas gegen den Islam, also gegen mich, um genau zu sein, ich vergeß das immer, daß ich zu den Bösen gehöre, ich fühle mich gar nicht so böse, aber, mein Gott, ich habe ja auch keine Aufklärung hinter mir, da weiß ich gar nicht, wie böse ich bin, aber gut, daß ihr mich erzieht, sonst würde ich abends auf dem Elternabend ein Selbstmordattentat begehen und vorher die Lehrerin zwangsheiraten.

9

Verzweiflungsdruck und Enthusiasmus

Nach Frankreichs Referendum zur Europäischen Verfassung

Süddeutsche Zeitung, 3. Juni 2005

Für jene Franzosen, die am Sonntag die Abstimmung über die europäische Verfassung verloren haben, ebenso wie für die politische und kulturelle Elite in Deutschland, Spanien, Großbritannien oder den Niederlanden ist Europa ein politisches Projekt. Sie bemühen sich, Europa zu vereinigen; aber ihre private und politische Existenz hängt nicht von diesem Projekt ab. Sie könnten notfalls auch ohne Europa leben, als Deutsche, als Spanier, als Holländer, als Briten. Ich glaube, es ist dieser vergleichsweise bequemen Ausgangsposition geschuldet, daß die europäische Einigung so wenig Enthusiasmus auslöst, bei Europas Politikern wie bei seinen Bürgern. Es fehlt der Verzweiflungsdruck, wie er am Anfang etwa der französisch-deutschen Aussöhnung stand. Für mich ist das anders. Für mich ist Europa eine Notwendigkeit und eine Verheißung. Ich kann ohne Europa nicht leben.

Meine Eltern sind vor über fünfzig Jahren zum Studium von Iran nach Deutschland gekommen. Sie sind bestens integriert, bemühen sich um Toleranz und Verständigung, engagieren sich sozial, sprechen gut Deutsch – fromme Muslime nach dem europäischen Bilde. Sie sind froh, in Deutschland zu leben. Sie sind dankbar dafür. Aber auch nach fünfzig Jahren würden sie von sich nicht sagen, sie seien Deutsche. Ich glaube nicht, daß das nur an meinen Eltern liegt. Es liegt vielleicht auch an Deutschland.

Selbst ich höre oder lese selten, daß ich ein Deutscher sei. Ich bin hier geboren, ich habe seit einigen Jahren neben dem iranischen auch den deutschen Paß, die Sprache, in der ich lebe und von der ich lebe, ist

Deutsch. Und dennoch geht der Satz «Sie sind Deutscher» den meisten Mitdeutschen offenbar schwer über die Lippen. Allenfalls sagen sie's im Doppel, beinah entschuldigend: Deutsch-Iraner. Mein Cousin, der seit sechs Jahren in den Vereinigten Staaten lebt, wird jetzt schon selbstverständlich für einen Amerikaner gehalten. Man wird nicht Deutscher. Als Migrant bleibt man Iraner, Türke, Araber noch in der zweiten, dritten Generation. Aber: Man kann Europäer werden. Man kann sich zu Europa bekennen, weil es eine Willensgemeinschaft ist und nicht der Name einer Religion oder einer Ethnie. Europa ist kein Land. Man kann seine Grenzen nicht ziehen, wie man die Grenzen eines Landes ziehen kann. Europa ist eine Idee. Ich brauche dieses Europa, denn wo sonst könnte ich hin?

Vielleicht werden die Leser es kurios finden, aber für Menschen wie mich ist das eine reale Frage, eine Frage der Existenz. Was ist, wenn Europa uns nicht will? Das ist nichts Theoretisches, wenn Politiker, die den aktuellen Umfragen zufolge nach der Bundestagswahl Deutschland regieren werden, landauf landab verkünden oder jedenfalls zu verstehen geben, der Islam gehöre nicht zu Europa. Wie kann ich es anders verstehen, als daß sie sagen, ich gehöre nicht zu Europa? Soll ich auf Duldung hoffen? Der aktuellen Mode folgen und Schmähschriften auf die eigene Kultur publizieren, um mich für Europa zu qualifizieren? Oder mich gleich davonmachen? Wenn ein Politiker vom Range und Ansehen eines Helmut Schmidt sagt, daß es ein Fehler war, Gastarbeiter mit einer anderen Religion anzuwerben – wie kann ich es anders verstehen, als daß er sagt, es war ein Fehler, meine Eltern anzuwerben? Es ist ein Fehler, daß wir hier sind. Ich mache mir konkrete Gedanken, wo wir hingehen könnten, wo meine Kinder alt werden könnten, wenn nicht in einem Europa, das seine Verheißung erfüllt als ein Ort, in dem Menschen unterschiedlicher Herkunft, Religion, Sprache, Kultur und sexueller Orientierung gleichberechtigt und auf der Grundlage einer säkularen Verfassung leben. Ich kenne derzeit keinen anderen Ort, an dem ich leben möchte.

Die abwehrende Haltung, mit der zunehmend über Europa gesprochen wird, richtet sich nicht nur und nicht einmal im Kern gegen Muslime. Sie richtet sich gegen alle, die nicht mehr oder noch nicht zu dem europäischen Wir gehören, so auch gegen jene osteuropäischen Länder, denen jede Beitrittsperspektive genommen worden ist. Indem dieses Wir seine Offenheit verliert, verliert es ein Wesensmerkmal: Die europäischen Grundwerte sind an keine bestimmte Herkunft oder Religion gebunden, sondern lassen sich prinzipiell übertragen, mehr noch: Spezifisch an ihnen ist gerade, daß sie – im Unterschied zu den Werten einer Religionsgemeinschaft oder der alten europäischen Nationalstaaten – geteilt werden können von Menschen unterschiedlicher Abstammungen, Länder und Kulturen. Wer diese Werte ernst nimmt, schließt andere nicht davon aus, sondern setzt sich für ihre Verbreitung ein. Die bestehenden europäischen Institutionen sind nicht transparent genug und politisch nicht ausreichend legitimiert? Richtig! Also gilt es, für ihre Demokratisierung und verfassungsrechtliche Verankerung zu kämpfen – und nicht für ihre Schwächung. Die Türkei erfüllt nicht die Kopenhagener Kriterien, die zu Recht zur Bedingung gemacht worden sind für eine Aufnahme in die Europäische Union? Ebenfalls richtig! Also sollte Europa alles dafür tun, daß die Türkei sich im Sinne dieser Kriterien verändert – und stolz sein, sollte die Türkei eines Tages europäisch geworden sein.

Nicht bloß in Deutschland, in ganz Westeuropa gewinnen jedoch jene Politiker an Zulauf, die derzeit von Ängsten sprechen statt von den Chancen, die auf nationalen Kompetenzen beharren und Ausschlußkriterien definieren statt für die Veränderung der Länder zu streiten, die den europäischen Standards noch nicht entsprechen. Statt sich an dem neu entdeckten Lächeln von Frau Merkel zu begeistern, sollte man lieber auf die Worte achten, mit denen sie das Referendum in Frankreich kommentiert hat: Hier will jemand Wahlen gewinnen, indem sie Bedenken trägt, statt auf sie zu reagieren. Die Frau, die auf dem Höhepunkt der europäischen Irakdebatte nach Washington gereist ist, um sich dem Amerika von George W. Bush anzudienen, wird auch als Kanzlerin nicht für europäisches Selbstbewußtsein und eine nach außen wie innen starke Europäische Union stehen.

Was immer man von Schröder, Fischer, Eichel halten mag – Europa ist für sie kein Lippenbekenntnis. Von den möglichen Ministern von morgen – Bosbach, Stoiber, Kauder – ist dagegen noch niemand als Verfechter der europäischen Einigung aufgefallen. Man muß sie nur mit ihren Vorgängern in den eigenen Parteien vergleichen – mit Kohl, Schäuble, Rühe –, um den Gezeitenwechsel zu erkennen. Von einer künftigen christdemokratisch geführten Regierung sind keine Impulse mehr zu erwarten, um den Irrsinn des 20. Jahrhunderts zu überwinden, die Ideologie des Nationalstaates, der auf der Einheit von Volk, Rasse und Religion beruht. Auch die jungen neokonservativen Intellektuellen, die sich in der rechten Qualitätspresse formieren, führen – anders als die Nachkriegseliten bis hin zu den Achtundsechzigern – Europa nicht mehr auf den Fahnen.

Ich sprach von Verzweiflungsdruck und Enthusiasmus. Es dürfte nicht überraschen, daß mein Verzweiflungsdruck mit dem anstehenden Regierungswechsel in Deutschland und dem französischen Nein zur Verfassung, dem Ablehnungen in anderen Ländern und noch mehr europaskeptische Wahlsieger folgen werden, erheblich gestiegen ist. Um so mehr hoffe ich jetzt auf enthusiastische Europäer.

10

Haßbilder und Hysterie

Der Streit um die Mohammed-Karikaturen

Süddeutsche Zeitung, 8. Februar 2006

Der Streit um die dänischen Karikaturen entwickelt sich, als hätte ein Drehbuchautor das Szenario eines globalen Kulturkampfes geschrieben. Die Muslime in diesem Szenario reagieren wie Pawlow'sche Hunde, vorhersehbar, gedankenlos, brutal. Sie kläffen auf Lichtzeichen und beißen zu auf Befehl. Ein beträchtlicher Teil speziell der iranischen und arabischen Öffentlichkeit hat nicht begriffen, daß man nicht zur Gewalt greift, nur weil man sich ärgert oder beleidigt fühlt, daß es in der globalisierten Welt friedliche und übrigens weit effektivere Mittel gibt, die eigene Position zu vertreten.

Jeder Konsument hat die Möglichkeit, eine Ware zu boykottieren – das ist das Spiel der freien Marktwirtschaft, und gerade amerikanische Medienkonzerne würden es mit Rücksicht auf die Folgen für die Wirtschaft nicht wagen, wichtige Käufergruppen zu verprellen. Hätten sich die Muslime daran gehalten, sie hätten den aktuellen Konflikt für sich entscheiden können und nebenbei aller Welt die lächerliche Prinzipienlosigkeit des dänischen Ministerpräsidenten vorführen können, der beim ersten nicht gekauften Feta-Käse bereit war, seine Verachtung für die Muslime beiseite zu schieben und «bitte, bitte Dialog» zu winseln. Das hätten die Muslime tun können, und so sehr man sich in Europa über sie entrüstet hätte, sie hätten sicher sein können, daß ein Großteil der Weltöffentlichkeit – einschließlich vieler amerikanischer Korrespondenten, die sich die Augen reiben angesichts des Rassismus, der sich in europäischen Medien ausbreitet – mit ihnen sympathisiert. Aber wieder einmal hat sich gezeigt, daß viele Muslime zwar in der modernen Welt leben wollen, allerdings nicht deren Spielregeln begreifen oder akzeptieren.

Man kann Waren boykottieren, Artikel schreiben, Geld verschwenden für Medienkampagnen, Lobbyarbeit betreiben – aber niemand hat das Recht, Fahnen zu verbrennen oder gar Botschaften zu stürmen. Es gibt an dem Verhalten der Randalierer vieles zu erklären (etwa die Instrumentalisierung durch diktatorische Regime), jedoch nichts zu entschuldigen. Sie haben das Erbe ihres Propheten und das Ansehen des Islams ungleich mehr in den Schmutz gezogen, als es sich europäische Rechtsextremisten in ihren zynischsten Träumen je hätten ausmalen können. Der muslimische Pöbel zeigt, wie weit die arabischen Öffentlichkeiten noch entfernt sind von den zivilisatorischen Standards, der Fairneß und der Ausgewogenheit, die sie vom Westen erwarten.

Auf der anderen Seite des Kulturkampfes stand zunächst eine dänische Zeitung ganz am rechten politischen Rande eines Landes, das in den letzten Jahren ohnehin weit nach rechts gerückt ist und Gesetze erlassen hat, die den Errungenschaften und Werten der europäischen Zivilisation offen widersprechen. Vier Monate lang hat es diese Zeitung nicht geschafft, die muslimische Gemeinde in Dänemark ernsthaft zu provozieren; immer wieder hat sie die geschmacklosen Karikaturen verschickt, um am Ende ein paar Eiferer zu finden, die sich in der gewünschten Weise aufregten. Die Provokation verharmlost nicht die Reaktionen mancher Imame in Dänemark und von Teilen der iranischen und arabischen Öffentlichkeit. Aber wenn man lang genug mit einem roten Tuch wedelt, wird es schon gelingen, noch den trägsten Stier in Bewegung zu setzen. Und leider verhalten sich viele Araber und Muslime derzeit wie Bullen sehr begrenzter Intelligenz und Auffassungsgabe, wenn sie wegen einiger schlecht gemachter Karikaturen außer Rand und Band geraten.

Jeder, der sich nur ein wenig mit orientalischen Literaturen auskennt, weiß, daß es darin nur so wimmelt von Narren, die alles, aber auch wirklich alles in den Schmutz ziehen, inklusive Gott, die Geistlichkeit, die Herrscher sowieso (wobei die Propheten – alle Propheten – tatsächlich weitgehend ausgenommen sind). Auch das Verbot, Mohammed abzubilden, ist im Laufe der Geschichte natürlich immer wieder gebrochen worden, wie man überhaupt die islamische Kultur gerade in ihrer mittelalterlichen Blütezeit beschreiben könnte anhand der fortgesetzten Verletzung ihrer eigenen Tabus. Und die bissigsten Witze über den Islam wird man in Teheran, Beirut oder Istanbul hören, immer wieder mal auch gern von verschmitzten Mullahs erzählt. Was man in Iran nur unter Rassisten hört, sind Witze über die jüdische und christliche Minderheit. Niemand, der an einem friedlichen Zusammenleben der Religionen in Iran interessiert ist, würde darüber lachen.

Aber richtig ist auch, wie der Aufruf einer iranischen Zeitung beweist, antisemitische Karikaturen einzureichen: Der gegenwärtige iranische Präsident, Mahmud Ahmadinedschad, mitsamt der regierungsnahen Presse ist an einem solchen friedlichen Ausgleich nicht interessiert. Sollen wir uns ihn zum Vorbild nehmen? Einen größeren Gefallen könnten die Europäer ihm nicht tun, als ihre eigenen Maßstäbe und Ideale über Bord zu werfen. Leider jedoch gilt für viele Intellektuelle, Journalisten und Politiker im Westen längst: Ab heute wird zurückgeschossen. Wer die Feinde der offenen Gesellschaft bekämpft, indem er die eigene kulturelle Offenheit aufgibt, hat den Kampf verloren.

Die Mohammed-Karikaturen sind kein zweiter Fall Salman Rushdie. Es war Rushdies unveräußerliches Recht, die eigene islamische Kultur zu diffamieren. Respektlos mit eigenen Werten und Autoritäten umzugehen, ist das Recht und sogar die Pflicht von Literatur und Kunst, auch wenn sie dafür immer wieder angefeindet wird. Rushdie steht in einer langen Tradition von Literaten der islamischen Welt, die sich mit dem Islam anlegten. Viele von ihnen haben dafür mit Verboten, Verhaftungen oder gar ihrem Leben gebüßt.

Der dänischen Redaktion ging es um etwas völlig anderes. Hier wurde eine Minderheit im eigenen Land zu einer Reaktion provoziert, die zur Rechtfertigung dienen sollte, eben diese Minderheit noch weiter zu marginalisieren. Es ging nicht um das Recht auf Kritik und den Witz als die Speerspitze freier Meinungsäußerung. Hier wurde und wird gelacht über eine andere Kultur. Das hat in Europa eine ganz andere Tradition, und zwar diejenige, die mit dem Humanismus am wenigsten zu tun hat – entsprechend die politische Ausrichtung der dänischen Zeitung und jener Politiker, denen sie nahesteht. Ihr Kampf richtet sich nicht nur gegen Muslime, sondern gegen alles, was Europa nach so vielen Verbrechen und Kriegen zu einem wunderbaren Ort gemacht hat, gegen die Werte der Toleranz, der Vernunft, des Ausgleichs, des Kompromisses als Errungenschaft, der wirklichen Säkularisierung, die eben auf der Gleichberechtigung der Religionen beruht. Karikaturen über eine ohnehin bedrängte Minderheit im eigenen Land zu veröffentlichen, ist das Gegenteil von Aufklärung. Es ist und bleibt dumpfe Ausländerfeindlichkeit.

Zu sprechen ist auch über die fahrlässige und zum Teil bewußt einseitige, lügnerische Berichterstattung mancher Zeitungen – und zwar nicht nur in der islamischen Welt. Da wurde von Anfang an so getan, als gäbe es im Westen keinerlei Grenzen der Berichterstattung und Häme. Deutschland ist nicht die Welt und nicht einmal Europa. In Ländern wie Griechenland oder Polen, die schließlich ebenfalls zur Europäischen Union gehören, werden Künstler und Autoren, die sich über das Christentum lustig machen, regelmäßig vor Gericht gezerrt. Vorletzte Woche erst ist in Rom ein Muslim zu acht Monaten Haft verurteilt worden, weil er aus seinem Zimmer im Krankenhaus das Kreuz entfernt hatte. Kaum etwas davon hat man in den Medien erfahren, ebensowenig wie von den muslimischen Normalbürgern, die ausnahmsweise nicht in Berlin-Neukölln leben und sich an den Kopf fassen angesichts ihrer randalierenden Glaubensbrüder.

Wer von Muslimen stets nur Haßbilder verbreitet – vermummte Männer mit Maschinengewehren, verschleierte weibliche Massen, von hinten photographierte Kopftücher auf deutschen Schulhöfen, im Schrei verzerrte Gesichter, Betende genau in dem kurzen Augenblick, in dem sie ihre Stirn zu Boden führen, so daß ihr Hinterteil in die Kamera grinst –, muß sich nicht wundern, wenn dieser Haß um sich greift und handgreiflich wird. Viel beleidigender als die dänischen Karikaturen sind manche Bücher auf den deutschen Bestsellerlisten, Titelbilder des *Spiegel* oder Kommentare der Springer-Presse. Wenn ein Politiker wie Friedbert Pflüger, der sich anschickt, Berlins Regierender Bürgermeister zu werden, ausführlich Oriana Fallacis Bestseller *Die Wut und der Stolz* anpreist, in dem Muslime – und zwar alle Muslime, wörtlich – als «Ratten» beschimpft werden, weiß man als «Ratte», wo man demnächst vielleicht nicht mehr leben möchte, je nach Wahlausgang: in der Hauptstadt dieses Landes.

Wer versucht, sich mit Argumenten, gar mit wissenschaftlichen Erkenntnissen Gehör zu verschaffen, bekommt umgehend das Label des naiven Multikulturalisten angeheftet. Glaubt man den Scharfmachern der deutschen Presse, ist die gesamte deutsche Islamwissenschaft kollektiv dem Islamismus auf den Leim gegangen. Dasselbe Schicksal hat jetzt auch die deutsche Integrationsforschung ereilt, nachdem sie sich in einem Offenen Brief in der *Zeit* gegen den pseudowissenschaftlichen Diskurs deutschtürkischer Bestseller-Autorinnen gewandt hat, die sich um gesicherte empirische Daten nicht scheren. Wer die empörten Reaktionen auf den Offenen Brief liest, bekommt den Eindruck, daß an deutschen Universitäten islamfaschistische Gehirnwäsche betrieben wird. Lieber hört man auf ältere Herren, die gruselige Anekdötchen von ihrem Taliban-Freund erzählen, auf Deutsch-Türkinnen, die noch die absurdesten Vorurteile über Türken mit möglichst spektakulären Fallbeispielen beglaubigen, gar auf bekannte christliche Fundamentalisten wie Hans-Peter Raddatz oder Christa Schirrmacher, die auch in der seriösen Tagespresse hoffähig geworden sind.

«Der Skandal ist da, wenn die Medien ihm ein Ende machen», könnte man mit Karl Kraus sagen, der sich allerdings nicht auf die Medien, sondern die Polizei bezog. Der aktuelle Karikaturen-Streit wird späteren Medienwissenschaftlern einmal als Beispiel dafür dienen, wie westliche und nicht-westliche Sender in perfektem Zusammenspiel innerhalb weniger Tage jene Massenhysterie erzeugen können, über die sie berichten. Wer immer sich dann noch äußert, ist Teil des Drehbuchs, in dem alle zu Wort kommen müssen, der Islamkritiker ebenso wie der muslimische Repräsentant, der Medienkritiker und der Journalist, der sich über die Medienkritik beschwert. Der Autor ist gespannt, in welcher Ecke er sich mit diesem Text wiederfinden wird.

11

Israel schwächt sich, wenn es nur auf Stärke baut

Zum Krieg im Libanon

Süddeutsche Zeitung, 7. August 2006

Israel verdankt sein Überleben zwei Konstanten: der Unterstützung des Westens und seiner Stärke gegenüber den Nachbarn. Die Unterstützung der westlichen Staatengemeinschaft hat ihren Grund in vielerlei geo- und innenpolitischen Interessen, in dem Gefühl kultureller Nähe, der Arbeit von Bildungseinrichtungen und Lobbyisten, in ökonomischen Verflechtungen und anderem mehr. Vor allem aber unterstützt der Westen Israel aus einem zutiefst moralischen Grund: dem Bewußtsein für das Leid, das den Juden angetan wurde. Die spezifische Moralität der Sühne, wie sie nach Auschwitz Einzug in die internationale Politik gehalten hat, dürfte historisch einzigartig sein.

Diese Moralität ist allerdings für die Nachbarn des neuen Staates kaum einsehbar. Weder stehen die Araber in vergleichbarer Schuld noch wurden sie wie die Europäer in ihrer Erziehung oder in den Medien auf breiter Ebene konfrontiert mit der Leidensgeschichte der europäischen Juden und damit der Vorgeschichte Israels. Die Hermetik der westlichen Legitimierung Israels ist bis heute ihr entscheidendes Manko. Die Menschen im Nahen Osten – darunter Hunderttausende Palästinenser, die in der zweiten oder dritten Generation in Flüchtlingslagern warten – haben bis auf die wenigen, die ihre Bildung im Westen erworben haben, kaum eine Möglichkeit, den Daseinsgrund Israels in seiner Moralität zu verstehen und so zu akzeptieren. Sie können sich mit der Existenz Israels allenfalls abfinden, nicht aus Motiven der Versöhnung, sondern aus Einsicht in die vielfach erwiesene Übermacht des Gegners, die durch die Patenschaft des Westens zementiert scheint.

Spätestens seit Ariel Scharon Ministerpräsident wurde, verläßt Israel sich immer weniger auf die Moral und immer mehr auf die eigene Stärke. Es will nicht mehr Opfer sein, denn Opfersein bedeutet, aus einem besonderen moralischen Blickwinkel gesehen zu werden: Das Opfer kann nicht gleichzeitig Täter, nicht gleichzeitig der Überlegene, der Machtvolle sein. Wenn es das wird, schwindet seine Rolle als Opfer (daher rührt auch die Eilfertigkeit, mit der Antisemiten – um die historische Opferrolle der Juden zu denunzieren – behaupten, Israel verübe heute die Verbrechen der Nazis). Israel hingegen will Normalität, und das heißt in einem Konfliktfall, der als existentiell erlebt wird, mit Macht und militärischen Mitteln genauso entschlossen, ja genauso skrupellos umzugehen wie andere Staaten auch.

Solange die israelische Regierung vom Westen unterstützt wird, kann sie die Demonstration der eigenen militärischen Vormacht und das Konzept der einseitigen Schritte aufrechterhalten. Wenn aber die Unterstützung in ihrer jetzigen Form unterbleibt, wird alle Stärke Israel nicht helfen. Und weil die Nachbarn dann die Schwäche Israels erkennen, wird ihre Einsicht in die unverrückbare Existenz Israels – die entgegen den stereotyp vorgetragenen israelischen Beteuerungen weit vorangeschritten war – auch wieder schwinden. Die Wut der letzten Jahre wird die Wut des letzten halben Jahrhunderts neu entfachen.

Noch gewähren die Vereinigten Staaten der Regierung Scharon freie Hand. Auf Dauer aber werden die Zweifel an einer solchen, praktisch bedingungslosen Loyalität Washingtons nicht zu ignorieren sein, sofern Israel mit der Politik schierer Härte fortfährt und wenig von der moralischen Statur der einstigen Opfer übrigbleibt, die der Westen braucht, um seiner Solidarität eine fortdauernde Basis zu geben. Der historische Grund wird verblassen, und in nicht allzu ferner Zukunft werden die Fragen, mit denen die konservativen amerikanischen Politologen John Mearsheimer und Stephen Walt eine heftig geführte Debatte auf beiden Seiten des Atlantiks ausgelöst haben, auch in Wahlkämpfen und Parlamenten gestellt werden: Welches Interesse haben wir an Israel? Man wird Kosten und Nutzen berechnen: Israel hat kein Öl und kostet eine Menge Geld. So, wie es jetzt verfaßt ist, schafft es instabile Verhältnisse im Nahen Osten und dem Terrorismus eine eigene Legitimation. Es gefährdet so die Sicherheit des Westens. Und so weiter. Eine reine Interessenpolitik, wie sie gegenüber anderen Staaten die Regel ist, würde das Verhältnis des Westens zu Israel grundlegend verändern. Die defizitäre Nutzenrechnung läßt sich nur aufwiegen durch die Humanität, die der Westen dem Staat Israel erweisen muß. Aber das setzt voraus, daß Israel sein humanes Antlitz bewahrt.

Die Israelis nervt diese Erwartung: deshalb die ständigen Verweise israelischer Intellektueller darauf, daß sich die Russen in Tschetschenien und sogar die Amerikaner im Irak viel Schlimmeres zuschulden kommen ließen, zu schweigen von Hisbollah und Hamas, die wahllos Zivilisten ermordeten. Warum also der Aufschrei, wenn die israelische Armee – zudem unbeabsichtigt – Zivilisten treffe?

Ja, warum? Warum legt die westliche Öffentlichkeit an Israel andere Maßstäbe an als an Hamas oder Hisbollah, an Rußland oder an sich selbst? Weil die westlichen Staaten in den genannten Fällen – wie in der Politik üblich – zunächst ihre Interessen sehen und entsprechend handeln. Mit den Vereinigten Staaten als Führungsmacht legen sich die meisten westlichen Regierungen nur zur Not an (kritisiert werden sie in der Öffentlichkeit im übrigen weit schärfer noch als Israel). Rußland ist als Partner zu wichtig, um die Beziehungen wegen Tschetschenien zu gefährden. Und die Terrorakte der Hamas und Hisbollah? Natürlich werden sie pflichtschuldig verurteilt, aber Hamas und Hisbollah werden vom Westen weder unterstützt noch finanziert. Die Möglichkeiten der Einflußnahme reduzieren sich auf Appelle, Verurteilungen, Sanktionen. Israel hingegen ist eng mit dem Westen verbunden und damit auf ganz andere Weise Partner der Ansprache, der Erörterung und der Bewertung. Israelische Intellektuelle mögen sich darüber beschweren. Es ist aber genau dieses besondere, von der Moral beherrschte Verhältnis, das Israels Existenz garantiert.

Daß der Westen sein Verhältnis zu Israel revidiert, erscheint gegenwärtig noch abwegig – solange man offizielle Verlautbarungen und die Kommentare in den führenden Zeitungen Deutschlands zur Grundlage nimmt. Hat man die Gelegenheit, privat mit denselben Politikern oder

Kommentatoren zu sprechen, die in ihren öffentlichen Stellungnahmen Kritik an Israel nach sorgfältiger Abwägung formulieren, tut sich die Empörung häufig mit einem Achselzucken kund: Das könne man doch nicht laut sagen. Dabei hat sich schon die publizierte Meinung deutlich zuungunsten Israels gewendet. Vieles von dem, was heute über Israel geschrieben wird, wäre vor zehn Jahren undenkbar gewesen. In anderen europäischen Ländern hat die Kritik eine Schärfe angenommen, die hierzulande bereits den Verdacht des Antisemitismus auf sich zöge. Aber selbst unter Israels engsten publizistischen Freunden in Europa drückt sich inzwischen mehr und mehr Verunsicherung darüber aus, ob Israel sein legitimes Ziel der Sicherheit mit einer Gewalt erreicht, die zunehmend blind anmutet. Wenn schon diese Organe nicht mehr uneingeschränkt solidarisch sind mit der israelischen Regierungspolitik, braucht man sich über das Meinungsbild unter Kulturschaffenden, Menschenrechtsaktivisten sowie in der breiten Bevölkerung nicht mehr zu wundern: Es ist nur eine Frage der Zeit, bis es weltweit vermehrt zu Boykottaufrufen gegen Israel kommen wird.

Solange George W. Bush in Washington regiert, muß sich Israel nicht übermäßig sorgen. Aber alle denkbaren Nachfolger aus dem Lager der Demokraten würden an die Politik von Bill Clinton anknüpfen und eine Friedenslösung anstreben, die nicht bei der einseitigen, weit in die besetzten Gebiete hineinreichenden Grenzziehung stehenbleibt. Würde Israel dann ähnlich abweisend reagieren wie auf alle jüngsten Versuche der Einflußnahme, könnte sich auch das Verhältnis zu Washington merklich abkühlen. Diejenigen, die jetzt schon im Nahen Osten die amerikanischen Interessen verletzt sehen, würden sich um so lauter zu Wort melden. Israel ist auf Moral angewiesen, um zu überleben.

Man beweise doch Moral, indem man nicht wahllos Zivilisten bombardiere, hört man oft aus Israel, eigentlich müsse man viel härter sein. Einmal angenommen, Israel würde auch die letzten Skrupel verlieren und große Teile des Libanon, der Westbank und Gaza in Schutt und Asche legen, um endlich die Bedrohung auszumerzen – würden die Israelis damit einem Leben in Frieden auch nur einen Schritt näherkommen? Scharon hatte Sicherheit versprochen und damit die israelische

Mehrheit gewonnen. Sein Nachfolger wurde gewählt, weil er Scharons Politik fortzusetzen versprach. Heute leben die Israelis unsicherer denn je. Von Norden und Süden werden sie beschossen. Der Zorn, den Israel mit seiner Politik der Faust schürt, hat im Verbund mit der Perspektivlosigkeit der palästinensischen Jugend ein Heer potentieller Attentäter geschaffen. Die Welle der Terroranschläge, die Scharon durch seine ersten Auftritte zunächst ausgelöst und durch massiven Gewalteinsatz dann wieder eingedämmt hatte, könnte erst ein Vorbote gewesen sein. Der von Israel entschieden befürwortete Irak-Krieg hat ein Chaos angerichtet, in dem sich die internationalen Dschihadisten prächtig einrichten und Iran die offizielle Politik immer stärker dominiert. Dort wiederum, in Iran, und fast gleichzeitig in Palästina sind Extremisten in Regierungsämter gelangt, die die Existenz Israels erstmals seit langer Zeit in der internationalen Politik wieder massiv und real in Frage stellen. Die Hisbollah triumphiert, allein indem sie weiter existiert. Und weltweit ist Israels Ansehen an einem Tiefpunkt angelangt.

Israelische Gesprächspartner verweisen zu Recht darauf, daß Ariel Scharon und seine Erben nicht für all das allein verantwortlich gemacht werden können, daß sich auch die Araber schlimm verhalten hätten und daß bei der Frage der ethischen Rechtfertigung der militärischen Gewalt zu bedenken sei, daß die andere Seite von Oslo bis Gaza jede Friedensinitiative sabotiert habe. Aber wie Schuld und Recht verteilt sind, ist längst zweitrangig geworden. Entscheidend sind die Resultate, seit mit der Ermordung Jitzchak Rabins der Friedensprozeß zunächst ins Stocken und dann zum Stillstand gebracht worden ist: Sie sind in jeder Hinsicht niederschmetternd, und zwar für alle Menschen in der Region, ob für Israelis oder Araber, die sich nach Normalität sehnen, einem Leben ohne Luftangriffe und Raketenbeschuß, ohne Selbstmordattentate in Bussen und ohne Panzer vor den Haustüren. Daß sie derzeit noch die Mehrheit bilden, ist der einzige Anlaß zur Hoffnung.

12

Jahrtausende, Jahrhunderte, Jahrzehnte

Über Europa als Utopie und als werdende Wirklichkeit

Neue Zürcher Zeitung, 23. September 2006

Wenn in Deutschland ein Theater oder eine parlamentarische Versammlung oder eine Buchmesse oder sagen wir die Kulturstiftung einer Versicherung das Thema Europa behandeln möchte, lädt sie bevorzugt einen Redner aus dem ehemaligen Ostblock ein, einen Schriftsteller am liebsten oder – noch besser – einen ehemaligen Dissidenten. Lange Zeit waren Polen und Tschechen die Favoriten. Derzeit stehen Ukrainer besonders hoch im Kurs. Will man es richtig ergreifend, nimmt man einen Oppositionellen aus Weißrußland oder Georgien. Aber auch Muslime werden zu solchen Anlässen gern aufs Podium gebeten, vorzugsweise aus der Türkei. Wichtig ist der Enthusiasmus. Wichtig ist, daß man sich für Europa begeistert. Nur wer noch nicht richtig zu Europa gehört, liefert das nötige Temperament.

Der Ukrainer oder Muslim wird also eingeladen und spricht mit dem obligatorischen Herzblut von seiner Hoffnung auf Europa. Die Veranstalter sind beglückt, die Seele Europas präsentiert zu haben. Das Publikum: Nun gut, man applaudiert natürlich höflich. Gewiß erfreut die Hochachtung, die der fremde Redner den europäischen Werten entgegenbringt. So etwas wünscht man sich ja eigentlich. Man wünscht dem Schriftsteller und seinem Land auch alles Gute und findet, daß jedwede Demokratisierung unbedingt zu unterstützen sei. Andererseits ist einem der Lobgesang auf Europa auch ein wenig unheimlich, ja beinah unangenehm.

Lieber ukrainischer oder muslimischer Schriftsteller, möchten die Zuhörer und erst recht der gastgebende Konzernchef, Minister oder

Präsident rufen – lieber ukrainischer oder muslimischer Schriftsteller, das war ein aufrüttelnder Vortrag, phantastisch formuliert, aber daß dein Land in die Europäische Union aufgenommen wird, wie du es nicht nur verlangst, sondern sogar prognostizierst – das meinst du doch nicht ernst, oder? Überleg doch mal selbst: Wie soll das gehen? Die Balten, Tschechen und Polen belasten schon den Haushalt, Rumänien und Bulgarien sind nicht mehr zu verhindern, da ist es schon mühsam genug, uns die Türken und Kroaten vom Leib zu halten. Vom übrigen Balkan wollen wir gar nicht reden. Daß die Bosnier mit ihrer Leier vom Versagen Europas hausieren gehen, das ignorieren wir einfach. Die Serben werden wir noch lange an ihre Verbrechen erinnern können. Aber jetzt melden auch noch die Ukrainer Ansprüche an und brüsten sich mit ihrer kleinen Revolution. Als Nächstes erklären sich die Weißrussen für demokratisch und glauben deswegen, unsere geklauten Autos in Euro bezahlen zu können.

Sicher wäre das schön, wenn deine Ukraine oder dein Islam auch zur EU gehörte und wir alle eine große Familie wären. Bei dem Gedanken könnte man beinah romantisch werden, schließlich sind wir seit je schon gegen eiserne Vorhänge gewesen und heute gegen den Kampf der Kulturen. Allein, mit deinem Land wäre es ja nicht getan. Sofort stünden auch die Georgier vor der Tür und danach die Albaner oder was es da alles noch an Völkern gibt. Aus der Ferne dringt immer wieder der Ruf eines armenischen oder aserbeidschanischen Ministerpräsidenten durch, daß auch sein Land unbedingt in die Europäische Union aufgenommen werden müsse, damit der Krieg ein Ende nehme. Die Maghrebstaaten haben auch schon dreist signalisiert, daß sie gegebenenfalls bereit wären, sich umfassend zu demokratisieren, sofern sie dafür am Euro partizipieren dürfen. Israel? Ja, natürlich, bitte schön, hereinspaziert, wer würde da angesichts der Geschichte widersprechen; aber da heißt es sogleich, daß man die Palästinenser dann auch bitte aufnehmen müsse. Wieso nicht gleich die ganze Arabische Liga, Saudi-Arabien, den Sudan, Mauretanien, allesamt große europäische Nationen? Dann nehmen wir noch Südamerika, ist auch nicht mehr als die Verlängerung der Iberischen Halbinsel – und schon gehört uns die halbe Welt.

Also bitte, lieber ukrainischer oder muslimischer Schriftsteller, das meinst du doch nun wirklich nicht im Ernst, oder? Anmaßungen, die Welt retten zu müssen, haben unseren kleinen Kontinent oft genug ins Verderben geführt. Wir verstehen dich ja, euch geht es nicht so gut wie uns, ihr habt Pech gehabt, irgendeinen Diktator, dazu noch Kommunismus, Islam, das ist nicht schön, das behauptet niemand, aber dafür können wir doch nichts, daß ihr 1945 die Russen abbekommen habt und wir die Rosinenbomber, ihr den Bin Laden und wir den Bischof Huber. Das ist auch nicht immer einfach. Und wir helfen doch schon, wo wir können. Aber laß uns realistisch bleiben, lieber ukrainischer oder muslimischer Schriftsteller. Erfreue uns weiter mit glänzenden Romanen und gefühlvollen Reden, wir schicken dir zum Ausgleich ein paar Beobachter für die nächsten Wahlen, notfalls sogar Truppen. Aber bevor wir über eine neuerliche Erweiterung der Europäischen Union auch nur nachdenken, müssen wir erst einmal die Agrarsubventionen in den Griff kriegen. Und das Vetorecht im Ministerrat. Und den Übersetzerdienst. Mein Gott, wir haben doch selbst Probleme genug. Nicht einmal eine kleine Verfassung will uns gelingen, und unsere Außenpolitik ist so konsistent wie ein Fliegenschwarm.

Natürlich würde das kein Konzernchef, Minister oder Präsident dem ukrainischen oder muslimischen Festredner direkt sagen. Das verbietet der Respekt, immerhin handelt es sich um einen Schriftsteller, der sich beispielhaft für Menschenrechte und Meinungsfreiheit eingesetzt hat, womöglich sogar verfolgt worden ist. Aber andeuten würde der Gastgeber in seinem Dankwort schon, daß die Rede des großen Schriftstellers doch eher der Literatur als der Realpolitik angehört. Dabei ist der Realist nicht der Chef, Minister oder Präsident. Realistisch ist der Schriftsteller, der Europa beschwört.

Diejenigen, die Europa als Idee einer offenen Wertegemeinschaft überhaupt erfunden, entwickelt und verteidigt haben, galten zu ihrer Zeit immer als naiv. Als zum Beispiel der gerade neugewählte Abgeordnete Arnold Ruge am 22. Juli 1848 vor der deutschen Nationalversammlung erstmals das Projekt einer demokratischen europäischen Konföderation vorstellte, fanden nur wenige Parlamentarier Ruges

Rede auch nur eines Kommentars wert. Nicht besser erging es Victor Hugo 1851 vor der französischen Nationalversammlung. Sein Plädoyer für ein vereintes Europa ging im Protest und Hohngelächter seiner Kollegen unter. Ich könnte auch über Stefan Zweig und Josef Roth sprechen, die beiden Juden, die vor dem Nationalsozialismus aus ihrem Heimatland Österreich geflohen und im Exil zugrunde gegangen sind. Sie setzten sich bereits für eine multiethnische und multireligiöse europäische Gemeinschaft ein, als Nationalismus und Rassismus Europa in die Katastrophe trieben. Ebenso könnte ich über die deutsche Literatur sprechen, über die Gebrüder Mann, Hesse, Hofmannsthal, Benjamin, Tucholsky, Döblin, über Heine, über Nietzsche oder über die deutsche Romantik. All diese Vordenker Europas wurden verlacht oder gar vertrieben, von denen, die sich als Realisten wähnten.

Den Gegensatz zwischen den Schwärmern einerseits, welche die Universalität der europäischen Idee beschwören, und den Pragmatikern andererseits, welche die handfesten nationalen Partikularinteressen über allgemeine Werte stellen, hat es gegeben, seit Europa in seiner heutigen Verfaßtheit zum ersten Mal gedacht worden ist. Und das Erstaunliche ist: Recht behalten haben nicht die Pragmatiker, sondern die Schwärmer. Man denke nur an Immanuel Kants Vision eines europäischen Völkerbundes als ewigen Friedensgaranten, die an die Völkerbundstudien von Saint-Pierre und Rousseau anknüpfte. Kant schlug vor, daß sich die Länder Europas den Statuten einer gemeinsamen Kooperation unterordnen sollten, deren Grundlage die allgemeine Anerkennung der Menschenrechte sein sollte. Das war 1795, als Kant seine Schrift *Zum Ewigen Frieden* herausbrachte, eine Utopie, kein tagespolitisch relevanter Einwurf. Ihm war das so genau bewußt wie den deutschen Romantikern, die nach ihm die Idee eines vereinten Europa weiterentwickelten. «Europa», schrieb Friedrich Schlegel, «ist also letztlich als ein Eschaton zu verstehen, als eine geschichtsphilosophische Idee, mit der ein erstrebter Kulminationspunkt der Menschheit bezeichnet werden soll.» Und Schlegel fuhr fort: «Die weitere Ausführung dieser Idee bleibt einer anderen Zeit vorbehalten. Hier will ich nur noch erinnern, daß wir die Fortschritte und Annäherungen zu diesem Ziele nicht nach Jahrhunderten, sondern nach Jahrtausenden zu zählen haben.»

Nun muß man sich nur die Abschlußphotos der europäischen Gipfeltreffen vor Augen halten, um die Europäische Union nicht gerade für den «Kulminationspunkt der Menschheit» zu halten. Aber vergegenwärtigt, daß seit den sechzig Millionen Toten des Zweiten Weltkriegs nicht Jahrtausende und nicht einmal Jahrhunderte, sondern lediglich sechs Jahrzehnte vergangen sind, sind der Frieden, die Freizügigkeit und die Kooperation, die sich im Rahmen der Europäischen Union herausgebildet haben, die erstaunlichste und beglückendste Entwicklung in der Geschichte dieses Kontinents.

In gewisser Weise ist Europas Problem heute sein Erfolg. Europa ist zu selbstverständlich geworden, als daß man sich noch dafür begeisterte oder sich über Rückschritte wie eine gescheiterte Verfassung allzu sehr beunruhigte. Das war 1932, als Stefan Zweig seinen Aufsatz über Europa schrieb, noch anders. Für ihn war Europa mehr als nur ein Projekt oder eine großartige Idee. Für ihn war Europa eine Lebensnotwendigkeit, sein «Evangelium», wie er es selbst nannte. Als Jude fand er keinen Platz in den europäischen Nationalismen. Aufgehen konnte er nur in einer transnationalen Humanität, die durch Werte geeint ist, nicht durch eine Ethnie, Sprache oder Religion. Überhaupt gehörten zu den entschiedensten Verfechtern der europäischen Einigung immer schon jene, die sich in den ethnischen und religiösen Identitäten der jeweiligen Mehrheitsgesellschaft nicht wiederfanden. Nicht zufällig gibt es unter den Wegbereitern Europas deshalb besonders viele jüdische Autoren.

Aber auch heute findet man den größten Enthusiasmus für Europa dort, wo die Existenz in Europa nicht als selbstverständlich empfunden wird, in Osteuropa, auf dem Balkan oder in der Türkei. Die rumänischen Studenten, die Weihnachten 1989 auf die Gewehre der Securitate-Polizei losstürmten, skandierten: «Europa ist mit uns! Europa ist mit uns!» Die «orange» Revolution in der Ukraine war eine Bewegung, die sich erklärtermaßen nach Europa wandte. Und kaum jemand vertritt die europäischen Ideale radikaler und glaubwürdiger als jene türkischen Intellektuellen, die wegen ihres Einsatzes für Meinungsfreiheit und

Rechtsstaatlichkeit noch immer von ihrer nationalistisch beherrschten Justiz verfolgt werden. Europa verrät sich selbst, wenn es seine größten Befürworter verrät.

Ich glaube, die Gründerväter der Europäischen Union wären beglückt gewesen, hätten sie erlebt, wie die Aussicht auf die Zugehörigkeit zu Europa die Demokratien im Süden und Osten gefördert hat und noch immer fördert, einst in Griechenland, Spanien oder Portugal, in den letzten Jahren im ehemaligen Ostblock oder in der Türkei. Jean Monnet etwa, der Erfinder des Schuman-Plans und damit der Keimzelle der Europäischen Union, hatte niemals nur an Kohle und Stahl gedacht. Sein Endziel ging nicht bloß über eine wirtschaftliche Union, sondern über Europa hinaus. Monnet strebte nach eigenen Worten «eine Organisation der Welt» an, «die es ermöglichen wird, alle Ressourcen so gut wie möglich zu nutzen und sie gleichgewichtig auf die Menschheit zu verteilen, so daß auf diese Weise in der ganzen Welt Frieden und Glück geschaffen werden». Schon den Gründervätern der Europäischen Union ging es also nicht bloß um diesen oder jenen Staat, sondern um eine gerechtere und friedlichere Welt. Europa war die geographische Chiffre für die universale Idee der Aufklärung.

Niemand unter den Staatsführern Europas spricht noch wie Jean Monnet. Selbst die europapolitischen Reden und Gesten etwa von François Mitterrand oder Helmut Kohl würden in ihrem Pathos heute deplaciert wirken. Gewiß gibt es Ausnahmen wie Jean-Claude Juncker in Luxemburg oder jetzt Romano Prodi in Italien, aber insgesamt ist der Generation von Merkel und Sarkozy, die in den europäischen Hauptstädten in den letzten zwei, drei Jahren Regierungsverantwortung übernommen hat oder sich wie in Paris anschickt, sie zu übernehmen, aller Enthusiasmus für Europa fremd. Ihre Vertreter versichern, endlich die Sorgen ihrer Bürger ernst zu nehmen, und versprechen einen neuen Realismus. Die EU-Erweiterung soll verlangsamt, wenn nicht ausgesetzt oder abgebrochen werden. Die Verfassung wird – wenn überhaupt – dadurch gerettet werden, daß man auf ihre wesentlichen politischen Teile verzichtet. Statt für einen neuen Aufbruch wenigstens zu werben, richtet sich die Europäische Union darauf ein, für lange Zeit noch mit politischen und bürokratischen

Strukturen zu leben, die ihrer Größe und Vielfalt unangemessen sind. Daß die Transparenz und die Effizienz der europäischen Institutionen damit auf Jahre mangelhaft sein werden und der Unwille der Bürger sich deshalb nur noch vermehren wird, das nehmen viele europäische Regierungschefs in Kauf. Sie haben Wichtigeres auf der Agenda.

Natürlich darf man die Sorgen und Ängste, die so gewaltige Veränderungen wie die europäische Einheit notwendig mit sich bringen, nicht ignorieren. Die Europäische Union in ihrer jetzigen Verfaßtheit ist kaum in der Lage, weitere Mitglieder aufzunehmen. Sie steht nicht nur vor zahllosen praktischen Problemen, sondern muß ihre Legitimität bei der breiten Bevölkerung neu begründen. So mag es auch richtig sein, die Vertiefung der politischen Einheit einerseits und die Erweiterung der Europäischen Gemeinschaft andererseits für eine Zeit auszusetzen, um Konzepte zu entwickeln und Strukturen zu schaffen, die länger als bis zum nächsten Gipfeltreffen halten. Selbst wenn man die europäische Einigung nicht wie Friedrich Schlegel in Jahrtausenden denkt, ist es sekundär, ob die Verfassung oder die nächsten Neumitglieder nächstes Jahr kommen oder erst in fünf oder zehn Jahren. Wichtiger ist, das Ziel der Vertiefung und Erweiterung Europas weiter vor Augen zu haben. Um das europäische Projekt konkret voranzubringen, muß man utopisch denken.

Der Satz Monnets über eine neue Organisation Europas stammt aus dem Jahr 1943. Wie realistisch mag damals der Vorschlag einer politischen Union der europäischen Länder geklungen haben, einer gemeinsamen Währung, eines gemeinsamen Parlaments, von offenen Grenzen zwischen dem Nordkap und Gibraltar? Und doch hat Monnet sich als Realist erwiesen, als er mitten im Zweiten Weltkriegs die Pläne für eine demokratisch verfaßte Gemeinschaft der europäischen Länder einschließlich Deutschlands schmiedete. Es war die große Vision einer friedlicheren und gerechteren Welt, die ihm die Kraft und den Einfallsreichtum verliehen hat, Europa in kleinen Schritten voranzutreiben, mit Kohle, Stahl und viel Überredungskunst. Genauso haben Kant und Hugo sich als Realisten erwiesen, Heine und Zweig. Und genauso sind jene ukrainischen oder muslimischen Schriftsteller Realisten, die heute an Europa erinnern und es prophezeien.

13

Wir sind Murat Kurnaz

Vor dem Auftritt von Außenminister Steinmeier vor dem Untersuchungsausschuß des Bundestags

die tageszeitung, 29. März 2007

Dieser Bart. Und die Haare. Dazu diese Strähne über der Stirn, die wahrscheinlich einfach nur eine Strähne ist, aber aus irgendeinem Grund, wahrscheinlich wegen der wüsten Frisur, fettig wirkt oder schweißnaß. Vor allem aber dieser Bart, dieser unglaubliche Bart, länger und krauser als der Bart von ... von ... – und schon ist die Assoziation da, obwohl dessen Bart doch ganz anders aussieht, im Vergleich geradezu gepflegt: länger und krauser als der Bart von Bin Laden. Nein, sein Äußeres ist nicht dazu angetan, Murat Kurnaz Sympathien einzubringen in seiner deutschen Heimat. Und doch ist es eben dieser bärtige junge Mann mit den zotteligen Haaren, an dessen Geschichte abzulesen sein wird, was unsere Werteordnung uns wirklich gilt. Wir sind Murat Kurnaz.

Rechtsstaaten bieten keine Gewähr, daß in ihnen alles nach Recht und Gesetz vor sich geht. Aber sie sollen garantieren, daß Rechtsbrüche geahndet werden und Rechtsopfern Gerechtigkeit widerfährt. Vor ihrem Gesetz und nur vor ihrem Gesetz sind alle Menschen gleich, der Bundespräsident und der mutmaßliche Extremist. Murat Kurnaz muß niemandem sympathisch sein. Sympathie darf überhaupt keine Rolle spielen. Er hat Rechte, Menschenrechte, die nicht verhandelbar sind und nicht abhängen von seinem Aussehen, seiner Religion oder seiner Reiseroute. Schon die Vorstellung, daß ein ethnischer Deutscher oder, sprechen wir es doch aus, ein Blonder oder ein Christ mit dem faktischen Einverständnis der deutschen Behörden unschuldig in Folterhaft bleibt, ist abwegig. Im Falle eines Bremers mit türkischem Paß ist sie es nicht mehr.

Der Staat und zuoberst jener Repräsentant, der heute endlich im Untersuchungsausschuß des Bundestages auftreten wird, hat rassistisch gehandelt. Das geschieht und wäre allein noch kein Grund, das Funktionieren des Rechtsstaates in Frage zu stellen. Nur kommt es darauf an, welche Konsequenzen das hat für die, die im Namen Deutschlands dazu beigetragen haben, daß einem Menschen fünf Jahre lang seine elementaren Rechte vorenthalten worden sind. Es kommt auf Tage wie diesen an.

Es sind vor allem zwei Argumente, mit denen sich die damals verantwortlichen Politiker und Beamten verteidigen: Kurnaz sei ein Sicherheitsrisiko gewesen. Und er sei kein Deutscher. Das erste Argument stimmt: bis zum Jahr 2002. Der Anfangsverdacht gegen Kurnaz war berechtigt. Selbst sein Anwalt bestreitet das nicht. Aber nicht einmal unter Folter konnte irgendein Indiz ermittelt werden, daß Kurnaz über Verbindungen zu militanten Islamisten verfügt hätte. Das heißt, seit dem Jahr 2002 war Murat Kurnaz kein Sicherheitsrisiko mehr. Seine Inhaftierung erst in Afghanistan, dann in Guantanamo Bay war nicht nur unrechtmäßig, sondern spätestens seit dem Jahr 2002 auch unbegründet.

Und selbst wenn Kurnaz der Extremist wäre, für den die deutschen Behörden ihn anfänglich gehalten haben: Macht nicht genau das den Rechtsstaat aus, daß er auch die rechtsstaatlich behandelt, die ihn bekämpfen? Statt dessen wurde Kurnaz von deutschen Beamten zunächst denunziert, später mehrfach verhört und nach eigenen Aussagen, die von fast allen Mitgliedern des Untersuchungsausschusses als glaubwürdig eingestuft worden sind, geschlagen und beleidigt. Das ist ein Vorgang, der für sich schon so ungeheuerlich ist, daß er genügen sollte, um alle damals Beteiligten ein für alle Mal aus den Ämtern zu jagen. Schülerstreiche sind im Vergleich dazu alle Affären der letzten Jahre, die zu Rücktritten von Politikern geführt haben.

Das zweite Argument, das Sozialdemokraten zur Verteidigung ihres Außenministers vorbringen, ist Kurnaz' türkische Staatsbürgerschaft. Womöglich haben sie juristisch recht, daß Deutschland nicht verpflichtet war, Kurnaz wieder einreisen zu lassen, obwohl er in Bremen geboren wurde (ob es auch noch korrekt war, bei den amerikanischen Kollegen um seinen Paß zu bitten, um die Aufenthaltsgenehmigung herauszureißen, steht auf einem anderen Blatt, das Frank-Walter Steinmeier sicher gern aus den Akten herausreißen würde). Aber selbst wenn Kurnaz ein Chinese wäre mit Wohnsitz in Kenia, wäre von den deutschen Behörden zu erwarten gewesen – wenn sie denn die Möglichkeit haben und sogar die Angebote, wie konkret formuliert auch immer, vorliegen –, daß sie sich um ein Ende der rechtswidrigen Inhaftierung bemühen. Statt dessen haben sie bis hin zur Beugung des geltenden Ausländerrechtes alles dafür getan, seine Rückkehr nach Deutschland zu verhindern. Daß Kurnaz damit weiter in der Rechtlosigkeit des amerikanischen Gefangenenlagers blieb, war ihnen klar. Es ist keine Aussage vermerkt, daß dies einem der damals Verantwortlichen auch nur unangenehm gewesen wäre.

Überhaupt das Argument des deutschen Passes – als ob er Murat Kurnaz als mutmaßlichem islamistischem Extremisten genützt hätte. Khaled El Masri ist Deutscher. Der Beistand, den Deutschland ihm geleistet hat, bestand offenbar aus Schlägen ins Gesicht. Auch Mohammad Zammar ist Deutscher, und dennoch ist nicht bekannt, daß sich die deutschen Behörden besonders intensiv bemüht hätten, ihn vor syrischer Folter zu bewahren. Im Gegenteil: Dokumente von CIA und FBI bestätigen den Verdacht, daß die entscheidenden Informationen, die zu seiner Entführung durch amerikanische Agenten führten, aus Deutschland stammten. Auch Zammar wurde von deutschen Beamten unter Bedingungen verhört, die aller Rechtsstaatlichkeit spotten. Der inzwischen vierundsiebzigjährige Abdel-Halim Khafagy wiederum ist Ägypter, lebte aber bereits 27 Jahre unbehelligt in Bayern, hat mehrere deutsche Kinder und ist anders als Zammar eines der Beispiele, die Politiker gern als gelungene Integration bezeichnen. Am 27. September 2001 wurde er in ein geheimes Gefängnis im bosnischen Tuzla verschleppt und nach Aussage von Mitarbeitern des Bundesnachrichtendienstes schwer mißhandelt. Ein BND-Mitarbeiter nahm in Tuzla von den amerikanischen Kollegen Unterlagen entgegen, die teilweise mit dem Blut von Khafagy befleckt waren. Die Hilfegesuche seines Anwalts hingegen lehnten die deutschen Behörden ein ums andere Mal ab.

Ach, noch ein Argument fällt auf, das die Sozialdemokraten zu ihrer Verteidigung heranziehen: Gerade jenen aus der Union, die heute den Außenminister anklagen, sei damals keine Maßnahme weit genug gegangen in der Bekämpfung des Terrorismus. Das mag zwar sein. Ein Jahr nach dem 11. September wäre die Bundesregierung sicherlich von der christdemokratischen Opposition attackiert worden, hätte sie den «Bremer Taliban» nach Deutschland einreisen lassen. Aber immerhin: Es ist mit Angela Merkel eine Christdemokratin gewesen, die innerhalb kürzester Zeit erwirkt hat, was zuvor fünf Jahre lang angeblich absolut unmöglich und unverantwortlich war, nämlich die Rückkehr von Murat Kurnaz.

Wenn Heuchelei im Spiel ist, dann eher bei manchen Medien, die seinerzeit mit ihren reißerischen Berichten über den Bremer Taliban im Speziellen und Warnungen vor dem Islam im Allgemeinen jene Stimmung mit erzeugt haben, wegen der die Behörden Angst hatten vor der Einreise von Murat Kurnaz. Aber so sind nun einmal Medien: Sie schüren das Ressentiment oder spiegeln es wider. Das gehört zum Geschäft, schließlich ist Aufklärung auch am Kiosk selten ein Kaufmagnet. Ebenso normal sind die Vorbehalte gegen Muslime, zumal angesichts der realen Gefahr islamistischer Anschläge. Ressentiment gehört zu Gesellschaften. Was fremd ist, ist für die meisten eine Bedrohung und wird nur von einer Minderheit als Bereicherung empfunden. Niemandem kann vorgeschrieben werden, Muslime zu mögen. Man darf sie für schrecklich halten. Man darf schreiben, daß sie schrecklich sind, oder ihren Propheten beleidigen. Auch das macht die Freiheit aus und gehört zu den Privilegien, aus denen die Muslime selbst als Minderheit Nutzen ziehen. Aber – und das ist der entscheidende Unterschied zwischen gesellschaftlicher Meinung und staatlichem Handeln – der Staat darf sich mit dem Ressentiment nicht gemein machen. Er muß an dem Gleichheitsprinzip auch dann und erst recht dann festhalten, wenn die gesellschaftliche Stimmung eine andere ist.

Daß Muslime in Deutschland der Rasterfahndung unterliegen oder bei der Einreise nach Deutschland aus der Reihe gewunken werden, das ist nicht schön, das kann man auch für falsch halten – aber es ist durch Gesetze gedeckt und zumindest nachvollziehbar. Schließlich geht die Gefahr von Terroranschlägen eher von jungen muslimischen Männern aus als von älteren jüdischen Damen. Zur Verhinderung von Anschlägen gehen auch Demokratien bis an die Grenzen dessen, was rechtsstaatlich vertretbar ist. Wo die Grenze liegt, darüber befinden im Zweifel Gerichte. Die Fälle Kurnaz, El Masri, Zammar und Khafagy hingegen liegen jenseits von allem, was auch nur entfernt mit dem Geiste und Buchstaben des Grundgesetzes zu vereinbaren wäre. Deshalb sind sie ungleich beunruhigender als etwa das Gezänk um die Moscheen, wo immer sie erbaut werden sollen. Letzteres vergeht oder vergeht nicht. Es ist ein Problem für die Muslime. Hier aber hat der Staat sich an oberster Stelle an der Verletzung elementarer Menschenrechte beteiligt. Das ist ein Problem für Deutschland. Würde das Schule machen, wäre die vielbeschworene Werteordnung stärker erschüttert, als es ein Terrorist je vermöchte.

Auch für die Integration von Migranten in Deutschland wären die Folgen verheerend. Wie, bitteschön, sollte denn künftig ein junger Deutscher türkischer oder arabischer Abstammung davon überzeugt werden, daß er kein Bürger zweiter Klasse ist? Und um in diesem Zusammenhang noch einmal auf das Stichwort Heuchelei zu kommen: Völlig zu Recht wird die Frankfurter Richterin kritisiert, die im Gerichtssaal den Koran herangezogen hat. Aber jene, die sich am lautesten über diesen Skandal und den Verrat an westlichen Werten erregen, sind am leisesten, nein, schweigen konsequent zu Rechtsopfern wie Murat Kurnaz.

Vielleicht unterscheidet sich die rechtliche Bewertung in den Fällen, in denen das Opfer eine deutsche Staatsbürgerschaft besitzt. Der internationale Haftbefehl gegen die Entführer Khaled El Masris ist ein starkes Indiz dafür, daß die deutsche Justiz noch weitgehend immun ist gegen den Virus, den der sogenannte Krieg gegen den Terror freigesetzt hat: die liberale Ordnung zu verteidigen, indem man sie aufgibt. Aber eine Regierung, schon gar eine, die sich außenpolitisch den Kampf gegen Menschenrechtsverletzungen und innenpolitisch die Integration von Migranten auf die Fahne geschrieben hat, unterliegt auch einer politischen und moralischen Bewertung. Diese fiele schon weitaus milder aus, wenn den damals Beteiligten irgendein Zeichen des Bedauerns von den Lippen abzulesen gewesen wäre. Wieso sind die Herren Steinmeier und Schily nicht einmal nach Bremen gefahren, um Murat Kurnaz und seine Mutter zu besuchen? Sie hätten ihnen die dramatischen Umstände jener Monate nach dem 11. September erklären können. Sie hätten sagen können, daß sie sich im nachhinein falsch, aber unter den damaligen Umständen vielleicht doch nicht ganz ohne Grund so verhalten haben, wie sie es getan haben. Frank-Walter Steinmeier ist niemand, der auf Beobachter und Freunde den Eindruck von Hartherzigkeit macht. Hätte er sich erklärt, von Angesicht zu Angesicht – Rabiye und Murat Kurnaz hätten sich dem Gespräch und dem versöhnlichen Foto für die Presse kaum verweigert. So groß sind ihre Erwartungen doch nicht. Aus ihren Äußerungen ist bislang mehr Ratlosigkeit und Schmerz zu entnehmen als Wut und Anklage.

Ein Wort des Mitleids hätte ihr Leid nicht wiedergutgemacht und doch den gesamten Fall in ein anderes Licht gerückt. Aber nichts. Der ehemalige Innenminister Otto Schily trieb die Unverfrorenheit auf die Spitze, als er in einem Interview erklärte: Wenn überhaupt jemand, solle Kurnaz sich gefälligst entschuldigen. Auch alle übrigen Beteiligten versichern, sich absolut korrekt verhalten zu haben und sich unter vergleichbaren Umständen jederzeit wieder so zu verhalten. Schlimmer noch: Sie verfolgen eine vierte Argumentationslinie zu ihrer Verteidigung, die widerlichste: die fortgesetzte und systematische Kriminalisierung von Murat Kurnaz. So einer, der muß doch Dreck am Stecken haben. Daß die Strategie der Verantwortlichen und der *Bild*-Zeitung, aus dem Opfer einen Täter zu machen, bei Teilen der Bevölkerung aufgeht, dürfte auch mit seinem Aussehen zu tun haben. Womit wir wieder beim Bart sind.

Man braucht keine Phantasie, um sich auszumalen, wie sein wackerer Anwalt, seine verschreckte Mutter, vielleicht sogar besorgte Talkshow-Redakteure ihm vorsichtig oder energisch zugeredet haben, doch bitte zum Friseur zu gehen, bevor er an die Öffentlichkeit tritt. Murat Kurnaz hat sich geweigert. Vielleicht liegt dieser Weigerung gar keine

Starrsinnigkeit zugrunde. Vielleicht handelt er viel rationaler, als es den Anschein hat. Wenn alles vorbei ist, wenn Murat Kurnaz keinen Untersuchungsausschuß mehr beschäftigt und durch alle Talkshows getingelt ist – vielleicht rasiert er sich dann den Bart ab, um wieder unbehelligt auf die Straße gehen zu können. Die wilden Haare wären dann nur eine Tarnung gewesen, und bald sähe Murat Kurnaz wieder aus wie, nun ja, nicht wie der Durchschnittsdeutsche, aber mit glattrasierten Wangen und modischer Frisur wie einer von uns. Nur werden wir ihn dann nicht mehr erkennen.

14

Die Kölner Botschaft

Die Debatte um den Bau einer repräsentativen Moschee

Süddeutsche Zeitung, 4. Juni 2007

Erst war Markus Kerber zu Besuch, Schäubles Abteilungsleiter, der die Islamkonferenz ausgeheckt hat. Wenn man sich in allem, in der Analyse der Versäumnisse, dem Stirnrunzeln über die Äußerungen mancher Verbandsvertreter und der Einsicht in die Notwendigkeit der Geduld, mit dem Mann einig ist, der für die Bundesregierung die Integration des Islams betreut, kann es so schlecht nicht laufen, dachte ich. In einem pathetischen Moment gegen Ende unseres Gespräches im coolen Café *La Pop* neben dem türkischen Restaurant *Doydoy* mit den Plastiktischdecken und gegenüber vom Laden mit den Modelleisenbahnen, um nur drei der Parallelgesellschaften anzudeuten, die sich in meinem Kölner Stadtteil Eigelstein ballen, sagte ich Herrn Kerber und seinem Mitarbeiter Herrn Frehse, der älter ist als wir beide und bestimmt schon einige Minister erlebt hat, ich sagte, in vierzig, fünfzig Jahren wird man in den Chroniken lesen können: 2006 hat das begonnen, daß die Muslime in Deutschland heimisch wurden und als heimisch galten, mit einer Initiative des damaligen Innenministers, ausgerechnet eines Christdemokraten, und Sie sind dabei, und wir alle zusammen, die besonnenen Kräfte in diesem Land, wir kriegen das hin. Die anderen mögen wüten, sie mögen den Mob herbeischreiben, aber in unserer Hand liegen die Dinge. Spätestens wenn einer der Chefredakteure von Spiegelspringerfaz Gülinaz oder Mehmet heißt, werden sie sich einen anderen Popanz basteln als die Unmöglichkeit, Muslime in Deutschland zu integrieren.

Abends besuchte ich dann die groß angekündigte Bürgeranhörung zum Moscheebau in Ehrenfeld. Wir alle befürchteten das Schlimmste, vor allem nach der Eskalation, die der eigentlich liberale *Kölner Stadtanzeiger* mit seinen Berichten und Interviews ausgelöst hatte. Aber dann hatten die Haßprediger keine Chance. Vier, fünf von ihnen wurden des Saals verwiesen, die anderen von der überwältigenden Mehrheit der achthundert Bürger übertönt.

Sicher wurden Bedenken geäußert, auch Ablehnung, aber es waren größtenteils ganz konkrete Einwände, artikuliert ohne Schaum vor dem Mund. Es ging um die Verkehrsführung, die vielen Ein-Euro-Shops auf der Ehrenfelder Einkaufsstraße, die Lärmbelästigung, die viel zu knappen Informationen des Bauträgers, die Höhe des Minaretts, nicht um das Minarett an sich. Als der Architekt Gottfried Böhm den beeindruckenden und keineswegs, wie zu lesen war, osmanisierenden Entwurf der Moschee auf die Leinwand projizierte, haben die Menschen in der Aula gejubelt, Deutsche. Das muss man sich vorstellen. Die Angehörigen der Mehrheitsgesellschaft nehmen den Symbolbau einer neuen Minderheit nicht nur hin, sie sagen: Ja, so eine Moschee, wenn sie so herrlich aussieht, die wollen wir haben. Applaus. Die Leute müssen doch irgendwo beten. Applaus. Wir können doch nicht sagen, daß die sich integrieren sollen, und gleichzeitig verlangen, daß sie mit ihrem Glauben in den Fabrikhallen bleiben. Applaus. Wir sind Ehrenfeld. Jubel.

Es gibt in Köln eine breite weltoffene Mitte, die ins Gutmenschentum übergeht, auch und gerade unter Leuten, die ausschließlich Hosen mit Bundfalten tragen. Es ist mir schon oft als wunderbar aufgefallen, unter solchen Menschen zu leben, Gutmenschen meinetwegen, aber tausendmal angenehmer als die ehemals linken konvertierten Kulturkämpfer, die nicht mehr darüber reden möchten, gestern den Irak-Krieg unterstützt zu haben, und dafür heute im Namen der westlichen Freiheit O-Töne wie von Rechtsradikalen auf die Titelseiten spucken. Dann sind mir Menschen tausendmal lieber, die immer Verständnis haben, auch dort, wo es gar nicht angebracht wäre, wo man meinen könnte, daß es auch mal reicht.

Natürlich hat die Dame recht, die sich darüber beschwerte, daß diese Türken, die ihretwegen eine Moschee haben sollen, ständig in der zweiten Reihe parken. Die Jungs in den schwarzen BMWs regen mich auch auf. Penner rufe ich dann hinterher, Asi oder, wenn sie mir auf dem Fahrrad wieder die Vorfahrt genommen haben, Scheißtürke. Das ist noch halbwegs lustig, aber den afghanischen Jungen, der in der Schule meine Tochter verprügelte und gegen den die Lehrerinnen und Betreuerinnen keine Chance haben, weil er es von zu Hause offenbar nicht kennt, Frauen zu respektieren, den fand ich überhaupt nicht lustig. Natürlich ist das ein Problem. Nur, wieso erwartet irgendwer, daß ein Anteil von dreißig Prozent Zuwanderern oder Zuwandererkindern aus größtenteils unterentwickelten, ländlichen Gebieten keine Probleme verursacht für die alteingesessenen siebzig Prozent?

Gewiss verursachen Einwanderer Probleme. Aber genau so, wie es auf der Bürgeranhörung geschah, ist über diese Probleme zu reden. Das war, ich konnte es selbst nicht glauben, Demokratie in Reinkultur. Jeder, der nicht pöbelt, darf seine Meinung äußern, ihm wird geantwortet, und wenn es sich bis weit nach Mitternacht hinzieht. Wir haben Zeit, sagt der Versammlungsleiter. Es geht der Reihe nach und streng nach Vorschrift. Sie wollen eine Moschee bauen? Haben Sie denn genug Parkplätze?

Ich hatte Amir Hassan Cheheltan mitgenommen, den iranischen Schriftsteller, der derzeit im Rahmen des Schriftstelleraustausches *Westöstlicher Diwan* zu Besuch in Köln ist. Bauklötze staunte er. Was für eine Toleranz, murmelte er immer wieder, was für ein entwickeltes Land.

Ich sah, wie die jungen Türken, die ihre Beiträge in besserem Deutsch vortrugen als die Randalierer, strahlten, wie sie stolz waren, wie sie dachten: Hier gehören wir hin, auch die, die nach schwarzem BMW aussahen (meiner ist blau und ein Kombi, um das zu betonen). Eine Frau mit Kopftuch, orientalisch die Gesichtszüge, rheinisch ihr Tonfall, rief begeistert, daß Köln seinen Weltruf als Zentrum der Lesben und Schwulen bewahre (unterm Weltruf macht's in Köln keiner), aber sich zusätzlich als Zentrum der religiösen Vielfalt etablieren möge. Bei der Aussicht schnalzt man doch mit der Zunge: Zentrum der sexuellen und religiösen Vielfalt. Das wäre, nein, das ist sie schon, die Kölner Botschaft. Möge sie gehört werden, in der Welt und in der Heimat meines iranischen Gastes, aber mindestens in den Redaktionen, Moscheen und Staatskanzleien der Republik.

15

Am Mittwoch der Tod?

Der Prozeß gegen Ajatollah Borudscherdi in Teheran

Süddeutsche Zeitung, 19. Juni 2007

Jemand ruft: «Zerbrecht alle Kameras!» Er sagt nicht, zerstört oder beschlagnahmt sie. Er sagt: Zerbrecht sie, so wie Chomeini einst befohlen hat: Zerbrecht sie – die Federn. Die Federn der iranischen Dichter, meinte er. Vielleicht sind diesmal aber auch die Kameras des Geheimdienstes gemeint.

Eine dreispurige Einbahnstraße in Teheran, nachts, dichter Verkehr. Dazwischen Männer, die eilig die Bürgersteige wechseln. Die Autos kommen nur im Schrittempo voran. Das Blaulicht einer weißgrünen Polizeilimousine, die gegen die Fahrtrichtung parkt, deutsches Fabrikat. Männer auf dem Moped halten an. Das müssen die berüchtigten zivilen Milizen sein, bei denen der Schlagstock besonders locker sitzt. Tatsächlich rennt ein Bärtiger mit Schlagstock durch das Bild. Schreie, Rufe, nicht zu verstehen. Ganze Menschenpulks werden abgedrängt. «Ruft die Jungs an, sie sollen schnell kommen», brüllt jemand. Ältere Frauen im weißen Tschador strömen auf die Straße, die Hände ausgebreitet, außerdem immer mehr junge Männer, mit Bart und ohne, manche von ihnen mit Schlagstöcken, andere mit Baseballkappen. Die Milizen sind von den Demonstranten kaum zu unterscheiden. Rufe: «Der Herr hat gesagt, wir sollen uns am Ausgang der Gasse versammeln.»

Der Herr, das ist Ajatollah Borudscherdi. Die Bilder auf Youtube stammen vom 3. Oktober letzten Jahres und zeigen einen der Versuche, ihn festzunehmen. Damals stemmten sich die Menschen aus der Nachbarschaft im armen Teheraner Süden und die Anhänger Borudscherdis erfolgreich gegen die Milizen. Fünf Tage später gelang es der Staatsgewalt jedoch, den Ajatollah festzunehmen. Augenzeugen berichten von Panzern, die eingesetzt worden seien, Hubschraubern, Tränengas, scharfer Munition. Fünf Menschen seien gestorben, vor Aufregung außerdem die greise Mutter. Von den fünfhundert Menschen, die verhaftet worden seien, sollen hundertzwanzig noch immer im Gefängnis sitzen. Vergangene Woche hat der Staatsanwalt, heißt es, im Sondergericht für die Geistlichkeit die Todesstrafe beantragt, für Borudscherdi und siebzehn seiner Anhänger. Einige der Vorwürfe: Gefährdung der Sicherheit des Landes, Unruhestiftung, Infragestellung der Islamischen Ordnung, die Behauptung, in Iran herrsche eine Diktatur des Klerus. Das Verfahren ist geheim. Die Anwälte, darunter Friedensnobelpreisträgerin Schirin Ebadi, haben keinen Kontakt zu ihren Mandanten. Es ist daher äußerst schwierig, an verläßliche Informationen zu gelangen. Berichte, wonach Borudscherdi bereits zum Tode verurteilt worden sei, scheinen allerdings nicht zu stimmen. Aus seiner unmittelbaren Umgebung verlautet, daß das Urteil diesen Mittwoch verkündet werde.

Ein Sprecher des Sondergerichts widersprach dieser Darstellung. Mit dem Urteil sei erst in zwei bis drei Monaten zu rechnen. Damit hat eine staatliche iranische Stelle zum ersten Mal bestätigt, daß Borudscherdi überhaupt vor Gericht steht. Ansonsten ist den Medien bislang nicht einmal erlaubt gewesen, den Ajatollah beim Namen zu nennen. «Ein unzufriedener Geistlicher» hieß es in den wenigen Meldungen, mit denen man die Verhaftung Borudscherdis andeutete. Der Grund ist offensichtlich: Prominente Geistliche wie er füllen mit ihrer Anhängerschaft auf Zuruf ganze Fußballstadien.

Ajatollah Seyyed Mohammad Ali Kazemeini Borudscherdi, der einer der angesehensten Gelehrtenfamilien der Landes angehört, ist radikaler Säkularist, aber nicht, weil er einem aufgeklärten, mit westlichen Denkschulen korrespondierenden Reformislam anhängt, von dem zuletzt, kurz vor seinem Tod, noch der amerikanische Philosoph Richard Rorty so hoffnungsfroh berichtet hat. Im Gegenteil: Borudscherdi ist ein Traditionalist uralten Schlages. Er steht für die in der Bevölkerung immer noch weitverbreitete Haltung der schiitischen Orthodoxie, die sich seit jeher für die Trennung von Staat und Religion ausgesprochen hat. Ähnlich jenen ultra-orthodoxen Juden, die den Staat Israel ablehnen, verwerfen sie alle menschlichen Versuche, die göttlich-gerechte Ordnung auf Erden zu errichten. Sie warten auf das Eintreffen des schiitischen Messias, des Mahdi, dem es allein zukomme, Gottes Reich auf Erden herbeizuführen. Bis dahin hängen sie einem strikten Quietismus an; da in Abwesenheit des Mahdi jegliche politische Herrschaft illegitim sei, sollten die Theologen sie den Laien überlassen, um sich nicht zu beschmutzen. Eine von Menschen geschaffene Islamische Republik ist für diese Traditionalisten Ketzerei.

Weil sie sich für die Ablehnung des heutigen iranischen Staatsmodells auf die schiitische Lehre berufen, sind sie besonders gefährlich und werden verfolgt, sobald sie ihr zurückgezogenes, vor allem rituellen und ethischen Fragen gewidmetes Gelehrtenleben aufgeben, um gegen die Staatstheologen aufzubegehren. Das Regime in Teheran ist auch deshalb besonders nervös, weil sich seit dem Sturz Saddam Husseins der quietistische Islam, dem auch Großajatollah Sistani zuzurechnen ist, in den schiitischen Lehrzentren des Irak neu und ohne den Zugriff Teherans formieren kann. In Iran hat die Repression seit einigen Monaten stark zugenommen, die Sicherheitsbehörden ließen zahlreiche weitere Oppositionelle verhaften, darunter Frauenrechtlerinnen der Kampagne Eine-Million-Unterschriften, die sich für eine Reform des iranischen Rechts einsetzen. Die Konfrontation mit dem Westen, die Präsident Ahmadinedschad forciert, geht nach innen mit immer größerem Druck auf die eigene Gesellschaft einher.

Später ist auf dem Video zu sehen, wie Ajatollah Borudscherdi vor die Menge tritt, die sich vor seinem Haus gebildet hat. Er trägt nur ein weißes Gewand, nicht den schwarzen Turban, der ihn als Nachfahren des Propheten ausweist. Für einige Sekunden könnte man meinen, er sei eben erst aus dem Schlaf erwacht. Seine Haare sind ungekämmt, der lange, schwarzgraue Bart zottelig. Dann wird klar, daß der Geistliche das Totenhemd übergezogen hat, mit dem Muslime begraben werden. Seht her, soll es bedeuten: Ich habe keine Furcht. Bereits in den neunziger Jahren ist er mehrfach verhaftet worden. Sein Vater, ebenfalls Ajatollah, starb 2002 unter mysteriösen Umständen während einer

Behandlung im Krankenhaus. Die Nur-Moschee, in der sein Sohn ihn zu Grabe trug, wurde enteignet, das Grab entweiht. Borudscherdi wirft den Machthabern nicht nur die Verhaftung und Folterung zahlreicher Anhänger vor. Weibliche Familienmitglieder seien im Gefängnis sexuell missbraucht und in entwürdigenden Situationen gefilmt worden.

Wieder später hält Borudscherdi ein Mikrophon in der Hand. *Besmellah-e rahman-e rahim*, beginnt er seine Ansprache, «Im Namen Gottes, des Barmherzigen, des Erbarmers», und wendet sich an seine Nachbarn, bei denen er sich für die Ruhestörung entschuldigt: «Sie sollen wissen, daß Mitarbeiter des Geheimdienstes vor einer Stunde unser Haus gestürmt haben. Sie sollen wissen, daß die Sicherheitskräfte alle Zufahrten gesperrt und sich formiert haben, um uns anzugreifen und mich zu töten. Sie sollen wissen, daß wir gegen die Vermischung von Politik und Religion sind. Wir wollen nicht Menschen Unrecht zufügen im Namen der Religion. Wir wollen nicht die iranische Nation zerstören im Namen der Religion.» Täglich würden zwanzig, dreißig seiner Anhänger verhaftet und in den Trakt 209 des Evin-Gefängnisses gebracht, den Trakt der Folterer. Versuche, ihn mit Lockungen zum Einlenken zu bewegen, seien sinnlos: «Die Borudscherdis vertragen sich mit keiner Regierung.»

Man vergißt heute oft, daß der Gründer der Islamischen Republik, Ajatollah Chomeini, von seinen Theologenkollegen vor der Revolution als radikaler Erneuerer, als Befreiungstheologe, wahrgenommen wurde, weil er die messianische Verheißung bereits in der realen Geschichte verwirklichen wollte. Ausgerechnet ein Vorfahre des inhaftierten Geistlichen war es, Großajatollah Hossein Borudscherdi, der bis zu seinem Tod im Jahr 1964 verhinderte, daß Chomeini mit seinem politischen Islam an die Öffentlichkeit ging. Und Chomeini sagte einmal selbst, daß sein Hauptgegner weder der Schah noch die Vereinigten Staaten seien, sondern die traditionelle schiitische Geistlichkeit. Die Anklage gegen Borudscherdi ist der vorläufig letzte Höhepunkt eines erbitterten Bruderkampfes, der den schiitischen Islam seit nunmehr fünfzig Jahren prägt.

Am Ende des Videos spricht Borudscherdi die Vertreter der Staatsgewalt direkt an: «Seid ihr da, um der Nation zu dienen oder um die

Kinder der Nation zu töten? Seid ihr da, um Armut und Drogenabhängigkeit zu bekämpfen oder um die Nachfahren des Propheten zu vernichten?» Immer schriller wird die Stimme. Abwechselnd streckt er beim Reden die linke und rechte Hand in die Höhe. «Der Islam verübt kein Unrecht. Der Prophet ist kein Unterdrücker. Gott stiehlt den Menschen nicht das Brot.» Die Sicherheitskräfte, die in diesem Augenblick ihr Gewehr auf ihn und seine Anhänger richteten, sollten wissen, daß er und seine Anhänger nicht bereit seien, den Islam zu verkaufen. «O Leute der Nachbarschaft, ihr sollt bezeugen, daß die Borudscherdis bereit sind zu sterben, damit der wirkliche Islam bleibt. Sind wir denn Terroristen?»

Mit seinem Turban, dem langen Gewand und dem Bart, der tief ins Gesicht reicht, entspricht Borudscherdi dem Bild, das sich der Westen von Haßpredigern oder Terroristenführern macht, auch im Tonfall, der Wut. Er ist kein eloquenter Intellektueller wie der Philosoph Abdolkarim Sorusch, kein wohlgekleideter Moderater wie der ehemalige Staatspräsident Chatami. Das Antlitz des Islams, das er verkörpert, ist nicht adretter als das seiner Gegner, die ihn umbringen wollen. Borudscherdi ist der Islam von nebenan, in gesellschaftlichen Fragen meist konservativ bis hin zum Reaktionären, patriarchalisch, aber eben auch säkular und dezidiert gewaltfrei. Es gibt ihn noch immer, nach beinahe dreißig Jahren politischer Umerziehung in den Theologischen Hochschulen des Landes. Wenn sogar diese ihrer ganzen Geisteshaltung, Erziehung und theologischen Tradition nach unpolitischen Ajatollahs aufbegehren, wenn sie verkünden, daß die rote Linie überschritten worden sei, wie weit muß die Islamische Republik gegangen sein?

16

Keine Mail von Dieter Beine

Die Aberkennung des Hessischen Kulturpreises

Frankfurter Allgemeine Zeitung, 16. Mai 2009

Am 20. März, dem iranischen Neujahr, teilte mir der Protokollchef des Landes Hessen, Dieter Beine, telefonisch mit, daß mir der Hessische Kulturpreis verliehen werden soll. Die anderen Preisträger seien Kardinal Karl Lehmann, der frühere evangelische Kirchenpräsident Peter Steinacker und der Vizepräsident des Zentralrats der Juden in Deutschland, Salomon Korn. Gewürdigt werden solle der kulturelle Beitrag der Religionen, mein Preisgeld betrage 11 250 Euro. Ich erfuhr, daß der Frankfurter Islamwissenschaftler Fuat Sezgin die Auszeichnung mit Hinweis auf die Stellungnahmen Salomon Korns zum Krieg in Gaza abgelehnt hatte. Ob ich den Preis dennoch annehme? Ja, sagte ich, nachdem ich überlegt hatte, ich nehme den Preis an, sofern ich die Möglichkeit habe, bestehende Differenzen bei der Preisverleihung anzusprechen. Daß ich nicht nur mit Herrn Korn Differenzen habe, sondern mehr noch mit dem hessischen Ministerpräsidenten Koch, der den Preis vergibt, fügte ich hinzu.

Die Vorbereitungen begannen, das Rahmenprogramm wurde besprochen, die iranische Musikgruppe *Zarbang* engagiert, die Liste meiner Gäste angefordert.

Ende April – das genaue Datum weiß ich nicht mehr – rief mich Herr Beine nochmals an. Es gebe ein Problem, sagte er und klang bestürzt. Herr Lehmann und Herr Steinacker seien wegen eines Textes von mir als Preisempfänger zurückgetreten. Sie würden sich weigern, mit mir zusammen ausgezeichnet zu werden, da ich ihrer Ansicht nach das Christentum beleidigt habe. Zuerst dachte ich, es liege eine Verwechslung vor oder ein Mißverständnis. Mir fielen alle möglichen Texte ein, über die sich Herr Korn oder Herr Koch geärgert haben könnten, aber ich begriff nicht, was ich Verwerfliches über das Christentum gesagt oder geschrieben haben sollte. Meine religionswissenschaftlichen Bücher, in denen ich mich intensiv mit dem christlichen Glauben beschäftige, werden in theologischen Zeitschriften gelobt, regelmäßig werde ich von kirchlichen Institutionen eingeladen, selbst ein Theaterstück, das auf einer Erzählung von mir beruht, wurde auf dem Kirchentag aufgeführt. Gerade im letzten Jahr, das ich in Rom verbrachte, veröffentlichte ich in der *Neuen Zürcher Zeitung* eine Serie von Texten über katholische Kirchen und Kunstwerke in Rom, die mir ebenso zahlreiche wie bewegende Zuschriften christlicher Leser beschert haben, auch aus dem Vatikan selbst. Und kürzlich hielt ich in Berlin eine Rede im Martin-Gropius-Bau, nach der ich mich dafür rechtfertigen mußte, in diesen Wochen allzu positiv von der katholischen Kirche zu sprechen. Und jetzt sollte ausgerechnet ich das Christentum beleidigt haben? Aber womit?, fragte ich Herrn Beine.

Herr Lehmann und Herr Steinacker, sagte Herr Beine, hätten an einer meiner Bildbeschreibungen aus Rom Anstoß genommen, einem Text über Guido Renis Darstellung der Kreuzigung. Es stimmt, daß ich in den ersten Sätzen die Ablehnung der Kreuzestheologie, die einem Nichtchristen doch zugestanden werden muß, sehr drastisch formuliere. Aber der Artikel hört nicht bei diesen ersten Sätzen auf, sondern zeigt, wie mich das ästhetische Erleben bis an den Rand der Konversion führt. Dort heißt es: «Erstmals dachte ich: Ich – nicht nur: man –, ich könnte an ein Kreuz glauben.»

Er begreife es auch nicht, sagte Herr Beine. Er habe den Text mehrfach gelesen, aber er könne daran nichts Anstößiges finden, im Gegenteil: Gerade weil er gläubiger Christ sei, habe ihn der Text sehr berührt. Dennoch verlangten Herr Lehmann und Herr Steinacker eine öffentliche Erklärung von mir, die den Text «einordne». Ob ich dazu bereit sei? Nein, sagte ich sofort, natürlich nicht. Das verstehe er, sagte Herr Beine. Nun müsse man sehen, wie man aus der verfahrenen Situation herauskomme. Notfalls müsse man die Preisverleihung nutzen, um genau diesen Konflikt zu diskutieren. Das fände ich sehr gut, sagte ich, und so beendeten wir das überaus freundliche Gespräch. Die Vorbereitungen für die Preisverleihungen liefen weiter, ein Text zu meiner Person wurde mir geschickt, den ich Korrektur las. Ein Filmteam, das einen sogenannten Trailer mit mir drehen sollte, meldete sich.

Vergangene Woche rief mich jemand an, der jemanden kennt, der jemanden kennt, der ... in der Jury sitzt, und las mir einige Passagen des Briefes vor, den Kardinal Lehmann über mich geschrieben hat. Offenbar kursierte dieser Brief bereits in Frankfurt, nur ich hatte nichts davon erfahren. Ich kann nur hoffen, daß jemand diesen Brief noch veröffentlicht, denn zumindest die Passagen, die ich hörte, sind derart aggressiv, daß sich der Verfasser damit selbst diskreditiert. Ich war Kardinal Lehmann zuvor zweimal begegnet und muß gestehen, daß er mir alles andere als unsympathisch war. Es gelingt mir noch immer nicht, den diffamierenden Ton des Briefes mit der Person zusammenzubringen, die ich meinte, kennengelernt zu haben.

Der Jemand, der jemanden kennt, der jemanden kennt, der ..., sagte mir, daß die Hessische Staatskanzlei offenbar erwäge, die Preisverleihung abzusagen. Das könne ich mir nicht vorstellen, erwiderte ich und schickte zur Sicherheit eine Mail an Herrn Beine, um mich nach dem Stand der Dinge zu erkundigen. Herr Beine, den mein Text über Renis Kreuzigung so berührt hatte, antwortete mir nicht. Ich hätte ihn anrufen können, schließlich besaß ich seine Handynummer, aber jetzt ahnte auch ich, daß Kardinal Lehmann es nicht bei dem Brief belassen und daß Herr Koch nach der politischen Priorität entschieden hatte: Der Repräsentant der Mehrheitsreligion hat gegenüber dem Angehörigen der Minderheitsreligion recht, selbst wenn er unrecht hat. Das Filmteam meldete sich auch nicht mehr.

Am Mittwoch rief mich ein Redakteur dieser Zeitung an und bat mich um eine Stellungnahme. Wozu?, fragte ich. Ob ich denn nicht wisse, daß mir der Hessische Kulturpreis aberkannt wurde? Nein, ich wußte es nicht. Später erreichte mich eine Mail der Hessischen Staatskanzlei mit der Presseerklärung und einem Brief des Ministerpräsidenten, in dem er mich, statt zur Preisverleihung, zu einer Podiumsdiskussion einlud. Um es kurz und anders als Kardinal Lehmann von vornherein öffentlich zu machen, möchte ich ihm an dieser Stelle antworten: «Sehr geehrter Herr Koch, ich hoffe, daß Sie sich für Ihre Einladung wenigstens schämen. Mit freundlichen Grüßen aus dem heiligen Köln, Navid Kermani.»

Zumindest hätte Herr Beine mich anrufen können. Und der Musikgruppe sollten sie auch noch Bescheid geben.

17

Absage an Europa

Die Volksabstimmung zum Minarettverbot in der Schweiz

Süddeutsche Zeitung, 11. Dezember 2009

Wenn irgendein politisches Gebilde auf der Welt außer den Vereinigten Staaten von Amerika religiösen und ethnischen Minderheiten eine gleichberechtigte Teilhabe in Aussicht stellt, dann ist es ein vereinigtes Europa. Anders als der Nationalstaat bezeichnet Europa im emphatischen Sinne einen Wertekanon, zu dem man sich unabhängig von seiner Nation, Rasse, Religion oder Kultur bekennt oder eben nicht bekennt. Das hebt Unterschiede nicht auf, im Gegenteil. Europa ist gerade kein erweiterter Nationalstaat, sondern ein Modus, Unterschiede politisch zu entschärfen, um sie zu bewahren. Wer zu dem europäischen «Wir» gehört, entscheidet nicht der Geburtsort der Großeltern, sondern die Vorstellung von der Gegenwart.

Die Schweizer Volksabstimmung zum Verbot von Minaretten ist in mehrfacher Hinsicht ein Bruch mit zentralen Prinzipien dieses europäischen Projekts als einer säkularen, transnationalen, multireligiösen und multiethnischen Willensgemeinschaft, wie es aus der Aufklärung und der Französischen Revolution erwachsen ist. Daß der neue Passus in der Schweizer Verfassung das Recht auf freie Ausübung der Religion verletzt, ist in den vergangenen Tagen oft geschrieben worden. Ebenso wurde festgehalten, daß das Minarettverbot eine bestimmte Glaubensgemeinschaft diskriminiert und damit dem Gleichheitsgebot des europäischen Wertekanons entgegensteht. Seltener hingegen kam der schwerwiegendste Tabubruch zur Sprache, den die Volksabstimmung unabhängig von ihrem Ergebnis darstellt: Daß Grundrechte, noch dazu die Grundrechte einer Minderheit, in einer demokratischen Abstimmung zur Disposition gestellt werden und damit keine Grundrechte mehr sind.

Nun gehört es zum Wesen von Tabus, daß sie in Versuchung führen, sie zu brechen. Erst wenn der Tabubruch nicht mehr als solcher benannt und damit inkriminiert wird, ist er gesellschaftlich vollzogen. Um so fataler sind die vorsichtigen, um Verständnis werbenden Reaktionen vieler europäischer Regierungsvertreter. Wer jetzt beschwichtigt, provoziert erst recht einen Sturm. Mit den gleichen Argumenten, die für das Minarettverbot angeführt worden sind, wird man alle anderen Formen islamischer oder überhaupt kulturell fremder Präsenz im öffentlichen Raum verbieten können. Das betrifft nicht nur Muslime, es betrifft alle Europäer. Die Rechtspopulisten und ihre ehemals liberalen, nun neokonservativ gewendeten Wegbereiter in den Medien, die auch in Deutschland mit dem Furor von Konvertiten auftreten, attackieren zwar den Islam, zielen jedoch auf das europäische Projekt. Nicht zufällig sind sie durchweg Skeptiker, wenn nicht Gegner des europäischen Einigungsprozesses und sind ihre ökonomischen Vorstellungen neoliberal, damit also auch gegen das soziale Vermächtnis der europäischen Gründerväter und -mütter gerichtet.

Man hat vor der Schweizer Volksabstimmung in vielen europäischen Ländern eine Diskussion über die Probleme der Integration, den Islam und die Gleichberechtigung speziell in muslimischen Einwandermilieus geführt, und man wird sie nach der Volksabstimmung weiter führen. Wo immer Muslime eine Moschee bauen, wo sie ihren Glauben öffentlich artikulieren oder praktizieren wollen, sind sie dieser Diskussion ausgesetzt. Das ist nicht immer angenehm für sie und mag auch nicht immer fair zugehen, aber es ist unvermeidlich in einem Gemeinwesen, das der freien Meinungsäußerung aus guten Gründen sehr, sehr weite Grenzen setzt. Die Demographie der westeuropäischen Gesellschaften hat sich innerhalb einer einzigen Generation massiv, historisch vielleicht sogar beispiellos verändert. Weil die realen oder auch nur die vorgestellten Konflikte, die damit einhergingen, nicht thematisiert wurden, trifft diese Diskussion den Kontinent heute mit um so größerer Wucht. Sie ist Teil eines notwendigen Gewöhnungs- und kulturellen Angleichungsprozesses, der Jahrzehnte zu spät einsetzt.

Es kann also nicht darum gehen, Sprechverbote zu verhängen oder bestimmte Probleme zu tabuisieren, die zu Recht oder zu Unrecht mit dem Islam assoziiert werden. Voraussetzung allerdings ist, daß die Debatte auf der Grundlage und im Rahmen des europäischen Wertekanons geführt wird, wie er in den Verfassungen der meisten europäischen Länder und der Europäischen Menschenrechtskonvention festgelegt ist. Deshalb ist auch der ständige Vergleich mit der Situation religiöser Minderheiten in islamischen Ländern, der zur Rechtfertigung des Schweizer Votums herangezogen wird, eine Selbstentwürdigung, ja ein kultureller und moralischer Offenbarungseid. Just die Religionsfreiheit, die in Europa bei allen Defiziten doch heute eher verwirklicht ist als in den meisten anderen Teilen der Welt, war und ist eines der Charakteristika, durch die Europa sich von Ländern wie der Islamischen Republik Iran und Saudi-Arabien unterscheidet, und einer der Gründe, weshalb die Türkei zum jetzigen Zeitpunkt eben noch nicht europäisch ist. Der Fundamentalismus, gegen den sich die Minarettgegner vorgeblich wenden, hätte gesiegt, wenn Europa selbst fundamentalistisch würde.

Nun verfügt auch die Schweiz – in deren Verfassung die unverhandelbaren Grundrechte anders als im deutschen Grundgesetz nicht eigens aufgeführt werden und die auch kein Verfassungsgericht kennt – über einen Sicherungsmechanismus, mit dem sich alle Demokratien vor undemokratischen Entscheidungen schützen, und zwar in Gestalt des Europäischen Gerichtshofs für Menschenrechte in Straßburg. Dessen Gerichtsbarkeit hat sich das Land freiwillig unterworfen, indem es die Europäische Menschenrechtskonvention unterschrieb. Nach allem, was Juristen in diesen Tagen sagen oder schreiben, werden die Deutungen des Minaretts als entweder rein politisches oder gar nicht originär islamisches Symbol, welche die Verbotsbefürworter anführen, um die Verletzung des Rechts auf freie Religionsausübung zu kaschieren, in Straßburg keinen Bestand haben. Nach dem absehbaren Urteil des Gerichtshofs stünde die Schweiz dann auch staatsrechtlich an dem Scheideweg, an dem sie gesellschaftlich jetzt schon angelangt ist: Akzeptiert sie es oder tritt sie aus dem Europarat aus und damit aus der Gemeinschaft, die ideengeschichtlich das Erbe der Aufklärung vertritt. Gleichwohl wäre es abwegig, sich mit der Aussicht auf Straßburg zu beruhigen. Wird der Konflikt, der zwischen der Manifestation eines Mehrheitswillens und den Grundrechten einer Minderheit entstanden ist, rein juristisch gelöst, kehrt er politisch um so schärfer wieder – dann in Gestalt von rechtspopulistischen Parteien, die bei Wahlen nicht mehr nur ein Drittel der Stimmen, sondern sogar Mehrheiten gewinnen. Anders gesagt: Wer darauf beharrt, daß Grundrechte im demokratischen Prozeß nicht zur Disposition gestellt werden dürfen, sollte dennoch alles dafür tun, damit sie jederzeit eine Mehrheit fänden. Löst sich der gesellschaftliche Grundkonsens dauerhaft auf, werden ihn Gerichte nicht mehr kitten können.

Viel ist in diesen Tagen davon die Rede, daß man die Ängste der Bevölkerung vor dem Islam ernst nehmen sollte. Das ist einerseits immer richtig, vernebelt allerdings im speziellen Fall des Minarettvotums, daß diese Ängste in einer aufwendigen Kampagne gezielt geschürt worden sind. Nur so wird erklärlich, warum sie gerade dort besonders ausgeprägt sind, wo am wenigsten Muslime leben, also in den ländlichen, aber auch in manchen wohlhabenden großbürgerlichen Gegenden. Und wenn wir schon bei Ängsten sind: Es ist bezeichnend, daß kaum ein europäischer Staatsführer auch nur mit einem Wort die Ängste jener thematisiert hat, die in einem europäischen Land soeben zu Bürgern zweiter Klasse gestempelt worden sind. Mit welchen Werbebroschüren und auf welchen Integrationsgipfeln möchte man sie künftig davon überzeugen, sich als Teil der europäischen Gesellschaften zu begreifen? Wenn die größte und dank ihres Vormanns auch finanzstärkste Partei der Schweiz mit Plakaten wirbt, die die Bildersprache des Stürmers explizit aufgreifen, wenn sie auf ihre offizielle Internetseite ein Online-Spiel stellt, bei dem man Imame abschießen kann, wenn ehemals liberale Blätter die Argumentationsstruktur und manche Stereotype der nationalsozialistischen Propaganda auf Muslime anwenden, wird klar, daß nicht nur der Islam ein Problem mit Haßpredigern hat.

Die westliche Spielart des Fundamentalismus als einer kulturellen statt religiösen oder ethnischen Ideologisierung ist zu einer innereuropäischen Herausforderung geworden, wie das Erstarken rechtspopulistischer Parteien auch in Ländern wie Österreich, Italien, Dänemark oder den Niederlanden zeigt. In all den Ländern wird die Auseinandersetzung mit diesen Parteien und den Publizisten, die ihnen medial den Weg bereiten, defensiv geführt. Die traditionellen und speziell die konservativen Parteien spielen die Gefahren herunter, die von dieser Strömung für das europäische Projekt ausgehen, übernehmen nach und nach deren Rhetorik und binden sie in vielen Fällen sogar in die Regierung ein. In keinem einzigen Fall ist die Rechnung aufgegangen, die Rechtspopulisten würden sich dadurch mäßigen oder an Wählerschaft verlieren. Hingegen blieb der Vormarsch der Rechtspopulisten genau in jenen Ländern bislang aus, die sich seit einigen Jahren bemühen, die Integration endlich politisch zu gestalten, statt deren Verwerfungen populistisch auszuschlachten. In Schweden, Spanien oder Deutschland herrscht bei allem notwendigen Streit über die konkrete Ausgestaltung ein grundsätzlicher Konsens zwischen den etablierten Parteien, Migranten in das Gemeinwesen einzubeziehen, statt sie mit Blick auf vermeintliche Abstimmungsergebnisse auszugrenzen.

Es ist offensichtlich und durchaus an Wahlurnen vermittelbar, daß soziale und kulturelle Konflikte nicht durch Verbote und Diskriminierungen gelöst werden können, die eben jene Parallelgesellschaften befördern, an denen Anstoß genommen wird. Die Sorgen vor Überfremdung ernst zu nehmen kann deshalb nicht bedeuten, den Rechtspopulisten in vorauseilendem Gehorsam Genüge zu tun und das Fremde per Gesetz unsichtbar zu machen. Vielmehr gilt es, die Ängste abzubauen, indem man realistischere Perspektiven aufzeigt und die Probleme im Konkreten bewältigt, mit Sprachförderung schon in den Kindergärten, Frauenhäusern, massiven Investitionen in die Bildung, Maßnahmen gegen Ghettoisierungstendenzen in den Städten oder der Ausbildung von Imamen vor Ort, um nur wenige Beispiele zu nennen.

Auch die Instrumentarien des Baurechts spielen in diesem Zusammenhang eine wichtige Rolle. Sie können für die Einbettung bislang ungewohnter Sakralbauten in ihre Umgebung sorgen, die nicht nur durch möglichst unscheinbare Gebäude, sondern überzeugender mit einer ästhetisch besonders ansprechenden, zeitgenössisch-islamischen Architektur gelingen kann, die die europäische Formensprache aufgreift und erweitert. Vor allem aber wird man, um den europäischen Gesellschaftsvertrag eine Generation nach der historischen Einwanderungswelle der fünfziger und sechziger Jahre zu erneuern, Überzeugungsarbeit auf allen gesellschaftlichen Ebenen leisten müssen, in den Schulen, Medien, Parteien, Behörden, Fabriken, Kirchen, Moscheen, Vereinen und Familien. Früher hätte man es auch Aufklärung genannt.

18

Staat ohne Volk

Die neuerlichen Massenproteste in Iran

Die Zeit, 30. Dezember 2009

Wer trotz der martialischen Drohungen und der Brutalität der Revolutionswächter in diesen Tagen in Iran für die Freiheit demonstriert, riskiert bewußt sein Leben. Er und – angesichts der vielen protestierenden Frauen sei es ausdrücklich hinzugefügt – sie nehmen in Kauf, vor die Gewehrläufe von Scharfschützen zu laufen, die keinen Schießbefehl mehr einholen müssen. Er und sie wissen, daß die Milizen keinen anderen Ehrgeiz haben, als mit ihren Knüppeln möglichst viele Schädel zu treffen. Er und sie haben mehr als einmal erfahren, wie es ist, in eine Tränengaswolke zu geraten, haben geheult vor Schmerz, Übelkeit und Wut. Er und sie sind sich bewußt, daß sie vielleicht gefoltert und vergewaltigt werden, aber mit Sicherheit ihren Studienplatz verlieren, ihre berufliche Zukunft ruinieren, wenn sie in Haft geraten oder auf dem Video einer Überwachungskamera identifiziert werden. Er und sie haben Angst, daß ihren Eltern oder Geschwistern etwas angetan werden könnte.

Und dennoch wagten sich schon in den letzten Monaten jedes Mal, wenn die grüne Opposition zu Demonstrationen aufrief, Zehntausende Menschen auf die Straßen. Jeder und jede einzelne von ihnen hat Verwandte, Bekannte, Kollegen, Nachbarn, Schulkameraden, Kommilitonen und Lehrer, die mit ihnen bangen. Jedes Mal verkündete das Regime, beim nächsten Protesttag noch härter durchzugreifen. Jedes Mal trauten sie sich dennoch auf die Straße. Jedes Mal waren es mehr – beim Begräbnis des Großajatollahs Montazeri in Ghom am Montag voriger Woche wieder eine halbe Million. Und jedes Mal wurden ihre Parolen radikaler, sodaß sich ihr Protest heute nicht mehr gegen mutmaßlich gefälschte Wahlen, sondern gegen das System als solches richtet. Daß es einem zu allem entschlossenen Sicherheitsapparat gegen alle Ankündigungen nicht gelingen will, die Protestmärsche zu unterbinden, dürfte das Regime nachhaltiger erschüttern als im Sommer die Massenkundgebungen, die es zunächst tolerierte. Nicht nur die Demonstranten, sondern auch die Sicherheitskräfte haben Verwandte, Bekannte, Kollegen, Nachbarn – und den Gedanken an sie können die Diener des Regimes nicht auf Dauer verdrängen, wenn sie durch ihre Gewehrlinsen blicken.

Nicht das blutigste, aber wohl das erstaunlichste Bild des vergangenen Wochenendes boten staatliche Schlägertrupps, als sie die Privatmoschee von Staatsgründer Ajatollah Chomeini angriffen, damit ein Heiligtum der Islamischen Revolution. Sie wollten nicht einem westlich orientierten Politiker buchstäblich an den Kragen, sondern mit Mohammed Chatami einem Theologen mit dem schwarzen Turban des Prophetennachfahren, der bis vor viereinhalb Jahren Staatspräsident der Islamischen Republik Iran war und in der Moschee eine religiöse Ansprache hielt. Auch die anderen Staatsfeinde von heute sind die Staatsführer von gestern: Seyyed Hossein Mussawi ist ein ehemaliger Ministerpräsident, Mehdi Karrubi ein ehemaliger Parlamentspräsident, Großajatollah Saneï ein ehemaliger Vorsitzender des Wächterrats. Die meisten Häftlinge, die das staatliche Fernsehen in Pyjama und Plastikpantoffeln für Schaugeständnisse vorführt, sind ehemalige Minister, Parlamentsabgeordnete, Anführer der Botschaftsbesetzung von 1979; ein stellvertretender iranischer Präsident aus den Jahren 1997 und 2005, Mohammed Abtahi, ist auch dabei. So richtet sich die Revolution selbst.

So ist es auch kein Zufall, daß die derzeitigen Proteste gegen die iranische Theokratie ausgerechnet durch den Tod des Großajatollahs Montazeri ausgelöst wurden. Grund war nicht nur, was er gesagt hatte – daß er gegen die Tyrannei gewettert, dem Revolutionsführer persönlich die Legitimation abgesprochen, den Bau der Atombombe verdammt und ungeachtet ihres Glaubens allen Bürgern Irans die gleichen Rechte zugesprochen hatte, ausdrücklich auch der religiösen Minderheit der Bahais. Es ging auch darum, wer all das gesagt hatte: nicht ein junger

Aufrührer, nicht ein säkularer Intellektueller, sondern der höchste schiitische Theologe seiner Zeit und engste Vertraute Chomeinis, der bis 1989 als dessen Nachfolger ausersehen war.

Trotzdem wäre nichts irriger, als die gegenwärtigen Unruhen auf einen Machtkampf innerhalb des iranisch-islamischen Establishments zu reduzieren. Die Konfrontation zwischen den einstigen Weggefährten ist nur das deutlichste Zeichen einer gesellschaftlichen Auseinandersetzung, bei der auf der einen Seite eine stetig anwachsende Mehrheit steht, die der ideologisch legitimierten Gängelungen müde ist, und auf der anderen Seite eine Minderheit, die sich verpflichtet fühlt, die bestehende, als heilig erachtete Ordnung zu verteidigen. Der Riß zieht sich beinah durch alle Bereiche der iranischen Gesellschaft. Er ist in der Wirtschaft mit ihrer sich entwickelnden weltgewandten Elite zu erkennen, die eine andere Weltsicht hat als die traditionellen Basarhändler. Der Riß teilt die Frauen in Mütter, die nichts anderes als Hausarbeit gelernt haben, und die Millionen und Abermillionen Töchter, die angesichts der verordneten Ungleichheit um so entschlossener sind, ihr Leben selbst zu bestimmen. Der Riß verläuft zwischen den Generationen und geht durch viele Familien, in denen die Kinder nicht verstehen, warum ihre Eltern einst für dieses System im Krieg gegen Saddam Husseins Irak zu sterben bereit waren, während die Eltern sich darüber entsetzen, daß ihre Kinder so radikal ablehnen, was sie unter hohen Opfern erkämpft haben. Am schärfsten und sinnfälligsten ist der Konflikt jedoch dort, wo die Islamische Republik ihr Zentrum hat: innerhalb der Geistlichkeit.

Die Diskussionen, die bereits Anfang der 1990er Jahre in religiös-philosophischen Fachzeitschriften und Theologischen Seminaren begannen und bis zu deren Verbot auch die auflagenstärksten Tageszeitungen erreichten, zielen auf einen Wandel, der Politik und Religion trennen und die Autorität des Staatsoberhaupts allein durch das Volk, nicht durch Gott, legitimieren will. Dieser Reform des Islams liegt eine gedankliche und historische Entwicklung zugrunde, die sich rasanter und tiefgreifender nicht vollziehen könnte. Sie ist ein genuines Produkt der eigenen Kultur, der kollektiven Erfahrung der eigenen Gesellschaft. Dies verschafft ihr Dauer, Substanz und eine intellektuelle Schärfe, wie sie in den wenigsten Ländern der islamischen Welt gegenwärtig denkbar ist. Die iranische Gesellschaft macht mit dem Kampf um die Trennung von Staat und Religion einen geistigen Wandel durch, den die westlich orientierten arabischen Diktaturen in ihrem Modernisierungseifer vernachlässigt, vielleicht sogar verhindert haben. Man könnte sich über diesen Lernprozeß freuen, wären die menschlichen, politischen und sozialen Opfer, die er das Land gekostet hat und noch immer kostet, nicht so immens und wäre zugleich die Möglichkeit eines Bürgerkriegs nicht so real – eines Bürgerkriegs im Sinn eines Kriegs gegen die eigenen Bürger.

Es gibt einen unabweislichen Grund, weshalb ein strikt theokratisches Staatsmodell in Iran nicht von Dauer sein kann: Den Herrschenden ist die Gesellschaft abhanden gekommen. Der Chomeinismus hatte Anfang der 1980er Jahre einen zwar nicht uneingeschränkten, aber starken Rückhalt in den Zentren der schiitischen Volksfrömmigkeit, also in den Klein- und Mittelstädten sowie im Basar und den ärmeren Vierteln der Großstädte. Der urbanen Mittel- und Oberschicht sowie weiten Teilen der Landbevölkerung, deren Religiosität ganz unterschiedlich und mitunter nur wenig ausgebildet ist, blieb Chomeinis Ideologie dagegen immer fremd. Mag man die erste Gruppe als verweltlicht, die zweite als traditionell bezeichnen – jedenfalls verbindet sie eine Haltung zur Religion, die in einem eminenten Sinne säkular ist: Der Islam ist in den Augen ihrer meisten Angehörigen Privatsache, nicht Richtschnur der Politik oder Quelle staatlichen Gesetzes. An der politischen Willensbildung in der Islamischen Republik ist die Landbevölkerung niemals, das Bürgertum nur anfangs beteiligt gewesen. Sie unterstützten das System nur vereinzelt, gefährdeten es jedoch auch kaum. Im Laufe der 90er Jahre kristallisierte sich allerdings immer deutlicher heraus, daß selbst jene Bevölkerungsschichten, auf deren Loyalität die Islamische Republik gründete, sich längst in Scharen von der eigenen politischen Elite abgewandt hatten. Wer in diesen Tagen auf die Straße geht, um für Freiheit zu demonstrieren, ist keiner gesellschaftlichen Herkunft mehr zuzuordnen. Es ist – das Volk.

Das Ancien Régime mag sich in den nächsten Tagen – oder sei es noch für einige Jahre – mit aller Gewalt einreden, es habe noch eine Chance. Tatsächlich hat es längst verloren. Es hat verloren, weil die Gesellschaft in ihrer Mehrheit die Bevormundung, die Indienstnahme der Religion, überhaupt jegliche ideologische Grundierung des öffentlichen Raums gedanklich bereits hinter sich gelassen hat. Die oben genannten Staatsführer, die zu Staatsfeinden wurden, reagieren auf diesen Wandel, sie haben ihn nicht initiiert. Weil man das im Westen nicht begriff, hat man die Revolution der Revolution, die schon vor der Wahl des reformorientierten Präsidenten Chatami begann, lange nicht wahrgenommen, nach den ersten Rückschlägen verabschiedet, mit dem Amtsantritt des Hardliners Ahmadineschad vergessen und nach der Niederschlagung der Proteste im vergangenen Juni für tot erklärt. Die Veränderung einer Gesellschaft geschieht langsamer als die Abwahl einer Regierung oder die Revolution eines politischen Systems; dafür ist sie unumkehrbar.

Der Westen und der Osten haben ihre Erfahrungen mit einer real existierenden Ideologie gemacht. Iran hat 1979 als erster Staat der islamischen Welt das Experiment des Islamismus unternommen. Heute tragen die Iraner, in mancher Hinsicht stellvertretend für viele Gesellschaften des Nahen und Mittleren Ostens, das für lange Zeit womöglich letzte große Gefecht aus, um den Irrtum des vergangenen Jahrhunderts zu korrigieren: den Glauben an das Heil, das aus der politischen Heilslehre erwächst.

19

Triumph des Vulgärrationalismus

Die Empörung über Martin Mosebach und das Verbot der Beschneidung

Süddeutsche Zeitung, 30. Juni 2012

Mut ist in den öffentlichen Debatten zu einer Kategorie geworden, die das Gegenteil besagt. Wer die Ressentiments ausspricht, die ohnehin von den meisten gehegt werden, wer gegen Migranten, Hartz-IV-Empfänger, Flüchtlinge, Sinti und Roma, wahlweise den Islam oder den Staat Israel, vormals die Osteuropäer, neuerdings eher die Griechen und seit jeher gegen das europäische Projekt polemisiert, wer Pauschalurteile scheinbar empirisch mit zurechtfrisierten Statistiken belegt, dem Nationalismus zuarbeitet und ganze Bevölkerungsgruppen zur Bedrohung erklärt, der hat nicht nur beste Aussichten, von den beiden größten Medienkonzernen des Landes vermarktet und, obschon mit zwangskritischem Einschlag, auch vom öffentlich-rechtlichen Rundfunk prominent ins Bild gerückt zu werden. Wer all dies tut, dem sind nicht nur hohe Auflagen, überfüllte Lesungen, sprudelnde Tantiemen und die vielen lobenden Zuschriften sicher, die beinah schon rituell den Nörglern entgegengehalten werden, die mit der jeweiligen Sache akademisch befaßt sind. Nein, wer als Sprachrohr der Mehrheit gegen diese oder jene Minderheit hetzt, tut dies stets im Gestus eines Wagnisses. Selbst Thilo Sarrazin, der in aller Offenheit auf völkisches Gedankengut rekurriert, mochte der heutige Bundespräsident bei allem Widerspruch eines nicht absprechen: den Mut. Aber was ist daran mutig, etwas zu schreiben, wofür einem Geld, Ruhm und millionenfache Zustimmung sicher sind?

Am 18. Juni hat der Frankfurter Schriftsteller Martin Mosebach in der *Frankfurter Rundschau* und der *Berliner Zeitung* einen Beitrag über eine etwaige Strafbarkeit der Blasphemie publiziert, der in der veröffentlichten Meinung auf vollständige Ablehnung gestoßen ist. Viele der Gegenartikel weiteten die Schmähung auf das gesamte Werk Mosebachs aus und bemühten sich unter Herbeizitierung negativer Rezensionen, den Schriftsteller als solchen unmöglich zu machen. Ob Linksintellektuelle wie Ingo Schulze oder Sibylle Berg, ob rechtsstehende Foren wie *political incorrect* oder *achgut* – sie alle kritisieren Mosebach nicht nur, sondern sprechen ihm die publizistische Satisfaktionsfähigkeit ab.

Scrollt man dann im Internet die Leserkommentare unter den Artikeln herunter, die den angeblichen Provokateuren der politischen Korrektheit sonst zuverlässig Beistand leisten, steigert sich die Verurteilung Mosebachs rasch zur Beleidigung und zu regelrechten Haßtiraden. Daß aus den Kirchen keine Zustimmung kommt, wenn jemand auf den Schutz religiöser Gefühle abhebt, versteht sich beinah von selbst. Aber sogar die konservativen Verbände der Muslime schweigen, denen der Schriftsteller doch aus dem Herzen gesprochen haben müßte. Hier wäre das Attribut des Muts tatsächlich einmal angebracht: Für die religiös entleerte Öffentlichkeit scheint es kaum Blasphemischeres zu geben, als das Recht auf Blasphemie infrage zu stellen.

Nun fordert Mosebachs Beitrag tatsächlich zum Widerspruch auf. Das Mitgefühl mit empörten Muslimen, «die blasphemischen Künstlern – wenn wir es einmal so nennen wollen – einen gewaltigen Schrecken einjagen», ist schwer erträglich, wenn gleichzeitig in Deutschland ein Rapper nach Mordaufrufen iranischer Ajatollahs um sein Leben fürchtet. Die Vorstellung, daß die Beschränkung ihrer Freiheit der Kunst gerade förderlich sei, mag historisch zu belegen oder genieästhetischer Kitsch sein – daraus den Wunsch nach Unfreiheit abzuleiten, wäre nicht nur politisch fatal, sondern degradierte den ästhetischen Vorgang zu einem masochistischen Akt. Vor allem jedoch gibt es eine Reihe von guten und übrigens auch religiösen Gründen, warum Blasphemie keine Angelegenheit des Strafgesetzes sein sollte. Die Geschichte des Christentums oder die Gegenwart Irans führen anschaulich vor, daß diejenigen, die andere als Gotteslästerer verurteilen, sehr selten spirituell und sehr häufig politisch motiviert sind.

Aber fordert Mosebach überhaupt eine Verschärfung des Blasphemiegesetzes, wie es allerorten entsetzt heißt? Die entsprechenden Sätze seines Artikels sind durchweg im Konjunktiv formuliert – als eine Möglichkeit, ein Gedankenspiel. Im Kontrast zu dem Bild eines dumpfen Reaktionärs, das jetzt von ihm gezeichnet wird, ist Mosebach einer der ganz wenigen weltläufigen unter den deutschen Gegenwartsschriftstellern. Seine Beschreibungen fremder und gerade auch hierzulande gering geschätzter Kulturen suchen ihresgleichen in ihrer Einfühlsamkeit und dem Respekt vor dem Andersartigen. Mosebach ist viel zu erfahren, um angesichts der religionsfeindlichen Stimmung in der Gesellschaft, die er ausführlich genug beklagt, und der politischen Mehrheiten selbst innerhalb der Christdemokratie nicht zu wissen, daß ein Verbot der Blasphemie in Deutschland außerhalb jeder Praktikabilität liegt.

Der eigentliche Punkt seines Beitrags, der allerdings über der Ungehörigkeit, die Schmähung des Glaubens für problematisch zu halten, undiskutiert blieb, ist der Hinweis auf die Entwertung der Religionskritik dort, wo die Religion selbst als tendenziell wertlos oder sogar schädlich angesehen wird. Schließlich rechtfertigt Martin Mosebach moralisch wie ästhetisch jene Künstler, die aus einem wahrhaft inneren Antrieb, aufgrund einer ernsthaften Auseinandersetzung meinen, «den Glauben derjenigen, für die Gott anwesend ist», beleidigen zu müssen. Was ihn umtreibt, ist die «Blasphemie als lässige Attitüde oder als kalkulierte Spielerei».

Wer als Leser, Operngänger oder Theaterbesucher je den Kopf geschüttelt hat über die Unkenntnis, die Beliebigkeit und vor allem das marktwirtschaftliche Kalkül, mit dem das Heilige im Kunstbetrieb verächtlich gemacht wird, kann Mosebachs Zorn nicht nur verstehen – er wird ihm schon aus ästhetischen Gründen zustimmen. Es ist kein Zufall, daß auf dem Podium des Kulturwissenschaftlichen Instituts Essen, für das Mosebach seinen Beitrag verfaßt hatte, weitgehende Übereinstimmung ausgerechnet mit dem Philosophen Carl Hegemann herrschte; als langjähriger Chefdramaturg der Berliner Volksbühne und enger Weggefährte Christoph Schlingensiefs hat Hegemann oft genug Inszenierungen mitgeprägt, die im Verdacht des Gotteslästerlichen stan den. Und vielleicht darf ich an dieser Stelle daran erinnern, daß mir vor drei Jahren selbst vorgeworfen wurde, das Christentum geschmäht zu haben. Damals war Martin Mosebach der erste, der mich gegen den Vertreter seiner eigenen Kirche verteidigte.

Aber die frappante Verständnislosigkeit für alles, was sich aus anderen als diesseitigen Beweggründen herleitet, ist nicht nur ästhetisch verheerend, insofern sie etwa den Zugang zu weiten Teilen der menschlichen, damit auch abendländischen und noch modernen deutschen Kunst- und Literaturgeschichte verbarrikadiert. Die religiöse Unmusikalität, die in der Regel mit einer Unkenntnis der je eigenen Tradition einhergeht, wirft auch für den Zusammenhalt der Gesellschaft gravierende Probleme auf, solange Gott noch nicht allen Bürgern oder Bevölkerungsteilen gleichgültig ist. Denn was gerne Indifferenz genannt wird, ist es ja gerade nicht, sondern häufig höchst fundamentalistisch gegenüber denen, die die Welt nicht so indifferent sehen. Das Urteil des Kölner Landgerichts, das die Beschneidung von jüdischen und muslimischen Kindern verbietet, weil es diese ausschließlich für Körperverletzung hält, ist hierfür das jüngste Beispiel.

Natürlich: Wenn man die Wirklichkeit des Glaubens, der Tradition, der für heilig gehaltenen Schriften, des vorgeschichtlichen Rituals und des religiösen Gesetzes einmal außer Acht läßt, die Angelegenheit also rein vom Hier und Jetzt, mit der Ratio jenes Menschenverstandes betrachtet, der sich selbst für gesund hält und dabei auch die Geschichte des Antisemitismus nicht kennt, für die das Verbot der Beschneidung zentral ist, kann man, muß man vielleicht sogar in dem hochheiligen Akt nur eine Körperverletzung und einen unzulässigen Eingriff in die Autonomie eines Kindes sehen. Wenn ein Gottesgebot nicht mehr als Hokuspokus ist und jedweder Ritus sich an dem Anspruch des aktuell herrschenden Common Sense messen lassen muß, wird die Anmaßung eines deutschen Landgerichts erklärbar, mal eben so im Handstreich viertausend Jahre Religionsgeschichte für obsolet zu erklären. In einer solchen Logik ist auch die Blasphemie etwa so schlimm wie die Beschimpfung einer Wand. Aufklärung ist etwas anderes. Aufklärung, wie sie gerade auch die deutsche Philosophie gelehrt hat, würde heißen, die eigene Weltanschauung zu relativieren und also im eigenen Handeln und Reden immer in Rechnung zu stellen, daß andere die Welt ganz anders sehen: Ich mag an keinen Gott glauben, aber ich nehme Rücksicht darauf, daß andere es tun; uns fehlen die Möglichkeiten, letztgültig zu beurteilen, wer im Recht ist. Aufklärung ist nicht nur die Herrschaft der Vernunft, sondern zugleich das Einsehen in deren Begrenztheit.

Der Vulgärrationalismus hingegen, der sich im Urteil des Kölner Landgerichts ausdrückt, setzt den eigenen, also heutigen Verstand absolut. Von dort ist es bekanntlich nicht weit zum Biologismus, der eine rein naturwissenschaftliche Betrachtung der Schöpfung auf die Gesellschaftsanalyse überträgt. Es fällt auf, daß die gleichen rechtsgerichteten Foren, die gegen Martin Mosebach wüten, Thilo Sarrazin am vehementesten unterstützten. Aber auch von jenen Linksintellektuellen, die öffentlich gegen ihren Kollegen Stellung beziehen, ist nicht bekannt, daß sie sich so prompt auch über *Deutschland schafft sich ab* erregt hätten. Es hätte allerdings auch Mut erfordert, sich mit den Medienkonzernen anzulegen, von denen man als Schriftsteller abhängig ist.

20

Fürs gute Gewissen ist es zu spät

Der Bürgerkrieg in Syrien

Süddeutsche Zeitung, 28. Juni 2013

Laut dröhnt das Schweigen, mit dem weltweit die Menschen des Wortes, die Literaten und Gelehrten, auf den Krieg in Syrien reagieren. Der Strudel an Brutalität, Verelendung, Vertreibung und konfessionellem Schisma, in den der Aufstand der Syrer geraten ist, findet Beachtung allenfalls noch in der außenpolitischen Berichterstattung. Es ist zum Verrücktwerden: Unter maßgeblicher Beteiligung ausländischer Staaten eskaliert ein Konflikt, der nicht nur ein Land, eine selten vielgestaltige Gesellschaft, Prachtstätten uralter Zivilisation, sondern die gesamte, strategisch hochbedeutsame Region noch Jahre und Jahrzehnte mit Gewalt, Terrorismus, Massenflucht, Rechtlosigkeit und ethnischen oder konfessionellen Säuberungen überziehen könnte – und die stets heißlaufende Gesprächsmaschine unseres literarischen Lebens widmet der Katastrophe nicht einmal eine Podiumsdiskussion.

Dabei droht schon nicht mehr nur das libanesische oder afghanische Szenario, also ein Bürgerkrieg zwischen immerhin einigermaßen klar umrissenen Parteien, die sich nur genügend entkräften müssen, um in einen Friedensprozeß einzuschwenken. Was Syrien droht, ist – wie es der Sondergesandte der Vereinten Nationen, Lakhdar Brahimi, prophezeite –, was Syrien droht, ist seine Somalisierung. Nur daß der Alptraum einer dauerhaft rechtsfreien Zone, die von Waffen, mafiösen Kartellen, staatsnahen Todesschwadronen und religiösen Extremisten starrt, sich nicht im Jenseits globaler Wahrnehmung und Interessen abspielen wird, wo allenfalls einige Kriegsschiffe hingeschickt werden müßten, um vorbeiziehende Handelsschiffe vor Piraten zu schützen.

Nein, dieser Alptraum findet bereits jetzt in unmittelbarer Nachbarschaft Europas, Israels und mehrerer arabischer Staaten statt, die selbst schon labil genug sind. Wer sich nicht für das Schicksal der Syrer interessiert, sollte auf die Landkarte schauen, um sich wenigstens um die eigene Sicherheit und Stabilität zu sorgen.

Ja, der Konflikt ist kompliziert geworden. Gab es anfangs sehr wohl Optionen, die demokratische Opposition zu unterstützen, aber keinerlei Bereitschaft im Westen, sich ernsthaft im syrischen Konflikt zu engagieren, so ist die Bereitschaft inzwischen zwar in einigen Hauptstädten vorhanden, indes die Optionen sind es nicht mehr. Jetzt noch Maschinengewehre und Schutzwesten zu liefern, da sich, wie vielfach vorausgesehen, unter die Rebellen immer mehr Glaubenskrieger mischen, oft aus dem Ausland, wird die Ungleichheit der Waffenarsenale nicht aufheben, sondern im besten – oder schlimmeren? – Fall den Krieg nur weiter in die Länge ziehen. Die Regierungssoldaten haben jüngst zu viele Siege errungen, die Dschihadisten unter der Zivilbevölkerung zu viel Schrecken verbreitet, als daß das Regime noch immer fürchten müßte, vor lauter Desertionen zu kollabieren. Zugleich sinkt mit ihrer Radikalisierung und gleichzeitigen Zersplitterung die Bereitschaft, ja überhaupt Befähigung der Rebellen zu einem Kompromiß, zu einer letztlich notwendigen Verständigung mit Vertretern des Staates. Auf dem Gefechtsfeld zerrieben wird eine Bevölkerung, die 2011 den Repressionen viele Wochen lang mit einem wirklich schon heroischen Massenprotest trotzte, friedlich, phantasievoll und übrigens dezidiert säkular – und nun für ihren Freiheitsdrang mit der Verwüstung ihrer Städte bestraft wird.

Was also wäre zu tun? Der Leser wird hoffentlich keine bündige Antwort erwarten. Es gibt keine guten, guten Gewissens vertretbaren Optionen mehr. Fürs gute Gewissen ist es zu spät. Egal, was der Westen jetzt noch tun könnte, um die Entwicklung in Syrien zu beeinflussen – es wird unzulänglich sein und schwerwiegende Risiken bergen. Nur: Unter allen falschen Optionen ist das Nichtstun, für das sich Europa wieder entschieden hat, beinah die gefährlichste. Denn Nichtstun bedeutet, andere tun zu lassen. Während Rußland, Iran und die Hisbollah die

Diktatur am Leben erhalten, befeuern Saudi-Arabien und Katar nach Kräften den Konfessionskrieg zwischen Sunniten und Schiiten. Einzig hinter der Demokratie steht keine äußere Macht. Schlimmer noch: Natürlicherweise wird die Unterstützung, die die radikalen Islamisten aus den Golfstaaten erhalten, von den Syrern als westliche Unterstützung wahrgenommen. Schließlich hat der Westen in der Region keine engeren Verbündeten als Saudi-Arabien und Katar. Und die Kritik an den Paten Assads wäre erheblich glaubwürdiger – und eine Friedenskonferenz ungleich aussichtsreicher –, wenn der Westen endlich auch die Paten des Dschihads anginge. Aber das geht offenbar aus strategischen Gründen nicht. Denn tatsächlich wird im Nahen Osten der alte Ost-West-Konflikt als Schisma zwischen Schia und Sunna neuinszeniert. Daß neben Rußland ausgerechnet die iranische Theokratie als Schutzmacht des laizistischen Assad-Regimes auftritt, während Amerika in Syrien, aber auch in Ägypten und anderen Ländern des arabischen Frühlings auf islamistische Kräfte setzt, unterstreicht die Austauschbarkeit der ideologischen Motive.

Syrien braucht nicht mehr, es braucht weniger Waffen. Statt sich selbst an der Aufrüstung zu beteiligen, sollte der Westen sein Gewicht besser dafür in die Waagschale werfen, daß die Militärhilfen gestoppt werden und die ausländischen Staaten ihre Stellvertreter auf einen Waffenstillstand einschwören. Daß die Androhung von Waffenlieferungen Druck erzeugen kann, um eine Abrüstung herbeizuführen, lehrt die politische Erfahrung und zeigt aktuell das Einlenken Rußlands, das nun immerhin die Forderung nach einer Übergangsregierung akzeptiert. Daß Drohungen allerdings nur dann funktionieren, wenn sie auch wahr gemacht werden könnten, gehört zu den Unzulänglichkeiten und schwerwiegenden Risiken, die jedwede Syrienpolitik heute mit sich bringt.

Noch ist der Aufstand nicht vollends in einen Bürgerkrieg umgeschlagen, bei dem hier die Mehrheitsbevölkerung der Sunniten stünde und dort die Alawiten die übrigen Minderheiten wie die Christen oder Drusen hinter sich scharten. Daß die Führer der beiden wichtigsten Oppositionsgruppen Christen sind, Georges Sabra und Georges Kilo, zeigt allein schon, daß die Bruchlinien noch nicht scharf zwischen den Konfessionen verlaufen. Wahr ist allerdings auch, daß auf beiden Seiten der Front Extremisten den religiösen Haß befördern. Das Regime bezieht seine Legitimation aus dem Radikalismus seiner Gegner, den es deshalb systematisch schürt, etwa indem es alawitische Milizen einsetzt, um gezielt sunnitische Dorfbewohner zu massakrieren. Umgekehrt greifen die Dschihadisten bewußt Angehörige der religiösen Minderheiten an, damit der Aufstand endgültig in den Glaubenskrieg umschlägt, dem sie ihre Existenz verdanken. Daß die syrischen Kirchen sich in dieser Lage nicht neutral verhalten, sondern seit Beginn der Proteste Stellung für Assad beziehen, dabei die Massaker und Luftangriffe im wahrsten Sinne des Wortes totschweigen, hat die extrem fragile Situation der Christen noch befördert, die längst nicht so einhellig im Regierungslager stehen wie häufig behauptet.

Unter allen Städten des Orients waren Damaskus und Aleppo vielleicht die leuchtendsten, jeden Besucher verzaubernden Beispiele für die Möglichkeit einer friedlichen Koexistenz unterschiedlicher Ethnien, Sprachen und Religionen. Europa, das seine ursprüngliche Vielfalt im zwanzigsten Jahrhundert mit Konzentrationslagern und ethnischen Säuberungen weitgehend ausgelöscht hat, Europa hat keinen Grund, sich als Oberlehrer der Toleranz zu gebärden. Aber es könnte mit seinen Erfahrungen dazu beitragen, daß andere Gesellschaften nicht denselben Irrweg gehen. Wer, wenn nicht die Menschen des Wortes wären verpflichtet, an die Verantwortung zu erinnern, die Europa damit auch für Syrien trägt?

21

Abschied vom Orient

Der Vormarsch des «Islamischen Staats» auf Bagdad

Die Zeit, 26. Juni 2014

Seit einem Vierteljahrhundert, mehr als die Hälfte meines Lebens, bereise ich den Nahen und Mittleren Osten, habe außer in Isfahan auch in Kairo und in Beirut gewohnt. Nicht ein einziges Mal hatte ich aufgrund der Zugehörigkeit zum schiitischen Islam, auf die Sunniten wegen meiner iranischen Herkunft schließen, irgendeine Schwierigkeit, wurde beleidigt, gemieden, schief angesehen. Daß ein Dörfler oder Handwerker mal fragt, ob Schiiten Mohammed als Propheten anerkennen oder seinen Schwiegersohn, den Imam Ali, wirklich als Gott verehren – das schon. Aber es hatte niemals einen feindseligen, aggressiven Ton, es war gerade auf dem Land mehr die Verwunderung, einen leibhaftigen Schiiten vor sich zu haben, der ihnen als Sunniten offenbar freundlich zugetan ist, sich jedenfalls für sie interessiert und dessen Glauben sich nicht wesentlich von ihrem unterscheidet: Bleiben Sie doch zum Tee.

Überhaupt habe ich mich, als ich 1989 zum ersten Mal mit dem Rucksack durch Syrien reiste, auch deshalb in die arabische Welt verliebt, weil sie mir toleranter, gastfreundlicher, dem Fremden, dem anderen, selbst schrägsten Vögeln gegenüber ungleich offener vorkam als Europa und zumal als das damalige Deutschland, das Millionen Einwanderern zum Trotz von Integration noch nichts gehört zu haben schien. In der Provinz, in der ich aufwuchs – wohlgemerkt gern aufwuchs, ich fühlte mich kaum je diskriminiert –, war ich weit und breit der Einzige, der nicht wie alle anderen aussah, und eine gewöhnliche deutsche Kneipe war für einen wie mich eine verschlossene Burg, bis hin zum Eichendekor und zu den Hirschgeweihen abweisend homogen.

Dagegen erschien mir jedes arabische Teehaus wie ein herrlicher melting pot, die niemals aufeinander abgestimmte Einrichtung aus allen Erdteilen und Jahrhunderten, aber wie bunt erst die Gäste, die so vielen unterschiedlichen Schichten, Ethnien, Religionen, sexuellen Orientierungen zugehörten, obwohl sie alle im selben Viertel wohnten. Mochte sie mir selbst gar nicht so wichtig sein, breitete ich meine iranische Herkunft, meinen deutschen Geburtsort, meine schiitische Zugehörigkeit und noch meinen Kölner Fußballverein schon deshalb gern aus, um den vielen Farben ein paar fremde Tupfer beizufügen. Den nächsten Tee bekam ich garantiert spendiert.

Das klingt wie ein Märchen, ich merke es selbst. Und, ja, natürlich habe ich als junger Student die arabische Welt so einseitig wie ein frisch Verliebter gesehen, habe die Brüche und Widersprüche idealisiert, die schon damals grassierende Not als Einfachheit verklärt, die politische Diktatur gerade in Syrien nicht ignoriert, aber mich an der Romantik echten Widerstands berauscht und mit dem allgegenwärtigen Geheimdienst tatsächlich Versteck zu spielen geglaubt. Allein, nicht nur mir ging es so; die deutschen Freunde, mit denen ich die arabischen Länder bereiste oder in Ägypten studierte, Annette und Henriette, Michi und Andreas, fühlten sich ebenfalls wie Fische im Wasser, wenn wir nachts durch die Altstädte streiften und von einer Schwulenbar in ein spirituelles Tanzritual stolperten, hier zum Gebet, dort zum Schnaps und auch mal zum Schnaps nach dem Gebet eingeladen wurden, im Morgengrauen den Muezzin mit der Tanzmusik wetteifern hörten und, endlich im Bett, von den Kirchenglocken geweckt wurden. Wenn wir etwas an den Arabern liebten, weil wir es aus Deutschland nicht so gut kannten, dann war es ihr Talent, Unterschiedliches unterschiedlich zu belassen, Widersprüche nicht auflösen zu müssen, Fragwürdiges nicht zu hinterfragen oder einfach den Klängen und Düften nicht nachzugehen, die aus dem Nebenhaus ins eigene Zimmer dringen. Es ist genau das, was in der arabischen Kulturgeschichte so hervorsticht, diese islamwissenschaftlich nicht zu erklärende Regelmäßigkeit, mit der innerhalb des Islams gegen den Islam verstoßen wird.

Der berühmteste, auch von klassischen Theologen vielfach zitierte

Dichter der arabischen Literaturgeschichte ist Abu Nuwas, dessen Gedichte außer dem Wein auch die Homosexualität und sogar den Satan selbst feiern, und die Tausendundein Nächte sind mindestens so sehr mit Sexszenen wie mit Koranversen gespickt. Daß ein orthodoxer Korankommentar stets verschiedene, einander widersprechende Deutungen eines Verses anbietet, um grundsätzlich damit zu schließen, daß Gott es besser wisse, sagt auch etwas über eine Kultur, die in der Eindeutigkeit, in der zu genauen Bestimmung eine menschliche Anmaßung, damit schon beinah so etwas wie Frevel sieht. Es gibt diese Welt, die wir als Studenten noch kennengelernt haben, nicht mehr. Sie ist spätestens mit dem Vormarsch des «Islamischen Staates im Irak und in Syrien» (ISIS) auf Bagdad, wo einst Harun al-Raschid und Scheherazade lebten und noch Ende der vierziger Jahre des vergangenen Jahrhunderts Juden die größte und intellektuell führende Bevölkerungsgruppe bildeten, zum Märchen geworden.

Was ist passiert? Wenn ich mir klarzuwerden versuche, was zu dem Bruderkrieg geführt hat, der den Vorderen Orient zu zerreißen droht, muß ich – nein, ich muß nicht bis zum Jahr 680 zurückgehen, als das Heer des Kalifen den Imam Hussein und 72 seiner Gefährten bei Kerbela im heutigen Irak massakrierte. Ebensowenig muß ich den Kolonialismus bemühen, zu dessen Herrschaftsmethoden es gehörte, die eine gegen die andere Bevölkerungsgruppe auszuspielen; das haben vor den Briten und Russen auch schon die anderen Fremdherrscher getan. Ein wichtigeres Datum ist der 16. Januar 1979, als eine schiitische Revolution den Schah von Persien aus dem Land jagte. Die Vereinigten Staaten, die mit dem Schah ihren wichtigsten Partner in der Region verloren hatten, rüsteten daraufhin die arabischen und damit sunnitischen Nachbarn des Iran auf, zunächst den irakischen Diktator Saddam Hussein, der ein gutes Jahr nach der Revolution Iran angriff, im weiteren Verlauf dann vor allem die Monarchien auf der gegenüberliegenden Seite des Persischen Golfes, in deren wahhabitischer Ideologie die Schiiten noch verächtlicher als gewöhnliche Ungläubige sind. Um den schiitischen Fundamentalismus einzudämmen, schloß Washington also ein Bündnis mit dessen sunnitischem Counterpart. Während der Revolutionsexport der Iraner kläglich scheiterte, weiteten die Wahhabiten ihren Einfluß bis an die Ränder der islamischen Welt aus, bis nach Zentralasien im Osten und Bosnien im Westen.

Schon Ende der achtziger Jahre sahen wir auf den Straßen Kairos die ersten Zeloten, die Männer mit der knöchellangen Dschallabija, dem weißen Käppchen auf den kurz geschorenen Haaren und dem brustlangen Bart, die Frauen mit dem noch ungewohnten und von Angesicht zu Angesicht irgendwie schockierenden Nikab, der vom Körper nur einen Schlitz für die Augen frei läßt. Man nannte sie Wahhabiten oder gleich Saudis, weil sie schon ihrem Aussehen und ihrer bemüht hocharabischen, altertümlichen Sprechweise nach so exotisch wie Besucher vom Mars wirkten. Aber das waren nur Einzelne, und wenn ich mit ihnen ins Gespräch kam, dann lernte ich manchmal junge Männer und gar nicht so schüchterne Frauen kennen, die sich fast immer auch sozial engagierten und ihre Uniform, so wirkte es auf mich jedenfalls, aus einem Rebellentum angelegt hatten, das von westlichen Jugendbewegungen gar nicht grundlegend verschieden war. Wie eine Mode würden sie ihre Uniform auch einmal ablegen, hofften wir noch.

Als bedrohlicher erlebten wir, daß praktisch keiner unserer arabischen Freunde irgendeine Aussicht hatte, jemals eine Familie zu gründen. Selbst wenn sie eine Anstellung finden würden, als Lehrer, als kleine Angestellte oder gar als Beamte, was unwahrscheinlich genug war, so würden sie sich keine eigene Wohnung leisten können, die Voraussetzung dafür war, um zu heiraten. Daß sich diese Perspektivlosigkeit irgendwann entladen würde, war allen klar: dieser psychische Druck, mit drei, vier auch schon erwachsenen Geschwistern immer noch in der elterlichen Wohnung zu leben, diese nicht zuletzt sexuelle Frustration, weil die immer beengteren Verhältnisse in den Vorstädten nicht mehr die libertären Nischen wie die traditionellen Altstädte boten. Nur wußte keiner, wann diese Entladung stattfinden würde und ob mit Gewalt. Die alten, wunderschönen Fin-de-Siècle-Häuser der Innenstädte verfielen, der öffentliche Raum verwahrloste. Indem das Niveau in den heillos überfüllten und unterfinanzierten Bildungseinrichtungen dramatisch sank, verkümmerten auch die intellektuellen Debatten. Oder war es umgekehrt? Schon 1989 schwärmten die

Älteren von früheren Zeiten, vom Beirut der sechziger, vom Kairo der fünfziger und vom Bagdad der vierziger Jahre, wie wir heute von der arabischen Welt unserer Studienzeit schwärmen.

In den Jahren danach schreckten uns in Ägypten die ersten Terroranschläge auf. Allerdings meinten wir, eben in der Gewalt den Niedergang des politischen Islams zu erkennen. Indem die Terroristen mit den Touristenzentren den Nerv der eigenen Wirtschaft trafen (und den Kernbestand der eigenen Kultur, nämlich die Gastfreundschaft, in Frage stellten), verloren sie den Rückhalt in der Bevölkerung. Verstecke wurden verraten, die Finanzierungswege boykottiert, die Polizei zerschlug in kurzer Zeit die gesamte Struktur der Terrorgruppen. Trotz der immensen Not, der korrupten Herrscher und der staatlichen Willkür gelang es den gewaltbereiten Gruppen nirgends, die Mehrheit oder auch nur einen signifikanten Anteil der darbenden, perspektivlosen Jugendlichen für sich zu gewinnen.

Überall in der islamischen Welt tendierte der politische Islam zur Mitte, verbürgerlichte sich, entsagte der Gewalt und eroberte die Institutionen: in der Türkei mit Erbakan und später mit Erdoğan, in Iran mit dem damaligen Präsidenten Chatami und der Reformbewegung, in Indonesien mit den großen gemäßigt islamischen Parteien und deren Reformprogramm, in Jordanien oder Marokko mit den Islamisten, die sich an der Regierung beteiligten, auf andere, unheilvolle Weise in Ägypten, wo eine prüde, geist- und humorlose Frömmigkeit den gesamten öffentlichen Diskurs überschwemmte, um den Staat gegen den Islamismus zu wappnen, dessen Aktivisten gleichzeitig in den Kerkern verrotteten. Die Führer der terroristischen Gruppen, von den Sicherheitsapparaten verfolgt, von der Bevölkerung isoliert, von der Erfolglosigkeit ihrer Strategie frustriert, fanden nach einigen Umwegen in Afghanistan Zuflucht, das mit saudischer, pakistanischer und amerikanischer Hilfe von den Taliban überrannt worden war. Die Massaker, die die Taliban dort an Tausenden von Hasara-Schiiten verübten, drangen noch nicht ins Bewußtsein der Weltöffentlichkeit. Um so bekannter ist seit dem 11. September 2001 der Rest der Geschichte.

Nicht nur für Amerika war diese Form der politischen Gewalt neu.

Bis dahin hatten die arabischen Terroristen ihre eigenen Regierungen angegriffen. Mit den Twin Towers aber zerstörten sie auf spektakuläre Weise das Symbol einer Zivilisation, einer Lebensweise. Die Ideologie des Dschihadismus war geboren, die komplementär zur Globalisierung nicht mehr in nationalen Kategorien denkt, sondern die gesamte Welt zum Schauplatz des Krieges von Glaube und Unglaube erklärt. Daß die Akteure dieser Ideologie selbst Kinder der Globalisierung sind, vom Geschäftsmann Bin Laden, der in Beirut dieselbe Schule wie Omar Sharif besuchte, bis zum ägyptischen Oberschichtarzt Sawahiri, vom FC-St.-Pauli-Fan Mohammed Atta bis hin zu den deutschen Konvertiten, die aus Syrien zurückkehren, macht sie so gefährlich: Sie wissen genau, wie sie dem Gegner den größten Schrecken einjagen, weil der Gegner ihre eigene Vergangenheit, ihre eigene säkulare Sozialisation ist. Die Videos von den geköpften Gefangenen, die auch jetzt wieder von den eroberten Gebieten im Irak aus ins Netz gestellt werden, sind nicht einfach barbarisch – sie sollen barbarisch sein, will sagen: Wir haben es nicht mit Wilden zu tun, sondern mit solchen, die sich, kühl kalkuliert, als Wilde gebärden.

Man weiß nicht, was aus dem Dschihadismus geworden wäre, wenn die Vereinigten Staaten nicht in den Irak-Krieg gezogen wären. Aber was man weiß: Der Krieg hat auf fürchterliche Weise die Vorhersagen derer bewahrheitet, die ihn abgelehnt hatten. Im Zentrum der arabischen Welt, nahe an Europa und noch näher an Israel, hat der Dschihadismus, der mit dem Sturz der Taliban seine Lager und Finanzierungsquellen in Afghanistan schon verloren hatte, ein riesiges, strategisch ungleich günstiger gelegenes, finanziell lukratives Aufmarschgebiet geschenkt bekommen – und mit Abu Ghraib und den amerikanischen Ölgeschäften neue Gründe, den Westen zu hassen, gratis dazu. Der Flächenbrand, vor dem so viele Staatsführer und praktisch alle Experten gewarnt haben, er findet genau jetzt statt. An dem Chaos und den Millionen Opfern gemessen, die sie gewollt oder ungewollt zu verantworten haben, gäbe es Gerechtigkeit in der Weltpolitik nur, wenn George W. Bush und Dick Cheney, Paul Wolfowitz und Tony Blair den Rest ihres Lebens hinter Gittern verbringen würden. In Guantánamo Bay sollen endlich ein paar Plätze frei geworden sein.

Doch zurück zur Geschichte, die zehn Jahre nach 9/11 eine Wendung nahm, die uns alle überraschte: die Revolution. Wie Münchhausen schienen sich die Araber, und gerade die jungen, perspektivlosen, auf mich immer wie abgehängt wirkenden Jugendlichen, am eigenen Schopf aus dem Sumpf zu ziehen. Der soziale und psychische Druck, der schon vor fünfundzwanzig Jahren offenkundig war, hatte sich in Kairo und Tunis, Manama und Sanaa als ein friedlicher, ideologiefreier, schichten-, konfessionen-, generationen- und geschlechterübergreifender Aufstand entladen. Und sosehr die nachfolgenden Jahre enttäuschten, ist das letzte Wort über den Arabischen Frühling noch nicht gesprochen, lassen sich Revolutionen doch nicht nach drei, sondern eher nach dreißig Jahren bilanzieren. Immerhin haben sich gleichsam gottgegebene Ordnungen ein für alle Mal als veränderlich erwiesen und hat sich der Islamismus, wo immer er in Ämter gewählt wurde, in erstaunlichem Tempo selbst diskreditiert. Einige Länder, am ehesten Tunesien und nach einem diktatorischen Interregnum vielleicht auch Ägypten, können den weiteren Weg von der Befreiung zur Freiheit noch schaffen; andere sind allerdings bereits jetzt ins Bodenlose gestürzt.

In der westdeutschen Provinz, in der ich aufwuchs, gab es seit dem Zweiten Weltkrieg nur Deutsche und Kirchen. Wie gesagt, ich schreibe das nicht, weil ich mich dort diskriminiert gefühlt hätte. Ich möchte nur erklären, warum ich Bauklötze staunte, als ich Syrien 1989 mit dem Rucksack bereiste. Da gab es Araber, Alawiten, Drusen, Kurden, Tscherkessen, Türken, Armenier, Assyrer und Juden, es gab in allen Städten Moscheen, Kirchen und in Damaskus jahrhundertealte Synagogen. Ich möchte das damalige Syrien, das eine schlimme politische Diktatur war, nicht idealisieren, aber jeder, der die Region kennt, wird mir zustimmen, daß das Zusammenleben so vieler Volksgruppen, Sprachen und Religionen besser gelang und die verschiedenen Minderheiten mehr Ansehen und mehr Rechte genossen als in der übrigen arabischen Welt.

Wie tragisch ist es, daß ausgerechnet das Streben nach Freiheit ungewollt den Konfessionalismus entfesselt hat. Bereits 2012, als ich in Syrien über den Krieg berichtete, breitete ich meine schiitische Zugehörigkeit lieber nicht mehr in sunnitischen Gebieten aus, während meinem sunnitischen Fahrer der Schweiß auf die Stirn trat, wenn er auf einen Checkpoint der alawitischen Schabiha-Milizen zufuhr. Waren wir auf dem Land unterwegs, wo wir sowohl auf regierungstreue als auch auf aufständische Kämpfer treffen konnten, hing stets ein Kreuz an seinem Rückspiegel, um Neutralität zu signalisieren. Zwei Jahre später würde ich mich als Schiit nicht mehr ins aufständische Gebiet trauen und mein sunnitischer Fahrer auch mit einem Kreuz am Rückspiegel nicht mehr über Land fahren.

Wohl war den Menschen, die friedlich für Demokratie auf die Straßen gingen, die Fragilität ihrer so bunt gemischten Gesellschaft bewußt. Gerade weil das Assad-Regime mit einer einzelnen Volksgruppe identifiziert wurde, den Alawiten, achteten die Demonstranten überall in Syrien darauf, ihren Protest ohne Hinweis auf eine bestimmte Religion oder Ethnie zu formulieren. Vergeblich: Das Regime schickte wiederholt rein alawitische Milizen in sunnitische Dörfer und ließ seine Bomben gezielt auf sunnitische Wohngebiete regnen, um den Aufstand für Freiheit in einen Glaubenskrieg umschlagen zu lassen. Das Kalkül der Massaker war klar, und es ging auf: Assad schürte den Haß der sunnitischen Vorstädte und Landbevölkerung, um die Minderheiten und die städtische Mittel- und Oberschicht hinter sich zu scharen, die den radikalen Islam aus gutem Grund fürchten. Während die friedlichen Demonstranten und die säkulare Freie Armee vergeblich auf westliche Unterstützung oder wenigstens eine Flugverbotszone hofften, rüsteten Saudi-Arabien und Katar ihrerseits die Dschihadisten auf, die nach Syrien eindrangen. Das Land wurde zum Schauplatz des Stellvertreterkrieges zwischen dem Iran und den Golfstaaten, die wiederum mit Rußland respektive Amerika verbündet sind. So lebte der alte Ost-West-Konflikt im Nahen Osten entlang der Grenzen von Sunniten und Schiiten neu auf. Nur eine Verständigung zwischen Iran und den Vereinigten Staaten, deren Zerwürfnis die Spirale der konfessionellen Gewalt in Gang gesetzt hat, könnte die Region noch befrieden – sofern es für Frieden nicht längst zu spät geworden ist.

Wie im Dreißigjährigen Krieg, der mit einem konfessionellen Schisma begann, aber sich als ein Ringen einzelner Warlords verselbständigte, die in wechselnden Allianzen um Macht, Geld und Einfluß kämpften, sind auch im neuen Nahen Osten die Motive der Milizen und ihrer Geldgeber kaum noch zu durchschauen. Während der theokratische Iran hinter dem laizistischen Assad-Regime steht, befördert der säkulare Westen durch sein Bündnis mit Saudi-Arabien den sunnitischen Fundamentalismus. Zugleich hat Damaskus zu Beginn des Aufstandes selbst die ISIS-Führer aus dem Gefängnis entlassen. Wie zufällig drangen zur selben Zeit aus dem Irak dschihadistische Gruppen nach Syrien ein, die nicht etwa Stellungen der Regierung angriffen, sondern die Macht in den Gebieten an sich rissen, die von der Freien Armee und anderen oppositionellen Gruppen bereits erobert worden waren. Wie man heute weiß, kauft Assad ISIS sogar Öl ab, um den extremsten Teil der eigenen Opposition zu finanzieren.

Die Dschihadisten wären jedenfalls dumm – was sie offenkundig nicht sind –, wenn sie Damaskus angriffen, und wenn ich mich nicht wieder einmal täusche, werden sie mit ihren paar Tausend Kämpfern, die sie haben, unter ihnen zahlreiche Söldner, Überläufer, Kriminelle und wenig kampferprobte Konvertiten aus Europa, auch nicht Bagdad und schon gar nicht den schiitischen Süden des Irak angreifen, wo sie mit dem Widerstand der Schiiten rechnen müßten. Umgekehrt hat der schiitische Regierungschef Maliki mit keinem Wort angedeutet, daß er beabsichtige, die bereits verlorenen Städte zurückzuerobern. Wie in Syrien wird ISIS zunächst seine Herrschaft in den sunnitischen, von der Zentralregierung sich selbst überlassenen Gebieten etablieren. Nur sind das, genau genommen, keine sunnitischen Gebiete. Wie in Syrien leben oder lebten jedenfalls bis vor Kurzem auch im Westen und Norden des Irak die Menschen unterschiedlicher Herkunft und Religion Tür an Tür. Die homogenen Stadtviertel, Städte und bald wohl auch Provinzen gibt es erst seit dem Irak-Krieg, der die Macht einer praktisch rein schiitischen Regierung bescherte. Wie Deutschland nach dem Dreißigjährigen Krieg und Europa nach dem Zweiten Weltkrieg wird auch der künftige Orient weitgehend in konfessionell und ethnisch homogene Gebiete aufgeteilt sein. Ob es sich dann noch lohnt, in Teehäuser zu gehen, weiß ich gerade auch nicht.

22

Stoppt den «Islamischen Staat»!

Der drohende Genozid an Christen, Jesiden und anderen Volksgruppen im Irak

Frankfurter Rundschau, Berliner Zeitung, Kölner Stadtanzeiger, Mitteldeutsche Zeitung, 15. August 2014

Daß die Weltgemeinschaft – nein, nicht nur die Amerikaner – den drohenden Genozid an Christen, Jesiden und anderen religiösen Minderheiten verhindern muß, scheint sich in diesen Tagen als ein zivilisatorischer Konsens herauszukristallisieren. Sowohl die amerikanische als auch die iranische Regierung liefern Waffen an die Kurden, die sich gegen den «Islamischen Staat» (IS) stemmen, und die Erzfeinde unterstützen auch gemeinsam den designierten Premierminister Haider al-Abadi bei seinem Versuch, in Bagdad endlich eine überkonfessionelle Regierung zu bilden. Die europäische Außenpolitik hat sich überraschend umstandslos aus den Fesseln ihrer notorischen Uneinigkeit befreit, indem sie sich selbst für bedeutungslos erklärte und den nationalen Regierungen freie Hand gab, einzugreifen oder nicht oder nur ein bißchen. In Deutschland sind sich grundverschiedene Politiker wie Gregor Gysi, Cem Özdemir und Elmar Brok einig, daß die Gegner des «Islamischen Staates» militärische Unterstützung benötigen, wohlgemerkt auch aus Deutschland. Dabei waren ausgerechnet die Grünen, die mit der Friedensbewegung entstanden sind, die erste Partei, die die amerikanischen Luftanschläge auf Stellungen des IS ausdrücklich begrüßte – und zwar mit dem bemerkenswert selbstreflexiven Hinweis, daß man Terroristen nicht auf Yogamatten und in Gesprächsrunden besiegen könne, sondern «so, wie es die Amerikaner machen». Es gibt Gründe, zu hoffen, daß die Weltgemeinschaft noch rechtzeitig genug eingreift, um humanitäre Korridore für die Flüchtlinge zu schaffen und den Fall der kurdischen Städte wie Erbil, die zu Zufluchtsstätten der verfolgten Minderheiten geworden sind, zu verhindern. Aber reicht das?

Nein, das kann nur der Anfang sein. Mit amerikanischen Luftangriffen und Waffenlieferungen an die Kurden wird man die Offensive des IS bremsen, womöglich aufhalten können – eine Millionenstadt wie Mossul wird man damit nicht befreien. Weder die künftige Regierung im Irak noch die Weltgemeinschaft dürfen sich damit abfinden, daß eine Terrorgruppe von hoch geschätzt zwanzigtausend Mann ein Gebiet von der Größe der Bundesrepublik beherrscht, es ethnisch und religiös brutal säubert, auch die eigene verbliebene Bevölkerung tyrannisiert und demnächst, mit größeren Erfolgsaussichten als in Kurdistan, dauerhaft in die sunnitischen Gebiete im Norden des Libanon eindringt und mit Tripoli eine weitere Großstadt einnimmt. Dann würde von den Grenzen Irans bis an die Küste des Mittelmeers eine Pol-Pot-Version des Islams herrschen.

Daß zur Zeit die nationalstaatliche Ordnung des Nahen Ostens gesprengt wird, könnte, ja müßte Europa vielleicht noch hinnehmen – ist sie doch so willkürlich im 20. Jahrhundert entstanden, daß eine Neuordnung nicht zwingend schlechter sein muß. Für kein mitfühlendes Herz hinnehmbar ist, daß eine einzelne Terrorgruppe wie der IS das fragile und doch so wertvolle, zivilisatorisch so reiche Gebilde unterschiedlichster Ethnien, Religionen und Sprachen vernichtet, das sich am östlichen Mittelmeer über viele tausend Jahre relativ kontinuierlich herausgebildet hat. Der Kampf gegen einen solchen, sich islamisch begründenden Extremismus darf nicht von Amerika allein geführt werden oder von christlichen Ländern, die sich um ihre Glaubensgeschwister zu Recht sorgen. Dieser Kampf muß auch ein Kampf der islamischen Staaten sein, und zwar nicht nur deren Regierungen, sondern ihrer Theologen, ihrer Intellektuellen, der Muslime insgesamt. Ihre eigene Tradition ist es, die von den Dschihadisten zugunsten einer imaginierten, historisch, dogmatisch und vor allem menschlich völlig unhaltbaren Urgeschichte für obsolet erklärt wird.

Keine andere Weltreligion verdankt dem unmittelbaren Austausch mit den Theologen, Übersetzern, Philosophen, Literaten und Wissenschaftlern anderer Religionen und Völker mehr als der Islam, der in seiner formativen Zeit noch keineswegs die Mehrheitsreligion im Orient war. Seine geistige und kulturelle Blüte war niemals nur seine eigene, sondern die Blüte auch anderer, älterer Traditionen, die der Islam in seinen besten Zeiten absorbiert hat, statt sie zu verfemen. Speziell die arabische Welt hat schon den Exodus ihrer Juden nach der Gründung des Staates Israels kulturell nie kompensieren können. Würden nun auch die übrigen Minderheiten, allen voran die Christen, verschwinden oder ihre Existenz sich auf einzelne Enklaven beschränken, wäre der Orient zivilisatorisch so ausgedörrt wie die Wüste, aus der seine Propheten kamen. Was jetzt zu geschehen droht oder bereits geschieht, in diesen Tagen des Sommers 2014, kann in seinen Dimensionen und Auswirkungen für den Nahen Osten nur mit den Dimensionen und Auswirkungen verglichen werden, die der Erste Weltkrieg für Europa hatte – der noch größere, noch unheilvollere Folgekrieg nicht ausgeschlossen. Auch für Europa, das sich mit noch so hochgerüsteten Grenzregimen von seinen unmittelbaren Nachbarn nicht wird abschotten können, wären die Folgen spürbar, für jeden einzelnen Bürger, seinen Wohlstand, seine Sicherheit, seine Toleranz, für das Zusammenleben der unterschiedlichen Völker und Kulturen in den europäischen Städten.

Was also ist zu tun? Wer das jetzt schon genau zu wissen vorgibt, der schwindelt. Die Lage ist derart verworren, die einzelnen Konfliktherde sind schon so lange ineinander übergegangen, die Fronten so sehr ineinander verkeilt und die zurückliegenden, nicht mehr gutzumachenden Fehler nicht nur der amerikanischen Nahostpolitik derart massiv, daß man parallel zu der humanitären Hilfe und dem aktuellen, unumgänglichen Militäreinsatz erst einmal beginnen müßte, die verschiedenen Fäden zu entwirren, die sich zu einem biblischen Verhängnis verknotet haben. Das Stichwort einer KSZE, das Außenminister Frank-Walter Steinmeier in die Diskussion geworfen hat, deutet schon die Dimension an, in der der Nahe Osten allein noch befriedet werden könnte. Der Irak und mehr noch Syrien müssen überhaupt erst wieder

Staaten werden, die den Namen verdienen, sie müssen flächendeckend eine minimale Versorgung gewährleisten, wenigstens Ansätze von Rechtsstaatlichkeit erkennen lassen und nicht zuletzt in der Armee alle Konfessionen und Ethnien repräsentieren, um gegen fanatisierte, vielfach aus dem Ausland stammende Marodeure zu bestehen, die als Rächer einer einzelnen, unterdrückten Bevölkerungsgruppe auftreten.

Man wird Terroristen nicht mit Yogamatten unterm Arm besiegen. Aber wenn wenigstens diejenigen Staaten, die in den Konflikt direkt verwickelt sind, sich auf ihr gemeinsames Interesse an Stabilität besännen, wäre gegen zwanzigtausend noch so gnadenlose Kämpfer durchaus etwas auszurichten: die Vereinigten Staaten mit ihrem verheerenden Einmarsch in den Irak und ihrem leider ebenfalls falschen, weil verfrühten Abmarsch; Iran mit seiner schiitischen Klientelpolitik, die die sunnitische Bevölkerung ins Lager der Extremisten getrieben hat; die Golfstaaten mit ihrer milliardenschweren Unterstützung dschihadistischer Gruppierungen; die Türkei, die ihre südöstliche Grenze allzulange für den «Islamischen Staat» offenhielt; Syrien, das einen Krieg gegen den größeren Teil der eigenen Bevölkerung führt; Rußland, das zusammen mit Iran hinter dem menschenverachtenden Assad-Regime steht; und schließlich Europa, das nicht in der Lage ist, sein immenses ökonomisches, politisches und diplomatisches Potential sinnvoll in die Weltpolitik einzubringen.

Jetzt ist der Zeitpunkt gekommen, an dem selbst den verbohrtesten Regierungen dämmern sollte, daß auch ihre Interessen von dem Ungeheuer bedroht sind, das im Great Game des frühen einundzwanzigsten Jahrhunderts entstand. Das Spiel muß aufhören: Stoppt den «Islamischen Staat»!

23

Die europäische Idee versinkt

Das Mittelmeer als Massengrab

Frankfurter Allgemeine Zeitung, 22. April 2015

Im Herbst 2005 besuchte ich die spanische Enklave Ceuta an der marokkanischen Küste. In der Nacht zuvor hatten Hunderte Flüchtlinge versucht, die Grenzanlagen zu überwinden, die damals bereits an die ehemalige innerdeutsche Grenze erinnerten und seither noch verstärkt worden sind: zwei Stacheldrahtzäune, drei und sechs Meter hoch, dazwischen eine Straße, auf der die Jeeps der Guardia Civil patrouillierten, Wachttürme natürlich, Videokameras, Nachtsichtgeräte. Wenn fünfhundert Menschen mit selbstgebauten Leitern auf den Grenzzaun losstürmen, kommen fünfzig durch – das war das Kalkül. Ein paar verbluteten jedes Mal, bei jedem dieser Überfälle, die übrigen wurden mit Lkw in die Wüste zwischen Marokko und Algerien transportiert und wie Vieh von der offenen Ladefläche getrieben – bestenfalls mit ein paar Wasserkanistern im buchstäblichen Nichts.

Ich fuhr nicht direkt zum offiziellen Grenzübergang, an dem ich mit meinem deutschen Paß sofort durchgewinkt worden wäre. Ich ging zum Zaun und sah, was sich mir stärker eingeprägt hat als alle Nachrichten von Flüchtlingskatastrophen im Mittelmeer seither, von zweihundert oder vierhundert oder sechshundert Toten. Das sind nur Zahlen, wir sehen die Ertrunkenen ja nicht, wir kennen nicht ihre Geschichten. Deshalb vergessen wir diese Zahlen so schnell und mit ihnen die Versprechen der Europäischen Union, solche Katastrophen künftig verhindern zu wollen. Aber jetzt sah ich das Blut an den Grenzen Europas, das bis heute immer weiter tropfende Blut.

Vage erinnern wir uns noch an das Werbeplakat der Modefirma Benetton mit dem heillos überfüllten Schiff vor Bari, an die 911 Flüchtlinge, die am Strand von Boulouris gelandet sind, oder an das Totenschiff, das an die Küste von Lampedusa gezogen wurde: Alle Passagiere waren ertrunken.

Sie machten schon vor fünfzehn Jahren ähnliche Schlagzeilen wie diese Woche die Havarie des heillos überfüllten Fischerbootes 130 Kilometer vor der libyschen Küste, bei der nach bisherigen Schätzungen etwa neunhundert Flüchtlinge ertrunken sind. Die Ankündigungen sind seither immer dieselben: Schlepperbanden bekämpfen, die Seenotrettung ausbauen, Fluchtursachen beseitigen, das europäische Asylrecht vereinheitlichen. Geschehen ist: das Gegenteil. Die Opferzahlen steigen sogar von Jahr zu Jahr, so daß Experten inzwischen von mehreren Zehntausenden Flüchtlingen ausgehen, die in den letzten Jahren im Mittelmeer ertrunken sind. Vor unseren Urlaubsstränden liegt ein Massengrab.

Schlepper? Richtig, es sind zumeist skrupellose Verbrecher, wenn nicht Mörder, und man muß sie zur Rechenschaft ziehen; aber es wird sie geben, solange Menschen keine legale Möglichkeit haben, vor Elend, Unterdrückung und Tod zu fliehen.

Seenotrettung? Mit der Gründung der sogenannten Frontex-Agentur hat die Europäische Union dafür gesorgt, daß die Flüchtlingsboote immer längere, immer gefährlichere Routen in Kauf nehmen, um den europäischen Kriegsschiffen auszuweichen. Aus den zwölf Kilometern, die Spanien und Marokko an der schmalsten Stelle trennen, wird deshalb oft eine Odyssee von mehreren hundert Kilometern. Das einzige Programm, das effektiv Menschenleben gerettet hat, war die italienische Aktion Mare Nostrum, die am lautesten von Deutschland kritisiert und nach einem Jahr mangels EU-Finanzierung eingestellt worden ist.

Fluchtursachen? Europa ist nicht für alles Elend in der Welt verantwortlich, und ich führe hier nicht die Subventionen der EU an, die die Baumwoll- oder die Zuckerindustrie in Afrika zerstören, nicht die Zölle, mit denen wir afrikanische Erzeugnisse vom Markt ausschließen, nicht den Klimawandel, der nach Prognosen der Vereinten Nationen bis 2025 zwei Drittel des afrikanischen Ackerlandes verwüstet haben wird. Die Hauptursache für den aktuellen Anstieg der Flüchtlingszahlen ist der Zerfall der staatlichen Ordnung in Ländern Nordafrikas und des Nahen Ostens. Europa hat diesen Verfall nicht etwa aufgehalten, sondern selbst befördert, indem es über Jahrzehnte und noch inmitten der arabischen Aufstände skrupellose Tyrannen massiv unterstützte. Das Wort «Mittelmeerprozeß», das wie ein EU-Programm zur Rettung von Straßencafés oder zum Austausch mediterraner Kochrezepte klingt, bedeutete konkret die vertiefte Zusammenarbeit mit diesen Diktatoren, um Europa vor Flüchtlingen und Terroristen zu schützen, wie man in den Strategiepapieren der EU-Thinktanks nachlesen kann, Flüchtlinge und Terroristen in einem europäischen Atemzug.

Die heutigen Bürgerkriege und anarchischen Zustände in vielen arabischen Ländern sind nicht zu verstehen ohne die vorhergehenden Gewaltherrschaften, die zerrüttete Gesellschaften, wegbrechende Mittelschichten, himmelschreiende Armut, ein verfallenes Bildungswesen und religiösen Fanatismus hinterließen. Der Irak-Krieg, der zwar gegen den Widerstand einiger europäischer Staaten, aber von europäischen Flughäfen (und mit ausdrücklicher Zustimmung der heutigen Bundeskanzlerin) geführt wurde, hat in unmittelbarer Nachbarschaft Europas einen failed state geschaffen, der von koranschwingenden Massenmördern überrannt werden konnte. Als in Syrien friedliche Demonstranten für Demokratie auf die Straßen gingen, sah Europa tatenlos zu, wie das Assad-Regime eine rote Linie nach der anderen überschritt, bis das Land schließlich im erwartbaren Bürgerkrieg versank.

Am verheerendsten aber, moralisch wie strategisch, ist das Bündnis, das der Westen und damit auch Europa mit dem Hauptsponsor des militanten Islamismus eingegangen ist, mit Saudi-Arabien. Immerhin verteilt der «Islamische Staat» in allen Städten, die er erobert, vom ersten Tag an Schriften des saudischen Vordenkers Abdelwahhab. Nicht allein die Hunderttausende arabischer Christen, die aus dem Irak und Syrien fliehen mußten, aber sie besonders, sind unmittelbare Opfer dieser Ideologie des Hasses, die von Saudi-Arabien aus in die gesamte islamische Welt getragen wurde und wird. Fragt man, warum das Bündnis mit einem radikal-fundamentalistischen und diktatorischen Staat der Hauptpfeiler der westlichen und auch europäischen Nahost-Politik ist, muß man nur auf den gesunkenen Ölpreis schauen, der unsere Volkswirtschaft in Krisenzeiten zuverlässig wieder angekurbelt hat. Undankbar sind die Saudis immerhin nicht. Natürlich sind auch andere Staaten für das Massensterben im Mittelmeer verantwortlich. Aber ich wende mich als deutscher Schriftsteller und europäischer Bürger nun einmal an eine deutsche und europäische Öffentlichkeit. Also spreche ich über die deutsche und europäische Mitverantwortung, ohne deswegen zu übersehen, daß etwa Rußland oder Iran, die Türkei oder die Arabische Liga ebenfalls oder sogar mehr zu den syrischen, irakischen, libyschen und anderen Desastern beigetragen haben.

Ach ja – und die einheitliche europäische Flüchtlingspolitik, die immerhin den Vorwand lieferte, um 1993 das Asyl als ein originär deutsches Grundrecht in Deutschland aufzugeben? Es gibt keine Einheitlichkeit, und es wird sie, wenn man den Niedergang des europäischen Gedankens innerhalb der EU verfolgt, in Zukunft erst recht nicht geben. Einig sind sich die Mitgliedstaaten der Europäischen Union lediglich darin, daß man an keiner einzigen Außengrenze einen Asylantrag stellen kann. Solange die Tore Europas nicht wenigstens für die Verfolgten offenstehen und wir selbst diejenigen aussperren, die wir für unsere eigene Wirtschaft dringend bräuchten, wird das Blut weiter tropfen.

Seit ich 2005 am Grenzzaun von Ceuta stand, habe ich Reportagen über die Flüchtlinge geschrieben, habe Vorträge gehalten und mich wie zahllose Mitbürger in meiner eigenen Stadt für eine menschlichere Politik engagiert. Ich habe auch mit vielen Politikern gesprochen. Nein, sie kamen mir nicht seelenlos vor. Jedenfalls die, die ich kennenlernte, schienen nicht nur zu wissen, sondern mit dem Herzen zu fühlen, daß sich Europa im Mittelmeer eines der großen Verbrechen unserer Zeit schuldig macht. Aber wenn ich dann fragte, warum Europa zwar vieles ankündigt, aber im Grunde nichts ändert, bekam ich immer eine Antwort: Noch mehr Flüchtlinge würden den Rechtsextremen noch mehr Zulauf bescheren. Dann würde Le Pen in Frankreich nicht fünfundzwanzig, sondern vierzig Prozent der Wähler für sich gewinnen, und

Pegida in Dresden nicht fünfundzwanzigtausend, sondern hunderttausend Menschen mobilisieren.

Ich konnte das Argument, ehrlich gesagt, nicht ganz von der Hand weisen. Aber wenn ich jetzt auf die vergangenen zehn Jahre blicke, hat sich doch etwas verändert: das öffentliche Bewußtsein. Ich kann das stellvertretend für Köln sagen: Wo immer ein Flüchtlingsheim errichtet wird, bildet sich sofort eine Bürgerinitiative – nicht etwa gegen, sondern für die Flüchtlinge! Aus anderen Städten höre ich ähnliches. Richtig, die Ausländerfeinde haben an Zulauf und vor allem an Aufmerksamkeit gewonnen. Aber noch viel mehr sind diejenigen geworden, die nicht mehr ertragen, daß Tag für Tag Flüchtlinge ertrinken, verdursten oder verbluten, interniert, geschlagen oder beleidigt werden, nur weil sie von ihrem Menschenrecht auf ein würdiges Leben Gebrauch gemacht haben. Ja, inzwischen glaube ich, daß die Politiker nicht mehr recht haben und eine Mehrheit der Bevölkerung durchaus bereit wäre, auf etwas Wohlstand zu verzichten – sagen wir: einen Solidaritätsbeitrag zu leisten, wie wir es für die deutsche Einheit gern getan haben –, um die Flüchtlinge und mit ihnen die europäische Idee zu retten. Aber wir müßten dann auch auf die Straße kommen, wenn Pegida wieder marschiert, und den Zehntausenden eine Million entgegenstellen. Die Flüchtlinge brauchen Europa, und Europa braucht jetzt uns.

24

Auf Kosten unserer Kinder

Europa nach dem Brexit

Frankfurter Allgemeine Zeitung, 29. Juni 2016

Wer nach dem Krieg in Westdeutschland geboren wurde, hat immer mit Europa gelebt. Er kennt es nicht anders, als daß an den Institutionen, die dem Projekt der Aufklärung eine politische Gestalt gegeben haben, herumgemäkelt wurde, an der Montanunion, der Wirtschaftsgemeinschaft, dem Gerichtshof für Menschenrechte, dem Europäischen Parlament, der Brüsseler Bürokratie. Aber Europa war doch stets eine Wirklichkeit; es war nicht nur da, es verstetigte und erweiterte sich auch kontinuierlich. Ja, selbst das Ach! über Europa gehörte zu dieser Kontinuität.

Noch vor einem Jahr, während der Schulden- und vor der Flüchtlingskrise, war es allenfalls ein Phantasma irgendwie unappetitlicher Parteien, daß Europa scheitern könnte – Europa hier nicht im geographischen Sinne gemeint, die schiere physische Fortdauer schien durch die atomare Bedrohung durchaus nicht jederzeit und überall gesichert, sondern Europa als Willensgemeinschaft und politische Union, Europa mit seinen unantastbaren Grundrechten, offenen Grenzen, überstaatlichen Institutionen, dem gemeinsamen Markt und am wichtigsten mit einer Gerichtsbarkeit, die über dem nationalen Recht steht. Aber seit dem vergangenen Freitag beschleicht wohl nicht nur mich die Furcht, daß unsere Generation der heute Vierzig-, Fünfzig-, Sechzigjährigen das große, ja historisch kaum glaubliche Geschenk der europäischen Einigung verspielt und unseren Kindern einen Kontinent hinterläßt, auf dem der Nationalismus Urstände feiert.

Natürlich beruhigen Europas Politiker und machen Mut, das ist schließlich ihre Pflicht. Aber auch sie werden die tiefgreifende Legitimationskrise nicht ignorieren können, in die Europa durch das britische Votum geraten ist. Denn nun herrscht nicht mehr nur der vage Eindruck, nun hat jedenfalls ein europäisches Land bewiesen, daß die Mehrheit der Wähler Europa in der bestehenden Form ablehnt. Natürlich, anderen Nationen steht Europa traditionell näher; aber kann man sicher sein, daß ein Referendum in Frankreich, in Deutschland, in Italien nicht zum selben Ergebnis führen würde? Und solange man die Menschen nicht fragt, wird das stärkste – und womöglich sogar richtige – Argument der Europagegner die fehlende demokratische Legitimation der Europäischen Union sein. Tatsächlich hat sie an den Wahlurnen fast immer verloren, ob nun bei den Referenden zur Verfassung, den Volksabstimmungen zur EU-Zugehörigkeit in der Schweiz oder zuletzt in den Niederlanden zum Assoziierungsabkommen mit der Ukraine.

Vorausschauende Politiker können Umfragewerte durchaus ignorieren – weder das Grundgesetz noch die Römischen Verträge oder der Kniefall von Warschau wären seinerzeit in Volksabstimmungen gebilligt worden. Speziell die Bundesrepublik Deutschland verdankt Staatsmännern wie Theodor Heuss, Konrad Adenauer, Willy Brandt und Helmut Kohl, die sich über den Zeitgeist hinweggesetzt haben, ihre heutige demokratische Verfaßtheit, wirtschaftliche Blüte und politische Einheit. Aber wenn ihre Visionen nicht nachholend, in der pragmatischen, klugen Anwendung die mehrheitliche Zustimmung gewonnen hätten, wären weder die Westbindung noch die europäische Aussöhnung von Dauer gewesen.

Mit Europa ist das nicht gelungen, seit es mit der politischen Union Ernst machte. Fragt man nach den Gründen, muß man an den Anfang dieses Übergangs zurückgehen: das Scheitern der Verfassung, für die nicht geworben, für die nicht gekämpft, die nicht erklärt worden war und deren Ablehnung viele europäische Regierungschefs so unbeteiligt hinnahmen, daß man den Eindruck gewann, sie seien über den Ausgang der Referenden nicht einmal traurig – eine funktionsfähige Union hätte ihnen schließlich das Vetorecht genommen.

Indem die Verfassung zu einem bloßen Vertrag umgeschrieben und die wesentlichen politischen Teile aufgegeben wurden, richtete sich die Europäische Union in Strukturen ein, die ihrer Größe und Vielfalt nicht entsprechen. Anders gesagt: Weder ging der ökonomische mit dem politischen Einigungsprozeß einher noch die Erweiterung der Union mit ihrer Vertiefung. Die Spitzenposten der Europäischen Union wurden zunächst sogar bewußt mit Politikern der zweiten und dritten Reihe besetzt – Lady Ashton etc. –, damit sie den nationalen Führern nicht hineinreden. Bis heute sind die wichtigen Entscheidungen dem Europäischen Rat vorbehalten, dessen Mitglieder für den gesamten Kontinent Politik machen, aber nur ihre nationalen Wahlen gewinnen wollen.

So wie es in den Lissaboner Verträgen organisiert ist, konnte und kann die EU nicht zu einer konsistenten Außenpolitik gelangen, nicht zu einer schlüssigen Sicherheitsarchitektur oder einem Markt nicht nur mit gemeinsamen Kunden, sondern auch mit gemeinsamen Regeln und sozialen Standards, einer plausiblen Agrarpolitik und sachgerechten Subventionen. Statt dessen wurden und werden die Krisen, die der Schwächung Europas geschuldet sind, zum Argument genommen oder sogar bewußt befördert, um Europa weiter zu schwächen – ein Teufelskreis, in den die EU während der Flüchtlingskrise nicht zum ersten Mal geraten ist. Auch Deutschland wurde eine solidarische Flüchtlingspolitik schließlich erst dann zum Anliegen, als es selbst die Lasten zu tragen hatte. Und weil ein Kreis von achtundzwanzig Regierungschefs zwar allgemeine Petitionen abnicken kann, aber mit dem Einstimmigkeitsprinzip nicht ernsthaft handlungsfähig ist, wurden und werden die wesentlichen Entscheidungen über das Schicksal von über fünfhundert Millionen Menschen nicht einmal in den vorgesehenen, geschweige denn gewählten Institutionen getroffen, sondern fast immer in bilateralen Vorgesprächen weniger Regierungschefs. Über den Mangel an Vertrauen darf man sich deshalb kaum wundern, und Deutschland wird seine Vormacht nicht deshalb vorgeworfen, weil es so unbeliebt wäre – im Gegenteil! –, sondern weil etwa die Griechen während der Schuldenkrise tatsächlich den Eindruck gewinnen mußten, daß ihre Geschicke von einer Regierung bestimmt werden, die in Deutschland gewählt worden war – kein Wunder, daß es links wie rechts des politischen Spektrums zu nationalistischen Ausschlägen kam.

Wenn dann auch noch, wie in der Kampagne David Camerons, als praktisch einziges Argument für Europa der wirtschaftliche Nutzen angeführt wird, halten viele Menschen dagegen, daß sie diesen Nutzen nun einfach nicht in ihrem Alltag bemerken – vielleicht noch in London oder Frankfurt, aber kaum in den Midlands oder in Mecklenburg-Vorpommern und erst recht nicht im Süden Europas, wo die Jugendarbeitslosigkeit oft über fünfzig Prozent liegt. Es hilft dann auch nicht, dem entlassenen Industriearbeiter oder dem Rentner vorzurechnen, wieviel ärmer er ohne die EU dran wäre. Der entlassene Industriearbeiter oder der Rentner glaubt dann lieber dem Heilsversprechen von der Rückkehr zur Nation. Entsprechend wurde das Votum in Großbritannien als Entscheidung zwischen Herz und Verstand apostrophiert – und Europa dem Verstand zugeordnet, damit dem Denken in Nützlichkeitskategorien. Aber wer Europa auf den ökonomischen Vorteil reduziert, steht mit leeren Händen da, wenn die Bilanz nicht mehr stimmt.

Auf den Weg gebracht und ausgearbeitet war der Verfassungstext von einer Generation, welche die Abgründe des Nationalismus physisch durchlitten hatte oder zumindest, wie die Achtundsechziger, mit Blick auf den Zweiten Weltkrieg politisch sozialisiert worden war. Hingegen ausgeführt, öffentlich kommentiert und durch Desinteresse zum Scheitern gebracht wurde der Verfassungsprozeß von meiner Generation, die die Notwendigkeit Europas nicht mehr biographisch erfahren hat: Sie weiß die Vorzüge Brüssels größtenteils zu schätzen, sieht die Vorteile eines gemeinsamen Vorgehens in der globalisierten Welt, aber hat zu Europa ein instrumentelles Verhältnis. Auch während der Finanzkrise argumentierten Europas Politiker rein utilitaristisch, wie es einprägsam die Formel der Bundeskanzlerin ausdrückte: «Scheitert der Euro, dann scheitert Europa.» Aber ist der Euro wirklich das Fundament, auf dem Europa steht? Es mag sein, daß Aktien und Exporte einbrächen ohne die gemeinsame Währung. Aber glauben wir deshalb an Europa, weil uns der wirtschaftliche Nutzen überzeugt? War da nicht mehr? So was wie Freiheit, Emanzipation und Teilhabe aller Menschen am Gemeinwesen – gleich welchen Geschlechts, welcher Herkunft, Religion oder sexuellen Orientierung?

Als Schriftsteller bin ich regelmäßig zu Gast in Schulen, und ich spreche dann fast immer auch über Europa. Ich sage nicht, daß Europa den Schülern eine Lehrstelle oder einen coolen Job besorgt. Ich weise nicht darauf hin, wie angenehm es ist, ohne Paß zu reisen oder kein Geld wechseln zu müssen. Auf die handfesten Vorteile Europas kommen die Schüler alle von selbst, ohne sich von Europa zu viel zu versprechen, also die Lehrstelle oder den coolen Job. Ich rede auch nicht vom Frieden. Das wissen alle, daß Europa dem Kontinent Frieden beschert hat – aber niemand würde mir glauben, wenn ich wie der panisch gewordene britische Premier drohte, daß ohne Europa wieder Krieg herrscht. Ich erzähle nicht, wie es früher war, noch zu meiner Schulzeit, als meine Klassenkameraden beim Austausch mit der Partnerschule in Lothringen Schwierigkeiten hatten, eine französische Gastfamilie zu finden, weil die Großeltern keinen Deutschen im Haus haben wollten, während ich als Einwandererkind überall gern aufgenommen wurde. Daß sie in Frankreich ungern gesehen werden, erschiene jungen Deutschen von heute doch sehr theoretisch.

Nein, ich sage ihnen: Schaut euch um. Schaut, wo eure Eltern überall herkommen, wie verschieden ihr ausseht, was für unterschiedliche Namen ihr habt. Schaut in eure Nachbarschaft, schaut auf die Nationalmannschaft, schaut auf die Flüchtlinge (und wenn jemand empathisch ist gegenüber den Flüchtlingen, sind es heute die Schüler, das gibt mir jedesmal selbst Kraft): Überlegt mal, was wäre, wenn Deutschland sich wieder als Volksgemeinschaft verstünde. Oder Frankreich. Oder England. Würde das eure Realität abbilden, die Gesellschaft, in der ihr aufgewachsen seid? Überlegt mal, was ein Europa der Vaterländer bedeuten würde, von dem die Rechtspopulisten immer reden: Wie viele von euch gehörten dann nicht mehr dazu? Und was ist mit den Schulen, in denen Deutschland für die wenigsten Kinder ein Vaterland ist? Glaubt ihr im Ernst, man könnte die alle aussperren oder sie zu Bürgern zweiter Klasse degradieren? Oder die würden von selbst gehen, und wohin auch?

Und ich merke dann jedesmal, wie es in den Köpfen der Schüler tickt, wie sie sich umschauen, wie sie nachdenken, auch Fragen stellen oder Widerspruch anmelden, es präziser haben wollen. Es entsteht sofort ein Gespräch, zumal die kulturelle Vielfalt der heutigen westeuropäischen Gesellschaften nur der Anfang ist. Denn ich frage die Schüler auch, ob sie ernsthaft wollen, daß Homosexualität wieder diskriminiert wird und jemand ihnen vorschreibt, wen sie wann und wie zu lieben haben. Ob sie in der Schule ausschließlich deutsche Literatur lesen wollen, erklärt nur von Deutschen? Ob sie den Klimawandel für eine Erfindung halten, über die Einführung der Todesstrafe nachdächten oder die Gewaltenteilung abschaffen wollten? Was hat das mit Europa zu tun, fragen die Schüler dann zurück. Das hat sehr viel mit Europa zu tun, antworte ich: Schaut doch nur in die Programme der anti-europäischen Parteien, da geht es nicht nur um Islam und Ausländer, da geht es gegen genau die Gesellschaft, in der ihr aufwachst, gegen eure Lehrer, die liberal sind, gegen eure Bürgermeister, die sich für Flüchtlinge einsetzen, gegen den Klimaschutz, Minderheitenrechte, Gleichstellung und eure Lehrpläne, die deutsche Schuld nicht kleinreden, gegen euch, die ihr das heutige, ein endlich europäisches Deutschland seid.

Sicher, die Rechtspopulisten führen auch das Wort Freiheit im Mund, sprechen von Selbstbestimmung, verlangen Plebiszite. Aber sie meinen nicht das, was die Aufklärung meinte: daß Freiheit immer die Freiheit des Andersdenkenden, Andersgläubigen, Andersaussehenden, Andersliebenden bedeutet und nicht etwa die Willkür der Mehrheit. Sie halten nicht die Würde eines jeden Menschen für unantastbar, sondern nur die von manchen. Die Würde deines Klassenkameraden offenbar nicht, wenn sie ihn wegen seiner Hautfarbe nicht – wie der AfD-Vize Alexander Gauland – in der Nachbarschaft haben wollen, nicht einmal dann, wenn er für die Nationalmannschaft spielt.

Ich kann nicht behaupten, daß die Schüler nach meinem Besuch alle die Ode an die Freude singen. Eher ist es umgekehrt: Ich lerne von ihnen, daß man nicht den Krieg erlebt haben muß, um die Notwendigkeit Europas biographisch zu erleben. Die fünfundsiebzig Prozent der jungen Briten, die gegen den Brexit gestimmt haben – in Deutschland wären es eher achtzig oder neunzig Prozent –, sind eine Aufforderung an uns, die wir unseren Kindern das europäische Projekt hinterlassen werden oder eben nicht. Wir sollten nicht mehr auf die hören, die auch jetzt wieder gegen erhabene Reden polemisieren, weil sie selbst nur so klein denken wie David Cameron. Er wolle von «großen Visionen, Konventen und Verträgen nichts mehr hören», sagt der amtierende EU-Ratsvorsitzende Mark Rutte, der nur in Holland gewählt worden ist. Genau das haben wir nach der gescheiterten Verfassung und nach jeder weiteren Krise gehört: noch weniger Europa, und um Gottes Willen keine Visionen. Eben dieser Pragmatismus, der ausschließlich auf die eigene, nationale Wählerschaft schielt, hat Europa handlungsunfähig gemacht. Wer Europa noch weiter schwächen will, weil er Angst hat vor Europas Gegnern, betreibt deren Geschäft.

«Den Wohlstand, die Sicherheit und den Frieden, den wir heute hier genießen, haben wir denen zu verdanken, die vor siebzig Jahren die gemeinsamen Interessen über die eigenen stellten und sich auf ihre Gemeinsamkeiten anstatt auf ihre Unterschiede beriefen» – das sagt nicht der politisch wiederauferstandene Giscard d'Estaing, sondern postet meine siebzehnjährige und wirklich nicht sooo politische Tochter plötzlich auf Facebook. Ich traute meinen Augen kaum, als sie mir am Wochenende ihren Text zeigte, der häufiger geteilt worden sei als je ein Eintrag von ihr. Und die Kommentare unter ihrem Post sowie unzählige andere Internetseiten junger Leute aus ganz Europa, auf die meine Tochter mich anschließend führte, waren ebenfalls so beseelt von der europäischen Idee, wie es kein Älterer mehr zu formulieren wagt. «Das hier ist unsere Zukunft», schrieb meine Tochter weiter, «denn wir, die jungen Europäer, sind es die morgen mit den Konsequenzen der Entscheidungen von heute leben müssen und die deshalb dafür kämpfen müssen das zu bewahren womit wir großgeworden sind.» Ja, sagte ich, dann kämpft auch, und nicht nur im Netz – und vergeßt übrigens nicht die Kommas. Jedenfalls höre ich lieber auf die drei Viertel der jungen Briten als auf den Ratsvorsitzenden, der sich selbst nicht zu schade war, 2010 mit Rechtspopulisten zu paktieren, um an die Macht zu kommen.

Doch, Herr Rutte, was Europa jetzt braucht, ist eine Neugründung, ein gründlich durchdachtes, sorgfältig ausgearbeitetes Gebäude statt eines dauerhaften Provisoriums. Es braucht eine Verfassung, durch die seine Entscheidungen demokratisch legitimiert und transparent sind, es braucht ein Parlament, das den Namen verdient und so eine europäische Öffentlichkeit schafft, es braucht auf Dauer auch gesamteuropäische Parteien oder mindestens Parteienverbünde, die bei europäischen Wahlen tatsächlich gemeinsam antreten. Statt achtundzwanzig Kommissaren braucht es handlungsfähige Organe und statt Vetorechten klare Regeln für Vertragsverstöße. Es braucht eine Ökonomie, die nicht nur einen gemeinsamen Markt, sondern eine gemeinsame Politik hat, die Eingriffe in nationale Haushalte ermöglicht, aber auch gerechten Finanzausgleich und die Angleichung der Lebensverhältnisse vorsieht. Das wird speziell für Deutschland teuer, aber längst nicht so teuer wie die Schuldenpolitik. Europa braucht eine klare Definition und auch strikte Begrenzung dessen, was es leisten soll und was besser in den Ländern, den Regionen, den Städten entschieden wird. Es muß sich nicht um alles kümmern, aber um das Wenige muß es sich auch kümmern können. Es braucht ein Fundament, das für die nächste Generation tragfähig ist. Und dann laßt die Menschen abstimmen! Nicht jeder Brite, der für den Brexit gestimmt hat, ist ein Nationalist, und selbst diejenigen, die sich am Ende für den Verbleib in der EU entschieden, haben es oft mit der Faust in der Tasche getan, weil diesem Europa mit David Cameron der Opportunismus ins Gesicht geschrieben stand.

Hingegen eine demokratische, gerechte, effiziente und gerade nicht allmächtige Union würde allemal Mehrheiten gewinnen, nicht sofort und überall, aber in den Gründungsstaaten und einer genügend großen Reihe anderer Länder – selbst in Polen, wo seit Monaten Hunderttausende mit Europafahnen auf die Straße gehen, um für die Rettung ihrer Demokratie zu demonstrieren. Und die anderen Länder würden nach- und wieder dazukommen, sobald sie erkennen, wieviel eine gemeinsame Politik bringt. Es war die Anbindung an das europäische Projekt, die die Demokratie in Deutschland erstmals gelingen ließ; es war der Druck aus Europa, der entscheidend zum Sturz der Diktaturen im Süden des Kontinents beigetragen hat, in Spanien, in Portugal, in Griechenland; es war die Aussicht, zu Europa zu gehören, die später die osteuropäischen Staaten und in jüngster Zeit die Länder des Balkans angestiftet hat, demokratische Reformen einzuleiten. Europa kann auch in Zukunft eine Verheißung sein.

Ja, es kostet Zeit, der Europäischen Union eine neue, stabilere Grundlage zu geben, es bräuchte Ruhe dafür. Anderseits weiß man in Straßburg, Luxemburg und Brüssel inzwischen sehr genau, wie ein funktionierendes Europa aussehen müßte, schließlich hat man unter den Konstruktionsfehlern des Lissaboner Vertrags dort lange genug gelitten. Und wenn man sich beeilt, Europa einen neuen Gesellschaftsvertrag vorzulegen, könnte vielleicht sogar Großbritannien mitentscheiden, solange es Großbritannien noch gibt.

25

Was uns in dieser Lage möglich ist

Nach den Anschlägen in Ansbach, Würzburg und München

Frankfurter Allgemeine Zeitung, 2. August 2016

Es sind nicht die dramatischen Nachrichten allein, die in diesen Tagen beunruhigen, da man abends die Sondersendungen im Fernsehen anschaltet oder sich im Internet von Seite zu Seite klickt, weil die Zeitungen des nächsten Tages schon nicht mehr aktuell sein werden: die beispiellose Serie von Anschlägen seit Nizza, die nun auch Deutschland erfaßt hat und bis in Willkommensinitiativen hinein die Frage aufwirft, wie viele Terroristen unter den Flüchtlingen sind; der Putsch und Gegenputsch in der Türkei; gleichzeitig die Nominierung Donald Trumps als Präsidentschaftskandidat der Republikaner in den Vereinigten Staaten; kurz davor der Brexit. Es ist das vage Gefühl, daß diese Ereignisse und Entwicklungen zusammenhängen, ohne daß jemand schlüssig zu sagen wüßte, wie.

Einen unmittelbaren kausalen Zusammenhang wird es nicht geben oder nur im Internet, wo der Weltuntergang oder wahlweise das Ende der westlichen Zivilisation freilich jedes Jahr vorausgesagt wird. Zugleich ist allein die zeitliche Folge der *breaking news* zu dicht, um sie im Gemüt sauber zu trennen. Liest man dann morgens, was die Zeitungen auf den hinteren Seiten melden, wird einem erst recht bang: die Belagerung von Aleppo und der praktische Abbruch der Friedensverhandlungen in Genf durch die wiedererstarkte syrische Regierung; Putins Verschwörungsvorwürfe wegen der Dopingermittlungen und umgekehrt Obamas Verschwörungsvorwürfe wegen der E-Mail-Enthüllungen genau zum Parteitag der Demokraten; das anstehende Referendum gegen Flüchtlinge in Ungarn; die von der FPÖ erfolgreich angefochtene Präsidentschaftswahl in Österreich und der prognostizierte Sieg ihres Kandidaten Anton Hofer, wenn die Wahl wiederholt wird; davor in Deutschland wieder Landtagswahlen, bei denen die AfD den Beweis antreten dürfte, daß sie ungeachtet ihrer Selbstdemontage spektakuläre Wahlerfolge erzielt. Was, wenn sie einen charismatischen Führer hätte? Am Horizont, 2017, Marine Le Pen als mögliche Staatspräsidentin Frankreichs.

Man muß sich nur einen Augenblick zurücklehnen und daran erinnern, was alles vor einem Jahr noch für unvorstellbar gehalten wurde oder allenfalls eine sehr abstrakte Möglichkeit der Zukunft war, damit einem alles wie ein schlechter Traum vorkommt – von einer Million Flüchtlinge innerhalb weniger Monate über die Kölner Silvesternacht zum wahllosen Morden in deutschen Innenstädten, von der Wahlannullierung in Österreich über das möglich gewordene Ende der EU zu einem amerikanischen Präsidenten, der die Nato-Beistandsverpflichtung aufkündigt und zugleich mit Putin, Erdoğan und den europäischen Rechtspopulisten fraternisiert. Aber nein, es ist kein Traum, es ist die Wirklichkeit, und eher war die lange Periode der alternativlosen Eintracht traumhaft, die in Westeuropa seit dem Ende des Kalten Krieges herrschte, während in anderen Erdteilen die sozialen, politischen und auch religiösen Konflikte eskalierten.

Die Vereinigten Staaten haben bereits am 11. September 2001 erfahren, daß nicht einmal eine Raketenabwehr im All helfen würde, um sich vor den Fährnissen der Welt zu schützen. Und nicht nur dort, mehr noch in Israel läßt sich studieren, daß der Terror, wenn er anhält, Gesellschaften zu verändern vermag und die Politik radikalisiert. Entscheidend ist nicht seine Schlagkraft, die Zahl seiner Anhänger und deren ideologische Sattelfestigkeit. Entscheidend ist, daß der Terror jeden einzelnen treffen kann. Denn anders als die klassischen Formen der politischen Gewalt richten sich die Attentate der jüngsten Zeit gezielt gegen Zivilisten, braucht es keine ausführenden Organisationen mehr und changieren selbst die Motive im laufenden Newsticker: Psychopathen, Islamisten, jetzt in München wohl doch ein Rechtsradikaler, der Ausländer, Flüchtlinge, Muslime haßte, gleichwohl selbst diffus als Ausländer, Flüchtling, Muslim wahrgenommen wird.

Und diese Verunsicherung – oder schlicht die Angst, auf ein Konzert, zum Bahnhof oder auf eine politische Versammlung zu gehen, die Angst um die eigenen Kinder – bringt die Ereignisse dann doch in einen Zusammenhang, der kausal wird: Der Dschihadismus befördert den Rechtspopulismus, der seinerseits die Europäische Union schwächt; der Brexit freut Putin, dessen wachsendes Selbstbewußtsein sich in der Waffenhilfe für das syrische Regime ausdrückt, das mit seinen Luftangriffen die Menschen weiterhin in die Flucht treibt; der Autokratismus Erdoğans entfernt die Türkei immer weiter von Europa, was die Möglichkeiten einschränkt, die Flüchtlinge von Europa fernzuhalten; deren Integrationsprobleme werden zum Argument für die Europagegner. Selbst die Ukraine ist noch Teil dieses Komplexes, weil sie für den Westen zur quantité négligeable zu werden droht, schließlich machen es Flüchtlinge und Terroristen dringlicher, eine Lösung für Syrien zu finden, was nur mit Rußland geht. Um den armen Jemen, der in Tod und Chaos versinkt, kann sich gerade auch niemand kümmern, weil Saudi-Arabien durch die Verständigung des Westens mit Iran schon genügend verärgert ist; diese ist notwendig, um die nuklearen Ambitionen Teherans zu zügeln; das Atomabkommen wiederum wird mit jedem neuen Raketentest der iranischen Revolutionswächter zur Bürde für den Wahlkampf von Hillary Clinton, was Trump... und so weiter. Ach ja, in Afghanistan war auch noch irgend etwas.

Der Historiker Tobias Stone erinnert dieser Tage in seinem vieldiskutierten Blog daran, daß die verschiedenen Ereignisse und Entwicklungen, die zu den großen politischen Katastrophen der Neuzeit geführt haben, erst im Rückblick einen Zusammenhang ergaben, während die Zeitgenossen selbst jedesmal von der Eskalation überrascht waren, deren unmittelbarer Anlaß in keinem Verhältnis zu ihren Folgen stand – die Ermordung Franz Ferdinands in Sarajevo zu den siebzehn Millionen Toten des Ersten Weltkriegs. Daraufhin überlegt Stone, was ein solcher Franz-Ferdinand-Moment in nächster Zukunft sein könnte – und kommt zu Gedankenspielen, die beunruhigend plausibel sind, wenn man etwa einen Sieg Donald Trumps bei den amerikanischen Präsidentschaftswahlen oder weitere spektakuläre Terroranschläge in Europa annimmt. Allerdings breitet sich nicht jeder Schwelbrand zu einem Inferno aus, und die Beispiele aus der Historie, in denen eine gefährliche Gemengelage nicht zu einer Menschheitskatastrophe geführt, sondern sich auch wieder aufgelöst hat, dürften weitaus zahlreicher sein – man erinnert sich ihrer nur nicht so gut. Panik, die sich als unbegründet erweist, ist schließlich immer auch etwas peinlich.

Lege ich nur meine eigene Lebenszeit zugrunde, dann schien die Welt bereits Anfang der achtziger Jahre mit dem drohenden Atomkrieg kurz vor dem Ende zu stehen. Auch damals kamen unterschiedliche Entwicklungen zusammen, die allenfalls vage zusammenhingen, aber doch ein allgemeines Gefühl der Beklemmung erzeugten: die Islamische Revolution in Iran mitsamt der Demütigung Amerikas, der Einmarsch Rußlands in Afghanistan, die Katastrophe von Harrisburg, Waldsterben, das atomare Wettrüsten, Reagan, Thatcher und – ja, auch das, man glaubt es mehr als dreißig Jahre später kaum, welche Ängste die geistig-moralische Wende in meinem eigenen friedensbewegten Milieu hervorrief – und Helmut Kohl. Der Film *The Day After* über einen atomaren Einschlag schien uns so etwas wie eine magische Laterne zu sein, um in die nächste Zukunft zu blicken, in der Wirkung vergleichbar Houellebecqs Roman *Unterwerfung* – und heute ist der Film zu Recht vergessen, weil er nicht gut gemacht war und statt des Weltendes der Fall der Mauer geschah. Andererseits hat wohl auch die Sorge vor dem Atomkrieg, der Umweltzerstörung, dem Islamismus und so weiter ihren Anteil daran gehabt, daß die Achtziger mehr als glimpflich, nämlich so hoffnungsfroh endeten. Daß Hoffnungen auch wieder zerstört werden, ist die vielleicht stabilste Konstante der menschlichen Erfahrung und kein Grund, sie nicht jedesmal neu zu hegen.

Geschichte geschieht nicht, Geschichte wird gemacht. Um nur das Nächstliegende zu nehmen, das so undeutlich auch immer mit allem anderen zusammenhängt, denn wäre die Angst vor Terroranschlägen geringer, dann würden die Rechtspopulisten ... und so weiter: Es ist möglich, den «Islamischen Staat» zu besiegen und eine Friedensordnung für Syrien zu schaffen. Es ist für islamische Institutionen möglich, nicht bloß den Terror zu verurteilen, sondern sich kritisch mit dem

Wahhabismus auseinanderzusetzen, der die geistige Grundlage des IS bildet. Genauso ist es für westliche Staaten möglich, nicht ausgerechnet Saudi-Arabien als engsten Bündnispartner im Nahen Osten zu haben, das den Wahhabismus bis in die Moscheen von Molenbeek oder Bonn verbreitet. In Deutschland ist es möglich, Asylverfahren zu beschleunigen, damit junge Männer nicht über Monate und Jahre beschäftigungslos in provisorischen Unterkünften auf ihre Zukunft warten. Es ist möglich, den Erwerb von Schußwaffen zu erschweren und die mörderischsten Spiele im Internet unter Strafe zu stellen, sie damit auch gesellschaftlich zu ächten. Es ist möglich, die Europäische Union zu reformieren, damit sie wieder mehr Zustimmung erhält, und sei es in zwei Geschwindigkeiten. Es ist möglich, eine gemeinsame europäische Flüchtlingspolitik zu entwickeln, die Grenzen schützt, Lasten verteilt und den wirklich Bedürftigen Schutz gewährt, statt eine Auslese der physisch Stärkeren zu betreiben, also vorzugsweise jungen alleinstehenden Männern, weil diese die Gefahren und Strapazen der irregulären Routen am ehesten überstehen. Es ist möglich, den Klimawandel aufzuhalten, der sonst noch viel größere Flüchtlingsströme hervorrufen wird, wenn etwa ganze Länder im Meer versinken oder sich die Wüste in Schwarzafrika weiterhin so rasant ausbreitet.

Das alles sind Möglichkeiten, und es ist natürlich illusionär, zu hoffen, daß sie sich alle verwirklichen, und das auch noch gleichzeitig. Aber damit es nicht zum Schlimmsten kommt, muß nicht alles gut werden; einzelne Feuer zu löschen könnte genügen, damit sich der Schwelbrand nicht zum Inferno ausweitet. Wäre etwa der «Islamische Staat» mit seinen kaum mehr als dreißigtausend Kämpfern besiegt und wären seine Führer verurteilt, gäbe es weiterhin junge Männer in Europa, die anfällig sind für den Dschihadismus, aber es gäbe keine Siegergeschichte mehr, in die sie sich einreihen könnten. Verlierer büßen dramatisch an Attraktivität ein, wie Al-Qaida schmerzhaft erfahren hat, und Propagandavideos, Mittelsmänner, Geldquellen und Ausbildungslager in nächster Nähe Europas sind selbst für Einzeltäter wichtig, wie die Ermittlungen nach dem Ansbacher Selbstmordattentat ergaben. So einsam sind die Wölfe dann auch nicht.

Das ist kein Aufruf zur militärischen Intervention, auch nicht zu deutschen Luftschlägen, sondern dazu, endlich die weltpolitische Dringlichkeit einer Friedenslösung für Syrien und den Irak zu erkennen. In beiden Ländern müßte der Staat erst einmal wieder die Bevölkerung halbwegs vertreten, um den Terroristen wirksam zu begegnen. Das aber setzt voraus, daß sich die ausländischen Schutzmächte der verschiedenen Akteure ins Benehmen setzen. Schon unmittelbar nach dem Einmarsch des IS im Irak hatte Außenminister Steinmeier deshalb eine Art KSZE für den Nahen Osten vorgeschlagen. Zwei Jahre später läßt sich eine Lösung der verschiedenen Nahostkonflikte kaum in kleineren Dimensionen denken. Das klingt illusorisch? Mag sein. Aber niemand wird später verstehen, warum heute der Frieden nicht wenigstens versucht wurde. Klar ist allerdings auch, daß die Gegner des «Islamischen Staates» militärisch unterstützt werden müssen, solange der Krieg eben herrscht – und damit ist wohlgemerkt nicht die Armee Baschar al-Assads gemeint, die sich mit dem IS zwar zuletzt einige Gefechte geliefert hat, weitaus entschlossener hingegen die übrigen Rebellengruppen sowie die eigene, genauer: die sunnitische Bevölkerung angreift.

Was die jetzige, in Deutschland seit dem Krieg niemals dramatischer empfundene Lage immerhin bewirkt hat, ist die sich ausbreitende Erkenntnis, daß wir nicht isoliert von der übrigen Welt sind. In weiten Teilen des Nahen Ostens und Afrikas ist das Inferno schließlich längst eingetreten: Staatenzerfall, ethnische Säuberung, Massenmord, Anschläge, die Verpestung ganzer Landstriche, die wachsende Schere zwischen Arm und Reich und damit der Niedergang der Mittelschicht, die Perspektivlosigkeit einer gut ausgebildeten Jugend und vieles mehr. Auch Frankreich, Belgien und Großbritannien hatten der Terror und die sozialen Verwerfungen der Globalisierung längst erreicht, und in Israel und Palästina weiß die junge Generation schon nicht mehr, wie ein Leben in Sicherheit sich anfühlt. Warum sollte sich zufällig Deutschland wirtschaftlich und gesellschaftlich auf Dauer unbeschwert von den Zeitläufen entwickeln? Gleichwohl hat Deutschland aufgrund seiner intakten Rechtsstaatlichkeit und vergleichsweisen sozialen Ausgeglichenheit bessere Chancen als viele andere Länder, seine Liberalität zu bewahren. Mehr noch: Mit seinem gestiegenen Ansehen in der Welt und seiner ökonomischen Potenz hat es Möglichkeiten, auf die Zeitenläufe einzuwirken, wie geringfügig auch immer. Der deutsche Außenminister könnte seinen Vorschlag ruhig erneuern; auf höchster Ebene vorgetragen, von Europa unterstützt, würde man inzwischen vielleicht auf ihn hören.

Auch ohne den Islamischen Staat wird es weiterhin Anschläge geben. Daß der nihilistische Terror in der modernen Gesellschaft angelegt ist, läßt sich bereits bei Dostojewski nachlesen, und das Ende des industriellen Zeitalters mitsamt der Zersplitterung der Öffentlichkeit bringt noch einmal neue Pathologien hervor, die mörderisch werden können. Aber was den IS so brandgefährlich macht, ist, daß er den einzelnen in den Stand versetzt, Einfluß auf die Weltpolitik zu nehmen. Das unterscheidet den Dschihadismus eben von den Phantasmen, die sich rechtsradikale Mörder ausdenken, um ihren Vernichtungswillen in einen größeren Zusammenhang zu stellen, das macht ihn für Versager und labile Persönlichkeiten so viel anziehender, nicht nur in Europa. Welchem Staat, welcher Kultur, welcher Religion könnte man den Krieg erklären, wenn sich ein Haßtäter zum Retter des Abendlandes aufschwingt? Hingegen ist der Zusammenhang, den ein islamistischer Attentäter herstellt, sehr real: Er bezieht sich auf einen Staat, auf eine höchst effektive Propagandamaschine und mit dem Wahhabismus auf eine Ideologie, die mit oder ohne Gewaltaufruf weltweit in Moscheen gepredigt wird. Wenn er sich als Agent von 1,4 Milliarden Muslimen ausgibt, sind immer mehr Menschen, inzwischen auch Parteien und der mögliche nächste Präsident der Vereinigten Staaten bereit, ihm das zu glauben. Wer beim Töten «Allahu akbar» ruft, kann Geschichte schreiben.

Die *New York Times* veröffentlichte vergangene Woche ein Dossier, das allen 247 Menschen ein Gesicht gibt, die Mitte März etwa zur gleichen Zeit weltweit bei dschihadistischen Anschlägen umgekommen sind, in Belgien, in der Türkei, in Pakistan, in der Elfenbeinküste und in Nigeria, am Flughafen, in einer U-Bahn-Station, auf Straßen und Plätzen, in einem Bus, in einem Park, in einem vollbesetzten Fußballstadion, in einer Ferienanlage und in einer Moschee. Diese Opfer gehörten keiner einzelnen Kultur, Konfession oder Nation an – blickt man auf ihre Gesichter, schaut man auf ihre Kleidungen, lernt man ihre Biographien kennen, erfährt man von ihren Träumen und was sie in dem Augenblick beschäftigte, als sie aus dem Leben gerissen wurden, dann ergibt sich fast so etwas wie ein Panoptikum unserer Zeit und Menschheit. Auch als der Terror des «Islamischen Staates» Ansbach traf, hatte ein Selbstmordattentäter des IS wenige Stunden vorher in Kabul achtzig friedliche Demonstranten in die Luft gesprengt, zweihundertdreißig verletzt.

Erst wenn wir begreifen, daß wir gemeinsam angegriffen werden, gleich, ob wir in Mittelfranken oder Afghanistan leben, können wir uns auch gemeinsam wehren.

26

Wie schwer zwei Säcke wiegen

Auf der Suche nach den letzten blinden Flecken des Fortschritts in China

Die Zeit, 16. Januar 2020

Die Erkenntnis kommt mit einem Stock, an dessen Enden je ein Sack aus weißem Kunststoff gebunden ist. Wir haben auf unserer Wanderung schon viele Bauern und vor allem Bäuerinnen getroffen, die einen solchen Stock im Nacken trugen, der Rücken gebeugt, die beiden Arme ausgebreitet wie an einem Kreuz. Zuvor haben wir sie aus dem Fenster der Hochgeschwindigkeitszüge und entlang der nagelneuen Autobahnen schreiten sehen, die sich wie Würmer durch das unwegsame Gebirge fressen. Selbst auf den Brücken, für die bequeme Durchfahrt viele Hundert Meter hoch über die Täler gespannt, sind wir an den wandelnden Kruzifixen vorbeigerast, und noch in den unzähligen Tunneln leuchteten die Säcke eine Viertel- oder halbe Sekunde auf, unwirklich wie ein Traumbild. Standstreifen – das Wort hat eine ganz eigene Bedeutung, wenn der Autobahntunnel zum überdachten Feldweg wird. Denn auch Bauern und vor allem Bäuerinnen blitzten im Licht unserer Scheinwerfer auf, die vor ihren abgelegten Säcken verharrten. Aus Erschöpfung? Das war in der Viertel- oder halben Sekunde nicht zu erkennen.

Nicht nur für die Städter sind die Verkehrsstraßen ein Fortschritt, die China in kürzester Zeit kreuz und quer durchs Land legt, 25 500 Kilometer lang bereits das Netz der Hochgeschwindigkeitszüge, 350 Stundenkilometer schnell, und die Autobahnen sehen auf Google Maps schon jetzt aus wie ein engmaschiges Sieb. Nicht nur die kleinen Händler und Wanderarbeiter freuen sich, deren Busse zügig vorankommen und dazu bequemer sind, auch die vielen Millionen chinesischer Schüler, die während der Woche in Internaten wohnen, das ist in diesem Land ganz normal, die Studenten auf Heimatbesuch. Noch die Ärmsten profitieren, wenngleich anders, als es das Staatsfernsehen und die Kapitalmarktberichte verheißen. Sie müssen mit ihren sackbeschwerten Stöcken nicht mehr über den Berg steigen, um zu den Märkten zu gelangen, sondern können gerade hindurch. Und so beschwerlich, wie das Leben chinesischer Bauern ohnehin ist, werden sie sich nicht auch noch um Lungenkrebs sorgen.

Die Landschaft könnte malerischer nicht sein, in der wir zu Fuß und mit öffentlichen Verkehrsmitteln unterwegs sind, die baumbewachsenen Hänge so steil und die Kuppen so rund, als hätte Gott Zuckerhüte grün gestrichen, versteckt in den Wäldern immer wieder Bäche, Wasserfälle und verwunschen wirkende Äcker für Süßkartoffeln, Mais oder Tee. Wo die Hügel flacher und die Täler breiter werden, sind Reisterrassen in die Berge gegraben, die anmutigste Kultivierung der Erde überhaupt. Im Spiel von Sonne und Wolken glitzert das Wasser, aus dem die Pflanzen hervorsprießen, wie ein überirdisches Mosaik. Zumal für die zwölfjährige Tochter ist es ein Spaß, auf den schmalen Aufschüttungen zwischen den Bassins den einen Trampelpfad zu suchen, der eine Etage tiefer und schließlich ins Tal führt. Und dann die Dörfer, eingesprenkelt in den Wald oder zwischen den feuchten Feldern, die wie Pools anmuten, in die man hineinspringen könnte: alle Häuser noch aus Holz, mit Giebeln wie auf Postkarten und einer Veranda, von wo der Blick zu genießen wäre. Überhaupt die Ruhe, wo China einem doch sonst mit unentwegter Betriebsamkeit entgegentritt: Selbst die Hauptgassen sind oft zu eng für Autos, aber Auto fährt hier ohnehin kaum jemand, eher schon Moped und Roller, und die auch erst seit ein paar Jahren. In einem Dorf waren wir, das hatte nicht einmal befestigte Wege, und der Aufstieg dorthin über Trampelpfade dauerte zwei Stunden. Von Chinas brachialem Aufbruch in die Zukunft fühlt man sich dort oben mehr als nur eine Tagesreise, nämlich ein Jahrhundert entfernt.

Wir hatten nach den letzten blinden Flecken des Fortschritts gefragt, der in China kaum einen Stein auf dem anderen läßt: Wer die Bilder noch aus den achtziger Jahren vor Augen hat, Massen von Fahrradfahrern vor flachen Ziegelhäusern, der wird Metropolen wie Peking oder Shanghai nicht wiedererkennen, die nur noch aus Autobahnen und Hochhäusern zu bestehen scheinen, Shoppingmalls, Leuchtreklamen und gigantischen Haltestellen des öffentlichen Verkehrs. Selbst unbedeutende Kreisstädte, die vor ein paar Jahrzehnten kaum mehr als große Dörfer waren, haben heute eine Million Bewohner und höhere Häuser als Berlin oder Paris. Und unaufhörlich wird gebaut; zumal in der Provinz gleicht das Land einer einzigen Baustelle, der Zug rast immer wieder an ganzen Wäldern von riesigen Kränen vorbei. Wir hatten nach der Kehrseite gefragt, einem China, das noch nicht vom Boom erfaßt worden ist, ländlich, abgelegen, mit eigenen Riten und alten Künsten, eine Kehrseite, die sicher arm, aber womöglich auch bewahrenswert wäre – da hatte uns jemand Qiandongnan genannt, wo viele kleine Minderheiten lebten, jede mit einer eigenen Sprache, eigenen Liedern und einer eigenen Religion. Dort, wenn überhaupt, fänden wir eine Welt, die nicht einmal vom Kommunismus umgepflügt worden sei. Die meisten anderen, die wir gefragt hatten, Schriftsteller, Professoren oder Journalisten, hatten von der Bergregion im Südwesten Chinas noch nie gehört, das schien uns ein gutes Zeichen zu sein. Und tatsächlich werden wir in den Dörfern mitunter nicht einmal für Ausländer gehalten, weil eine andere Welt als China noch jenseits der Vorstellung ist. So anders, wie wir aussehen und sprechen, werden wir halt einer anderen, fernen Minderheit des Riesenreiches angehören.

Die Erkenntnis kommt mit einem Stock, an dessen Enden je ein Sack aus weißem Kunststoff gebunden ist. Überall entlang des Weges, an den Feldern, an denen wir haltmachten, in den Dörfern, in denen wir übernachteten, klagten die Bauern und vor allem die Bäuerinnen über die physische Anstrengung, die Entbehrungen, das fehlende Geld. Die Arbeit auf dem Bau, am Fließband oder als Putzkraft sei so viel besser, deshalb zögen die jungen Leute auch alle weg, besonders die Männer zögen von Stadt zu Stadt. Die Not der dreihundert Millionen Chinesen, auf deren Mobilität, Anspruchslosigkeit und geringem Lohn das Wachstum der Wirtschaft wesentlich beruht, füllt in der westlichen Presse ganze Dossiers. Doch wann immer wir in den letzten Tagen Wanderarbeiter fragten, die auf Heimatbesuch waren, hörten wir Frohlocken, dem Landleben entkommen zu sein.

Warum das?, fragten wir die dreißigjährige Xie Liying, die beide Welten kennt, weil sie mit ihrem Mann von Fabrik zu Fabrik gezogen ist, bis der Sohn schulpflichtig wurde und sie in ihr Haus in Dongmeng zurückkehrten, einem der besterhaltenen Dörfer überhaupt in der Region, das inzwischen auch mit Öko-Tourismus wirbt. Dem kleinen, geschmackvollen Hotel, das der Dorfgemeinschaft ein Stückchen Boden abgekauft hat und sie überdies mit ein paar guten Arbeitsplätzen belohnt, haben die Bewohner zugesagt, so oft wie möglich ihre farbenfrohen Trachten zu tragen, die Dongmeng zusätzlich schmücken. Die Riten und Gesänge werden von den Yao wie von allen Minderheiten ohnehin gepflegt.

Und doch ist Xie Liying unglücklich, zurück zu sein. Dongmeng ist ihre Heimat, hier kennt sie ihre Nachbarn von klein auf, hier sprechen alle ihre Sprache und singen abends gemeinsam die immer gleichen Lieder, deren Verse sie spontan komponieren und die also jedes Mal neu sind, hier trägt sie die kunstvolle Kleidung, die sie selbst näht, hier besitzt sie ein Haus und ihre eigenen Felder, ißt das Essen aus eigenem Anbau, genießt den vollen Geschmack ohne künstliche Aromen, nur hier atmet sie gute Luft und ist von Schönheit umgeben, Schönheit der Natur, der Architektur, der Tradition und des Handwerks. Xie Liying führt ein Leben, das authentischer kaum sein könnte, bestimmt selbst über ihren Tagesablauf und wird dabei nach eigenem Bekunden gut satt, hat nur hier eine Krankenversicherung und eine kostenlose Schule für den Sohn – warum sehnt sie sich nach der Koje zurück, in der sie zu dritt wohnten und die jeden Augenblick gekündigt werden konnte, nach Unsicherheit und Abhängigkeit im höchsten Grade, nach der Monotonie in der Fabrik, zehn Stunden am Tag, sechs Tage die Woche dieselbe Handbewegung, nach der Fremde aus Beton und Teer, mit Videos auf dem Smartphone als einzigem Zeitvertreib statt mit dem gemeinschaftlichen Gesang, der selbst den Reisenden verzückt?

– Ich mag die körperliche Arbeit nicht, sagt sie.

– Aber die Arbeit am Fließband ist doch auch körperlich, wende ich ein.

– Aber dort gab es Nahrung und Geld. Hier gibt es nur Nahrung. Ich würde auch gern mal Kleider kaufen, mal was anderes essen, nicht immer nur Reis, Kartoffeln und Mais. Außerdem ist Fließband noch mal etwas anderes, als die schweren Säcke zu tragen und jeden Tag im Dreck zu stehen.

– Und Ihr Sohn?

– Deshalb sind wir ja zurückgekehrt, nur deshalb: damit er zur Schule geht und später in die Stadt ziehen kann. Das ist kein gutes Leben hier.

– War es früher besser?

– Meine Eltern lebten noch in Hütten, da waren die Wände aus Schilf, in der Regenzeit war es drinnen immer naß. Und meine Großeltern haben noch gehungert, richtig gehungert, jeden Tag. Früher gab es hier Räuber, da traute man sich kaum aufs Feld. Und die Frauen mußten ihr Kind allein gebären, ganz allein, und dreißig Tage lang durfte niemand anders das Baby berühren als die Mutter, so wollte es die Tradition. Viele Mütter sind gestorben, das war schrecklich, auch für die Kinder. Nein, mein Herr, es wird besser, immer besser, mein Sohn wird es besser haben als wir.

Wir hörten Xie Liying, wir hörten vielen Bauern und vor allem Bäuerinnen in Qiandongnan zu. Es fiel ihnen nicht leicht, mit Fremden über Gefühle zu sprechen, über Hoffnungen oder Ängste, aber sobald es konkret wurde, fingen sie zu erzählen an. Wie lang brauchen Sie, um ein Kleid zu nähen: ein Jahr; worum geht es in dem Lied: natürlich um Liebe; wer hat Sie gelehrt, das Horn zu blasen: unser Meister; wird jeden Tag so viel Reiswein getrunken: nein, nur zu den Festen, Alkohol ist hier kein Problem; wieviel bringt der Tee ein: umgerechnet 600 Euro pro Ernte dank chemischen Düngers und der neuen kostbaren Sorten, nach denen die Städter gieren; oder eben: Würden Sie lieber auf dem Bau arbeiten oder auf dem Feld? Und jedes Mal die Antwort, von allen Jungen und den meisten Alten, allen Männern und den meisten Frauen: Die Zukunft ist besser als die Vergangenheit, der Fortschritt ist ein Segen, das triste Leben als Lohnarbeiter, das wir für entfremdet halten, ist der Ursprünglichkeit in der so herrlichen Heimat allemal vorzuziehen. Nicht nur ich bin jedes Mal leise enttäuscht und will es gar nicht recht glauben, der ich als Kulturschaffender per se kulturkritisch bin, sondern ebenso wenig die beiden Gefährtinnen aus Shanghai und Peking und schon gar nicht die Tochter, die in Deutschland beim Einkaufen streng aufs Öko-Siegel achtet und freitags fürs Klima protestiert. Schließlich sprechen wir eine Frau an, fünfzig, sechzig Jahre alt, wenn ihr zerfurchtes Gesicht nicht täuscht, die keuchend einen Kartoffelacker pflügt. Doch sie versteht uns nicht und wir nicht sie, weil sie nur die Sprache der Miao spricht, eines der vielen Völker in Qiandongnan. Also zuckt sie mit den Schultern, bevor sie wieder zur Harke greift und sich umdreht.

Wir gehen weiter auf dem unebenen Pfad, der am Fluß entlangführt, unterhalb der Reisterrassen und weit entfernt von den Dörfern, die ein paar Hundert Meter höher liegen. Am Wegrand stehen zwei Säcke, verbunden durch einen langen Stock; vermutlich gehören sie der alten Bäuerin, die hundert Meter hinter uns weiter ihren Acker pflügt. Gedankenverloren will ich im Vorübergehen mit links den Stock anheben und schnelle zurück, weil die Säcke sich keinen Zentimeter bewegen. Erst als ich den Stock wie ein Gewichtheber mit beiden Händen ergreife, gelingt es mir, die Säcke in die Höhe zu stemmen. Unvorstellbar, den Stock auf meinen Nacken zu legen und dann Kilometer um Kilometer zu marschieren, auf unwegsamem Gelände gar den ganzen Berg hoch bis ins Dorf oder durch einen Autobahntunnel hindurch bis zum nächsten Markt. Ich lege die Säcke ab und hebe meine Tochter hoch, um das Gewicht zu ermessen: Die Tochter wiegt vierunddreißig Kilo, die Säcke ungleich, ja unwahrscheinlich mehr für eine alte Frau. Ich mag die körperliche Arbeit nicht, sagte uns Xie Liying, sagten viele andere, und endlich begreife ich, während ich auf die Reisterrassen am gegenüberliegenden Hang blicke, auf den Fluß, der im nahen Tal fließt, die Dörfer, die mit der Natur so herrlich harmonieren, den Himmel, der noch sauber ist: Von der eigenen Hände Arbeit lebte niemand gern hier.

Den ganzen Tag über haben wir kein Auto gesehen, nicht einmal ein Moped, keine geteerte Straße. Nur Bauern auf ihren Feldern sind durch das zum Glück bloß knietiefe Wasser gewatet, als am Hang kein Weiterkommen war, um uns am flacheren Ufer den Weg durch das Gebüsch zu schlagen. Da fährt uns im Flußbett eine Kolonne gewaltiger Bagger entgegen, deren Fahrer uns so entgeistert angucken wie wir sie. Während sie womöglich bis heute rätseln, wer die seltsam aussehenden Gestalten sind mit Rucksack und Kind, finden wir die Auflösung hinter der nächsten Flußbiegung: Ein Damm wird gebaut, der das idyllische Tal zu drei Seiten hundert, zweihundert Meter hoch mit nacktem Beton auskleidet. Es gibt in China kaum noch entlegene Gebiete. Von den Hochgebirgen oder den Wüsten abgesehen, sind selbst die einsamsten Flecken von der Autobahn, den Schnellzügen, den Flughäfen, den ehemaligen Provinzkäffern, die heute Millionenstädte sind, kaum irgendwo weiter als fünfzig Kilometer entfernt. Und wo noch Natur ist, wird sie, wenn nicht für den Tourismus, dann für den stetig wachsenden Energiebedarf genutzt und industrialisiert. Während das Wachstum in den Städten durch Luftverschmutzung, Hektik oder gestiegene Mietpreise mindestens auch als ambivalent wahrgenommen wird, wird es auf dem Land weiterhin heiß ersehnt.

Von den Bauarbeitern, die wir ansprechen, will bei einem Lohn von umgerechnet 13 Euro pro Tag keiner zurück aufs Feld. Und auch in dem Dorf, das vollständig noch in der traditionellen Holzarchitektur erhalten ist, aber nun direkt neben der Betonwüste des künftigen Stausees liegt, freuen sich die Bewohner über den Bau, weil er Aushilfsjobs, eine bessere Verkehrsanbindung und mit den Arbeitern, Ingenieuren und Zulieferern Abnehmer für die lokalen Produkte beschert. Einige Nacken weniger beugen sich unter den sackbeschwerten Stöcken auf dem Weg zum nächsten Markt.

Und die Freiheit? Wer keinen Zugang zu ausländischen Medien hat, erfährt nichts von den Konzentrationslagern für die Uiguren, dem Aufstand in Hongkong oder der zunehmenden Zensur. Wessen Eltern bestenfalls die Grundschule besuchten, der träumt nicht von Wahlen, sondern vom Abitur. Wer als Kind noch hungern mußte, für den ist Freiheit erst einmal, zu essen, so viel man will. Anders als in den demokratisch verfaßten Schwellenländern wie Indien oder Indonesien, wo die Wirtschaft ähnlich stark wächst, aber die Landbevölkerung und damit die Mehrheit kaum profitiert, sickern in China die Brotkrumen des Wohlstands bis in die ferne Provinz. Denn die Armutsbekämpfung ist nicht nur ein Nebeneffekt, der eintritt oder leider nicht, sondern ebenso wie die Schnellzüge, Autobahnen und Dämme erklärtes Programm oder sogar das eigentliche Ziel einer Partei, die ihre Legitimation nicht aus Wahlen, sondern aus Statistiken bezieht, aus Wachstum, Wohlstand, Effizienz. Es dürfte keinen Staat der Welt geben, der mindestens die nackte Not so erfolgreich bekämpft hat wie China in nur einer Generation: Lebten vor vierzig Jahren noch neun von zehn Bürgern in extremer Armut, also etwa neunhundert Millionen Menschen, sind es nach Berechnungen der Weltbank heute nicht einmal mehr zwei Prozent. Die Resultate westlicher Entwicklungshilfe oder auch der Strukturreformen, die der Internationale Währungsfonds in seinen Mitgliedsländern durchsetzt, sind kaum dazu geeignet, Peking zu belehren. Und die Wassertanks und Feuerwehrschläuche, die in allen Dörfern eingerichtet sind, mögen eine Marginalie sein. Aber in Südasien oder Südamerika habe ich auf dem Land kaum je etwas vom Brandschutz gesehen, der für die Bewohner den Fortschritt so konkret macht wie das Licht der sonnenbetriebenen Straßenlaternen.

Noch hinter dem Tourismus, der ebenso rasant wie die Städte wächst, steckt in Qiandongnan ein Plan, den man in den Bettenburgen am Mittelmeer oft vermißt. Die traditionell gebauten Pensionen, in denen wir meist übernachten, werden vom Staat bezuschußt, damit die Bewohner einen Anreiz haben, in ihren Dörfern zu bleiben. Und wo es zu aufwendig ist, Straßen und Schulen zu bauen, erhalten die Dörfer das Angebot, als Ganzes umzuziehen. Die meisten Dorfgemeinschaften nehmen es an. Die neu gebauten Siedlungen, die alle paar Kilometer an den ebenso neuen Überlandstraßen stehen, mögen nicht gerade pittoresk sein. Jedoch haben sie Abwasserleitungen, Bushaltestellen und DSL.

Sicher, die dörfliche Welt, die wir durchwandern, wird verschwinden oder allenfalls dank des Tourismus zu erhalten sein. Für eine industrialisierte Landwirtschaft, an der große Konzerne interessiert wären, sind die Hänge in Qiandongnan zu steil und die Felder zu klein. Die Alten werden in den Holzhäusern noch sterben, jedoch die Jungen suchen fast alle anderswo ihr Glück. Nur noch zu den Festen sind sie auf Heimatbesuch. Aber wenn kein Angehöriger mehr in den Dörfern lebt, werden auch die Lieder verlernt werden oder nur noch Folklore sein. Was dem Kommunismus nicht gelang, Qiandongnan umzupflügen, wird der Kapitalismus erledigen. Verloren geht der Reichtum an Völkern, Sprachen, Riten und Traditionen. Doch frühestens die Enkel oder eher die Urenkel werden sich darüber beklagen, die keine Erinnerung haben, wie schwer die beiden Säcke wiegen.

Von Baijan Cun, wo wir für die Nacht einkehren, schweben uns die langgezogenen, gleichsam klagenden Töne von Hörnern entgegen, die den Tod eines Bewohners verkünden. Die weiblichen Bläser sind für die monotone Baßlinie zuständig, die Männer für die leiernde Melodie, die einen um so stärkeren Sog entwickelt, je näher man dem Haus des Verstorbenen kommt. Eine Religion, wie wir sie kennen, als ein System von Glaubensinhalten, gibt es in Qiandongnan nicht. Religion besteht wesentlich aus Praktiken, die die eigene Zeit in ein Kontinuum mit der Ewigkeit legen. Vor manchen Haustüren stehen aufwendig geschnitzte Särge, die den unausweichlichen Tod bereits jetzt vor Augen führen. Wer krank ist, sucht Hilfe bei Geistern, nicht nur bei Medizinern. Und die Verstorbenen werden durch Feste geehrt, die gar kein Ende nehmen wollen. Sieben Tage und Nächte blasen die Hörner, und um den gekühlten Sarg aus Plastikglas, in dem der Verstorbene aufgebahrt ist, tanzen die Angehörigen und Nachbarn im Kreis. Die Beerdigung ist für die Miao das wichtigste Fest im Leben. Das ganze Dorf hilft, damit auch die Trauergäste aus den umliegenden Dörfern reichlich zu essen haben. Zehn Frauen sind allein fürs Schneiden des Gemüses eingeteilt, zehn weitere fürs Kochen, während die Männer sich den Einkauf und das Schlachten der Tiere aufteilen. Satt zu werden versteht sich in Qiandongnan noch lange nicht von selbst; um so aufwendiger wird der Überfluß zelebriert, den es wenigstens an Festtagen gibt.

Früher, so hören wir, wurde mit leerem Magen getanzt und musiziert. Waren das schönere Feste? Nein!, lautet die erstaunte Antwort. Die Kinder werden nach ihrem Tod sicher nicht mehr sieben Tage und Nächte geehrt.

27

Das Lachen von Nasrin Sotudeh

Iran am Internationalen Tag der Menschenrechte

Die Zeit, 10. Dezember 2020

Die Menschenrechte haben ein Gesicht. Es ist weiblich. Es hat eine schmale Nase, immer funkelnde Augen und eine rechteckige, metallene Brille. Es hat ein paar Falten, ganz jung kann es nicht sein und sieht dennoch mädchenhaft aus. Es hat kurze, schwarze Haare, die selbst dort unverhüllt sind, wo es in Iran für eine Frau verboten ist, bei Interviews, in Videobotschaften, auf Plakaten. So zart und verletzlich es wirkt, strahlt das Gesicht dennoch Kraft aus, unbändige Energie, aber auch Klugheit und Wärme. Es ist schön. Aber vor allem: Das Gesicht lacht.

Gleich, in welchen Aufnahmen die Menschenrechtsanwältin Nasrin Sotudeh zu sehen ist, ob zwischen ihrer Familie oder ihren Mandanten, ob in Jafar Panahis Berlinale-Gewinner *Taxi Teheran*, wo sie unverblümt über die Diktatur in ihrem Land spricht, oder aktuell in der Dokumentation *Nasrin* des Amerikaners Jeff Kaufman, geschwächt vom wochenlangen Hungerstreik und von einer schweren Corona-Infektion, hinter der Glasscheibe, von wo sie alle paar Wochen mit ihrer Familie über ein Telefon sprechen kann – ihr Gesicht lacht, und ihre Hände winken fröhlich durch die Scheibe, während der kleine, in einen Häftlingsmantel gezwungene Körper nicht nur ihren Kindern, sondern allen Iranern, der ganzen Welt zuzurufen scheint: Verzagt nicht. Ich werde frei sein. Wir werden frei sein. Im Augenblick aber ist Nasrin Sotudeh zu 33 Jahren Haft und 144 Peitschenhieben verurteilt.

Noch in ihrer letzten Botschaft, bevor sie vergangene Woche nach einem kurzen Hafturlaub wieder ins Gefängnis zurückkehren mußte – just am Abend vor der Verleihung des Alternativen Nobelpreises –, setzte sich Sotudeh nicht etwa für ihre eigene Freilassung ein, sondern für den iranisch-schwedischen Mediziner Ahmed Resa Dschalali, der unter fadenscheinigen Gründen zum Tode verurteilt worden ist. Das ist typisch für ihren Charakter und macht ihre Geschichte so exemplarisch: Nasrin Sotudeh hat keine Revolution angezettelt, sie ruft nicht zum Umsturz auf oder auch nur zum Falschparken, als Juristin hält sie sich selbst dort ans Gesetz, wo sie es für falsch hält. Sie wird einzig aus dem Grund politisch verfolgt, weil sie sich für politisch Verfolgte einsetzt.

Die Pandemie hat zur Folge, daß wir immer weniger über die Welt erfahren. Menschen können nicht reisen, Reporter nicht berichten, Migranten nicht ihre Verwandten besuchen. Halbe Kontinente tauchen in der internationalen Berichterstattung allenfalls noch als Agenturmeldung auf, wenn ein Präsident gewählt wird oder eine Bombe explodiert. Ich versuche, wenigstens nach Iran die Verbindung zu halten, aber wenn ich anrufe, höre ich nur knappe Satze, wer an dem Virus gestorben ist oder sich seit März nicht auf die Straße traut, weil niemand den offiziellen Epidemiologen glaubt; daß ein Vater für die Enthauptung seiner Tochter mit ein paar Jahren Haft davonkommt, weil er nach iranischem Recht über seine Kinder verfügen darf; wieviel ein Ei kostet, ein einzelnes Ei, nämlich so viel, wie mancher am Tag verdient. Mehr erfahre ich aus der Niedergeschlagenheit der Stimmen, den Pausen zwischen den Sätzen, den wehmütigen Abschiedsworten, weil man auf lange Zeit nicht mit unserem Besuch rechnet und eigene Reisen gänzlich unvorstellbar geworden sind.

Und so schlecht fing das Jahr schon an, mit dem Abschuß des Passagierflugzeugs durch das eigene Militär, und niemand wurde entschädigt, angeklagt, entlassen, nicht einmal ein Oberfeldwebel tritt zurück. Mit dem eigenen Volk macht der Staat, was er will, und wenn es aufmuckt, wird es niedergeschossen, zu jahrzehntelanger Haft verurteilt, im Gefängnis vergewaltigt und gefoltert, um den Studienplatz, die Arbeit, die Zukunft gebracht. Immer wieder werde ich in Deutschland gefragt, warum die Menschen nicht noch einmal aufbegehren wie 2009, als allein in Teheran drei Millionen Menschen demonstrierten. Und jedesmal antworte ich: Es ist nicht mehr möglich, den Protest auf die Straße zu tragen, wenn man das Leben liebt. Dieser Staat hat noch die letzten Hemmungen verloren, wenn er sich gegen das eigene Volk verteidigt.

Viele verzagen, erst recht in diesem Jahr, da das Land nicht nur durch die Epidemie schwer geschlagen ist, sondern auch durch Minister, die schweißtriefend verkünden, man habe das Virus im Griff, nur um dabei das gesamte Fernsehstudio anzustecken. Mit Ajatollahs, die Massengebete als Infektionsschutz empfehlen. Mit Gerichten, die Frauenrechtlerinnen, Bahais, Derwische, Intellektuelle, Arbeiter, Studenten im Wochentakt aburteilen, weil gerade niemand auf der Welt hinsieht. Mit Skandalen, die nicht verfolgt werden, weil ihre Spuren zum Militär führen. Mit Sanktionen, aufgrund derer die grundlegendsten medizinischen Güter fehlen. Durch einen US-Präsidenten, der mit der Bombardierung des iranischen Weltkulturerbes droht, offener Barbarei also, als ob die Iraner keine Menschen wären.

Die Wahl Joe Bidens ist für den Iran Chance und Gefahr zugleich. Ja, es ist sinnvoll, mit Teheran zu verhandeln; das Atomabkommen bleibt der einzig realistische Weg, die Islamische Republik von der Atombombe abzuhalten. Aber viele Iraner fürchten, daß der Westen über die Aussicht auf einen neuen Atomdeal einmal mehr die Lage der Menschenrechte ignoriert. Deren Einhaltung muß Teil eines jeden Abkommens sein. Sicher, die Islamische Republik wird sich sträuben, aber sie ist wirtschaftlich und politisch längst abhängig vom Deal. Hungerrevolten, das lehrt die Erfahrung in Iran, lassen sich nicht so leicht unterdrücken wie politische Proteste; wer hungert, hat keine Angst mehr vor Tod oder Gefängnis. Und die Erfahrung lehrt auch, daß Teheran sehr wohl auf diplomatischen und ökonomischen Druck reagiert; nur aus Gefälligkeit allein hätte Teheran sein Atomprogramm nicht der striktesten Kontrolle in der Geschichte der Internationalen Atombehörde unterworfen. Wenn ein künftiges Abkommen allein der internationalen Sicherheit dient und nicht zugleich den Iranern, ihrer Freiheit, ihrer Zukunft, wird das Land niemals ein Faktor für Stabilität sein. Über kurz oder lang würde es zum Pulverfaß werden, wenn es nicht bereits eines ist.

Ja, der Westen soll mit der Regierung der Islamischen Republik reden. Aber er soll dabei in die Gesichter der Iranerinnen und Iraner schauen. In die Gesichter der Kölner Architektin Nahid Taghawi und dreier weiterer Deutsch-Iraner, die als politische Geiseln mißbraucht werden, um Agenten des iranischen Geheimdienstes freizupressen. In das Gesicht des Journalisten Ruhollah Zaman, der über die Korruption in Iran berichtet hat und im Juli zum Tode verurteilt worden ist. In das Gesicht des Studenten Said Tankidi, der aufgrund seiner Teilnahme an regierungskritischen Protesten im Februar zum Tode verurteilt worden ist. In das Gesicht des Ringers Navid Afkhari, der bereits hingerichtet worden ist. In das Gesicht von Scheida Abedi, die wie Dutzende andere Bahais allein aufgrund ihres Glaubens inhaftiert ist. In das Gesicht des Schriftstellers Alireza Alinenejad, der im Juli zu acht Jahren Gefängnis verurteilt worden ist, weil er seine Schwester, eine bekannte iranische Frauenrechtlerin in New York, unterstützt hat. In das Gesicht von Mir Hossein Mussawi, der 2009 die Präsidentschaftswahl gewann und seither unter Hausarrest steht. In die Gesichter der Regisseure Jafar Panahi und Mohammad Rassulof, damit sie ihre Berlinale-Gewinner nicht mehr illegal im Hafturlaub drehen. In das Gesicht des Pastors Abdolreza Matthias Haghnenejad, der im vergangenen Jahr zusammen mit acht weiteren Mitgliedern einer christlichen Freikirche verhaftet und zu fünf Jahren Haft verurteilt worden ist. In das Gesicht von Nasrin Sotudeh. Ihr Lachen ruft auch uns zu, daß ein freier Iran möglich ist.

28

Für drei Dollar am Tag

Nach dem Rückzug des Westens aus Afghanistan

Frankfurter Allgemeine Zeitung, 26. August 2021

Unter den vielen Lügen, die den Einsatz des Westens in Afghanistan begleiteten, ist die größte wahrscheinlich diese: Es gehe um die Freiheit der Afghanen. Nein, es geht um Interessen, und darum ging es von Anfang an. Genauso wie Iran und Pakistan, wie Rußland, Indien und inzwischen mit aller Macht auch China verfolgt die westliche Staatengemeinschaft am Hindukusch wie überall sonst auf der Welt ihre eigenen strategischen, sicherheitspolitischen und ökonomischen Interessen. Daran ist auch nichts Falsches, sofern die daraus resultierende Politik nicht eklatant den selbst auferlegten Verpflichtungen, Werten und Rechtsnormen widerspricht.

Die Vereinigten Staaten haben Deutschland nicht aus Sorge um die Juden befreit. Sie haben sich erst in dem Augenblick militärisch engagiert, als unübersehbar geworden war, daß Hitler-Deutschland eine Bedrohung für die gesamte Welt ist und damit auch für Amerika selbst. Und nach ihrem Sieg haben die Vereinigten Staaten Westdeutschland nicht aus Liebe zu den Deutschen wiederaufgebaut. Gegen die damalige öffentliche Meinung und maßgebliche Kräfte auch innerhalb des eigenen, demokratischen Lagers, die Deutschland deindustrialisieren, entwaffnen oder sogar entvölkern wollten, setzten die politischen Verantwortlichen in Washington darauf, aus dem zerstörten und demoralisierten Land in der Mitte Europas einen Freund und strategischen Partner zu machen. Das war weitsichtig, es war extrem erfolgreich – altruistisch war es nicht. Von kurzfristigen Hilfen bei Naturkatastrophen oder Hungersnöten abgesehen, an denen sich selbst Diktaturen regelmäßig beteiligen, handeln Staaten grundsätzlich nicht uneigennützig.

Afghanistan stand schon einmal im Fokus der Weltpolitik, und zwar im sogenannten Great Game des späten neunzehnten Jahrhunderts, als das britische Empire und das zaristische Rußland um die Vorherrschaft am Hindukusch rangen. Danach aber, seit den zwanziger Jahren des vergangenen Jahrhunderts, als es für den Rest der Welt ein abgelegenes, irgendwie verträumt wirkendes Land war, entwickelte Afghanistan sich nicht so schlecht. Allgemeine Wahlen wurden eingeführt, in den Städten formierte sich ein säkular ausgerichtetes Bürgertum, die Bürokratie funktionierte leidlich. Es gab einen Staat und nicht nur ein Potemkinsches Dorf. Die Lastwagen, die Mercedes-Benz in Afghanistan baute, wurden bis nach Indien exportiert, der Frauenanteil an den Universitäten stieg von Jahr zu Jahr, und die Jazzclubs galten als die besten des Orients. Sicher, auf dem Land waren die Menschen bitterarm, in den Dörfern hielten sich archaische Sitten, aber immerhin versorgte sich das Land weitgehend selbst, die Alphabetisierung nahm Tempo auf – es war ein Fortschritt zu erkennen. Viele westliche Reisende haben Afghanistan seit den sechziger Jahren als ihr Traumziel entdeckt, wo sie überall willkommen waren und – heute unvorstellbar – selbst in den abgelegensten Provinzen sicher reisen konnten. Es herrschte Frieden!

Das änderte sich dramatisch, als die Sowjetunion im Zuge des Ost-West-Konflikts ihre Einflußsphäre erweitern und Afghanistan zu ihrem Vasallen machen wollte – zunächst mit dem Putsch von 1978 gegen Mohammed Daoud Khan und dann 1979 mit dem Einmarsch der Roten Armee, als die neue kommunistische Regierung in Bedrängnis geraten war. Die Vereinigten Staaten unter ihrem neuen Präsidenten Ronald Reagan reagierten bekanntlich prompt, indem sie mit Hilfe von Pakistan und den wahhabitischen Golfstaaten die Mudschahedin finanzierten. Das heißt, das militärische Engagement des Westens begann nicht etwa 2001 mit der Invasion, sondern bereits vor mehr als vierzig Jahren. Und es war von Beginn an eng verknüpft mit dem radikalen politischen Islam, der als Gegenkraft zur Sowjetunion systematisch gefördert wurde. Von zwei Seiten aus zerrieben, aus dem Land getrieben, getötet und gedemütigt wurde die afghanische Mittelschicht und damit das Fundament einer jeden Demokratie.

Ihren Tiefpunkt erreichte die westliche Afghanistan-Politik allerdings erst nach dem Sieg der Mudschahedin. Denn der brachte nicht die erhoffte Befriedung, die es dem Westen erlaubt hätte, sich in Afghanistan wirtschaftlich zu engagieren, an die immensen Bodenschätze zu gelangen, die Wasserversorgung der gesamten Region zu kontrollieren und einen stabilen Bündnispartner an der Kreuzung von Iran, Rußland und China zu etablieren. Ohne Skrupel unterstützte Washington seine Verbündeten Pakistan und Saudi-Arabien darin, die noch einmal viel radikaleren sunnitisch-extremistischen Taliban aufzubauen, denen das Land dank amerikanischer Sturmgewehre, prall gefüllter Kriegskasse und einer verängstigten, kriegsmüden Bevölkerung fast von selbst zufiel. In der Folge herrschte ein Schrecken, den mittelalterlich zu nennen dem Mittelalter unrecht tut. Notiz davon nahm die Weltöffentlichkeit allerdings erst, als der Terror am 11. September 2001 übergriff. Westliche Realpolitik hatte den größtmöglichen realpolitischen Schaden angerichtet. Also las George W. Bush Khaled Hosseinis *Drachenläufer* und rührte Tony Blair mit seinem Sermon zu Frauenrechten und Demokratie die britische Pop-Prominenz zu Tränen. Aber das Verrückte ist: Es hätte gelingen können.

Denn diesen strategischen Vorteil besaß der Westen einmal gegenüber allen konkurrierenden Mächten: Die meisten Menschen auf der Welt, Muslime eingeschlossen, leben lieber in der westlich dominierten Hemisphäre als in Rußland, China oder gar unter islamistischer Herrschaft. Man sieht es beispielhaft an den Fluchtrouten und so auch dieser Tage am Flughafen Kabul: Die Afghanen streben nicht in Länder wie China, Rußland, Pakistan, Iran oder Saudi-Arabien, die viel näher lägen, sondern kampieren am Flughafen, um irgendwie in den Westen zu gelangen, der angeblich so verhaßt ist. Und so setzte die Aussicht, in einem halbwegs demokratischen, zwar unabhängigen, aber politisch doch nach Westen ausgerichteten Staat zu leben, in dem Menschenrechte respektiert werden, Frauen mehr und mehr Anteil am öffentlichen Leben erlangen und eine plurale, kritische Öffentlichkeit existiert, nach der Befreiung von den Taliban enorme Energien unter den Afghanen frei. Die Wahlbeteiligung blieb selbst unter den größten Gefahren spektakulär hoch, die Medienlandschaft war die freieste und lebendigste der gesamten Region, und anders als während der ersten Taliban-Herrschaft pochen heute selbst in den entferntesten Dörfern Eltern auf das Recht ihrer Töchter auf Bildung.

Ja, die Korruption in Afghanistan war und ist atemberaubend – was Wunder, nachdem der Westen das Land den korruptesten Männern des Landes überließ, Warlords und Drogenbaronen, um nicht mit eigenen Bodentruppen zu kämpfen. Richtig, die Entwicklung verlief mehr als nur schleppend: Zwanzig Jahre nach Beginn des westlichen Engagements sind die Straßen oft in einem noch schlechteren Zustand als unter den Taliban und weist die medizinische Versorgung ebenso wie die Versorgung mit Strom und Wasser gewaltige Lücken auf. Sieht man vom Bildungsbereich ab, ist das Resultat des westlichen Engagements desaströs. Der Bauboom der letzten Jahre in den Städten, die neuen Shoppingmalls, Restaurants und *gated communities* sind kein Zeichen einer gesunden Wirtschaft, sondern zum größeren Teil aus dem Opium finanziert, das seit Beginn des westlichen Rückzugs 2014 wieder ungehindert angebaut wird.

Allerdings folgte das westliche Engagement ungeachtet der wohlklingenden Bekenntnisse und stylishen PowerPoint Präsentationen stets einer militärischen Logik und lag das Verhältnis von Militärausgaben und ziviler Hilfe entsprechend bei sieben zu eins. Und von den vergleichsweise wenigen Milliarden, die tatsächlich nach Afghanistan gelangten, floß das allermeiste zurück in Form von Aufträgen an multinationale Konzerne, Provisionen an Sub- und Subsubunternehmen, fast durchweg aus dem Ausland importiertem Material, Löhnen für ausländische Arbeitskräfte bis hin zum Catering, für das jede Zwiebel aus dem Ausland eingeflogen wurde. Viel war von der Nato die Rede, aber niemals von den nepalesischen Söldnern, die die westlichen Soldaten und hochbezahlten Sicherheitsdienste bewachten und ebenfalls vom Budget abgingen. Das importierte Wasser, das ein westlicher Berater trank, kostete mehr, als ein afghanischer Arzt verdiente, im Schnitt drei Dollar am Tag. «Die Hauptlektion von Afghanistan ist: low input, low outcome, wenig investiert, wenig erreicht», bilanzierte bereits James Dobbin, der Sonderbotschafter in Afghanistan unter George W. Bush, das amerikanische Engagement: Afghanistan sei der «finanziell und personell am schlechtesten ausgestattete Versuch des Nationbuilding in unserer Geschichte».

Afghanistan taugt nicht als Beispiel für das Scheitern von Entwicklungshilfe. Vielmehr zeigen die vergangenen zwanzig Jahre im Detail – und nachlesbar in zahlreichen, selbst regierungsamtlichen Berichten –, in welchem Fiasko es endet, wenn Hilfe von Grund auf kommerzialisiert wird und letztlich dem eigenen Gewinn dient. Und nun werden das Scheitern einer pervertierten Wiederaufbauindustrie und die Katastrophe, die Trumps und leider auch Bidens Nationalismus angerichtet haben, als Grund angeführt, grundsätzlich nur noch vor der eigenen Tür zu kehren. Wichtiger als solch grobschlächtige Analysen, die in der Regel bar jeder Ortskenntnis sind, wäre es, zu fragen, warum seit dem Ende des Ost-West-Konflikts ein westlicher Einsatz nach dem anderen aus dem Ruder läuft. Denn die Option, sich die Wirklichkeit vom Leib zu halten, besteht ohnehin nicht. Sie bricht dann wie im Herbst 2015 über uns herein, als wir geglaubt hatten, Syrien werde von selbst befriedet und mehrere Millionen Flüchtlinge vor den Toren Europas würden vom lieben Gott versorgt.

Auch jetzt bekommen wir nicht etwa die Folgen unseres Engagements vor Augen geführt, sondern im Gegenteil die Folgen unseres Rückzugs: Daß die Gewalt eskalierte und die Taliban erstarken konnten, war nämlich die unmittelbare Konsequenz einer Außenpolitik, die Donald Trump als «America First» verkaufte, während er tatsächlich die Verzwergung und damit Entmachtung Amerikas betrieb – nicht umsonst hatte der russische Geheimdienst auf seine Wahl gesetzt. Spätestens als Washington auch noch direkt mit den Taliban verhandelte, ohne die gewählte afghanische Regierung auch nur zu konsultieren, war für die Afghanen klar, wem die Macht zufallen würde. In einem Land, in dem seit über vierzig Jahren Krieg herrscht und damit das Recht des Stärkeren, orientierten sich die Gouverneure und Warlords, Bürgermeister und Dorfältesten einer nach dem anderen um.

Die Taliban haben Afghanistan nicht «erobert», wie anderswo eine Streitkraft in ein Gebiet eindringt. Aus afghanischer Sicht hatte Amerika sie in Doha ein zweites Mal zu Herrschern ausgerufen. Nicht weil sie feige gewesen wären, haben die afghanischen Soldaten am Ende nicht mehr gekämpft. Der Vorwurf ist angesichts des immensen Blutzolls der Armee im Kampf gegen die Taliban perfide und unmoralisch. Die Soldaten haben nicht gekämpft, weil ihre Führung mit dem westlichen Hauruck-Abzug praktisch abgesetzt worden war. Sich gegen die neue Führung zu stellen, wäre für die Soldaten und erst recht ihre Offiziere auf Selbstmord hinausgelaufen.

Der Westen hätte das wissen müssen, denn auf die gleiche Weise hatte er vor zwanzig Jahren «erobert» – nicht zuvörderst durch eigene militärische Gewalt, sondern indem er die maßgeblichen Kräfte durch Geld und politische Versprechen auf seine Seite zog. So, wie damals innerhalb von Tagen eine Stadt nach der anderen, gleich Dominosteinen, in die Hände der Nordallianz fiel, fiel Afghanistan nun zurück an die Taliban. Man kann sicher sein, daß die Berichte der deutschen und aller anderen Botschaften in Kabul genau dies vorhergesagt hatten, auch wenn das Tempo des Vormarsches überrascht haben mag.

Es schadet den eigenen, nationalen Interessen, sich für die Welt nicht zu interessieren, gleichzeitig das Außen- und das Verteidigungsministerium Politikern ohne jede internationale Expertise zu überlassen oder wie die meisten europäischen Regierungschefs einschließlich der Bundeskanzlerin Europa kontinuierlich zu schwächen, so daß es heute außenpolitisch völlig handlungsunfähig ist. In einer globalisierten Welt ist es keine Realpolitik, sondern Idiotie, zu meinen, man könne sich als westliche Staatengemeinschaft oder Europäische Union aus Krisenregionen heraushalten. Denn im Ergebnis werden wir nur von anderen dominiert: Bodenschätze, deren Preise wir nicht kalkulieren können, Absatzmärkte, die wegbrechen, autoritäre Mächte, die unsere Lebenswirklichkeit zunehmend diktieren, ganze Regionen, die wir nicht einmal mehr betreten können, eigene radikale politische Bewegungen, die weiter erstarken werden, wenn das Gefühl überhandnimmt, fremdbestimmt zu werden. Nur eines behält Europa und vergrößert sie sogar:

die Probleme, die Afghanistan als Hauptanbaugebiet von Drogen, als Rückzugsort von Terroristen und Ursache von Fluchtbewegungen bereitet. Um die Menschen von den Booten abzuhalten, finden wir uns wie schon 2015 als Bittsteller wieder und schwächen unsere Verhandlungsposition, nur diesmal nicht mehr gegenüber einer zunehmend autoritären Türkei, sondern auch gegenüber einem Iran, der nach Atomwaffen strebt.

Hingegen das Wenige, das der Westen tatsächlich in Afghanistan erreicht hat, reißt er mit seinem überhasteten Abzug selbst wieder ein, nämlich die Ausbreitung einer gebildeten, nach individueller Freiheit strebenden Mittelschicht, die in zwei, drei Generationen das Fundament einer tatsächlichen Demokratie hätte bilden können. Gerade auf die Menschen, die nun ausgeflogen werden, wäre Afghanistan am dringendsten angewiesen. Und diejenigen, die wir zurücklassen, werden sich demnächst nach Iran oder Pakistan durchschlagen, jeder Hoffnung beraubt und mit all ihrem verbliebenen Besitz am Leib.

Und so büßt der Westen dieser Tage vor den Augen der Weltöffentlichkeit den einen Vorteil ein, den er gegenüber konkurrierenden Mächten über viele Jahrzehnte in Stellung bringen konnte: daß seine Lebensweise, Wertvorstellungen und politischen Modelle für die überwiegende Mehrheit der Menschen auf der Welt ein Versprechen sind. Was unsere Glaubwürdigkeit betrifft, spielen wir nun in einer Liga mit allen anderen Großmächten, und wir können sicher sein, daß uns jedenfalls China hier weit überlegen ist, dem niemand Heuchelei vorwirft, weil es ohnehin nicht von Freiheit spricht. Effizienter ist China ohnedies: Gerade übernimmt es Afghanistan, ohne auch nur einen einzigen Soldaten eingesetzt zu haben. Noch viel direkter, als die sowjetischen Panzer, die aus Afghanistan abziehen, für den Niedergang der Sowjetunion stehen, werden die Bilder vom Flughafen Kabul nicht nur die moralische, sondern mehr noch die strategische Selbstverstümmelung des Westens versinnbildlichen. Aber noch viel schlimmer werden die Bilder sein, die wir nicht sehen, weil sie uns gar nicht mehr erreichen.

Was darf man noch erwarten? Daß sich einer unserer Politiker ein

Mal, nur ein einziges Mal beim afghanischen Volk für die gebrochenen Versprechen entschuldigt, wäre wohl zu viel. Dann wenigstens bei unseren eigenen Soldaten und zivilen Helfern, deren Einsatz gleichsam über Nacht jedes Sinnes beraubt worden ist.

29

Politik statt Programm

Die Kanzlerschaft Angela Merkels

Die Zeit, Le Monde, 23. September 2021

Angela Merkel hat nie Aufhebens um ihre Person gemacht: keine privaten Bilder, inszenierten Urlaube, pompösen Auftritte, öffentlich gepflegten Freundschaften, schon gar keine Beichten im Talkshowsessel. Das Maximum an Glamour, das sie sich geleistet hat, waren ihre Kleider für Bayreuth, und man kann sicher sein, daß sie die Festspiele nicht etwa wegen des Auftritts Jahr für Jahr besuchte, sondern weil sie Wagner liebt. Entsprechend saß sie auch nicht in der ersten Reihe, sondern vier, fünf oder sechs Stunden auf einem der engen Stühle mitten im Parkett. Einmal sogar schräg hinter mir, und ich habe sie erst beim Applaus bemerkt. Aber wenn ich jetzt darüber nachdenke, was mir von den sechzehn Jahren ihrer Kanzlerschaft am meisten imponiert, dann ist es nicht diese oder jene Entscheidung, ihr Verhandlungsgeschick oder ihre Durchsetzungskraft. Es ist der Mensch Angela Merkel. Dieser Mensch, der öffentlich ganz selten einmal in Erscheinung trat und dennoch nie hinterm Amt verschwand. Tatsächlich erlebte ich sie das eine Mal, als ich allein mit ihr sprach, als vollkommen unprätentiös, empathisch, witzig, klug.

Wenn ich sie seither im Fernsehen sah, im Kreise der Weltenlenker oder in Deutschland zwischen Politikern, deren Persönlichkeit aus Karriereleitern gebaut zu sein schien, dachte ich stets: Wie gut, daß auf den Gipfeltreffen wenigstens in einer Brust ganz sicher ein Herz schlägt! Und daß Deutschland von einer Frau vertreten wurde, die inmitten der Männerrüpel so sachlich wie selbstbewußt blieb, machte mich als Staatsbürger auch ein bißchen stolz. Zugleich staunte ich über ein Charisma, das aus dessen Verweigerung erwuchs, also aus dem Unwillen und wahrscheinlich auch der Unfähigkeit zu großen Gesten, bedeutungsvollen Blicken, tiefschürfenden Worten und langfristigen Perspektiven.

Politisch lag hier allerdings ein, wenn nicht sogar das eigentliche Problem ihrer Kanzlerschaft, und zwar nicht nur wegen ihres mangelnden Gespürs für Symbolik. Regelmäßig mißlangen ihr wichtige Personalfindungen, ob in Brüssel, in Berlin oder in der eigenen Partei, und wie sie im Frühjahr die heimkehrenden Soldaten aus Afghanistan begrüßte, nämlich gar nicht, war würdelos. Den Bundestag, der doch Deutschlands Souverän ist, stellte sie ebenso wie die europäischen Gremien immer wieder vor vollendete Tatsachen, indem sie Beschlüsse in informellen Runden herbeiführte. Mag sein, daß es besonders in Brüssel mitunter nicht anders möglich war. Doch an den Versuch, die Institutionen zu reformieren, wo sie sich als handlungsunfähig erwiesen, hat sie vermutlich nicht einmal gedacht.

Denn noch schwerer als ihre Geringschätzung demokratischer Repräsentation wiegt: Nach sechzehn Jahren als Bundeskanzlerin ist es kaum möglich, Angela Merkel mit einer Überzeugung oder Programmatik in Verbindung zu bringen, die über Pragmatismus, einen Grundbestand an Moralität und gesunden Menschenverstand hinausginge. Und wenn sie doch einmal mit Verve eine kontroverse Position wagte, konnte man sicher sein, daß sie bald das Gegenteil erklären würde. So ersetzte sie die wirtschaftsliberalen Vorstellungen, mit denen sie in ihrem ersten Wahlkampf überraschte, als Kanzlerin über Nacht durch solide Sozialdemokratie und kostete ihr Ausstieg aus dem Ausstieg aus dem Ausstieg aus der Atomenergie Deutschland viele Milliarden Euro.

Die Liste ließe sich nicht beliebig, aber doch genug verlängern, um den Eindruck zu gewinnen, Angela Merkel sei weniger an Inhalten interessiert gewesen als am Machbaren und auch machtpolitisch Opportunen. In sechzehn Jahren hat sie nicht eine einzige Rede gehalten, die über den Tag hinausgewiesen hätte, nicht über Europa, nicht über Deutschlands Rolle in der Welt, schon gar nicht über Kultur, und man kann es beinah verstehen. Eine Grundsatzrede von Angela Merkel hätte wie ein Widerspruch in sich selbst gewirkt. Im Ergebnis freilich liegt Deutschland zum Ende ihrer Kanzlerschaft auf zahlreichen Gebieten zurück: Digitalisierung, Bildung, Außen- und Sicherheitspolitik, Klimaschutz, Verkehr, Infrastruktur, europäische Integration, und auch die Bilanz der deutschen Corona-Politik fällt im Vergleich zu anderen europäischen Ländern alles andere als glänzend aus. Vollends desolat ist der Zustand, in dem sie die Christdemokratie hinterließ. Das hat Ursachen und ist nicht einfach so passiert.

Indem Merkel Politik wesentlich als Problemlösung verstand, engte sie deren Gestaltungsraum und Gestaltungswillen radikal auf die unmittelbare Umgebung und die eigene Gegenwart ein. Das läßt sich beispielhaft an jener Entscheidung nachzeichnen, die sie in linksliberalen Milieus fast schon zu einer Heiligen werden ließ und zu einer Hoffnung für Verfolgte in aller Welt: das Offenhalten der Grenzen im September 2015. Das war kühn, das war zutiefst human, das war nicht zuletzt auch europäisch gedacht. Aber es war eben auch eine Kehrtwende um hundertachtzig Grad. Denn bis dahin war es Deutschland gewesen, das über Jahre eine gemeinsame europäische Flüchtlingspolitik blockiert, für die Abschaffung der Seenotrettung gesorgt und sich gegen eine gerechte Verteilung von Flüchtlingen auf alle Mitgliedsstaaten der Europäischen Union gestemmt hatte. Und mehr noch, Angela Merkel selbst war im Zusammenhang mit den Bootsflüchtlingen auf dem Mittelmeer das unsägliche Wort von der «Flüchtlingsbekämpfung» unterlaufen. Und nun, innerhalb eines Wochenendes, ohne parlamentarische Beratung oder öffentliche Diskussion, rief die gleiche Kanzlerin die Willkommenskultur aus. Es ist nicht rechtspopulistisch, darauf hinzuweisen, daß der Entschluß mit besserer Vorbereitung und frühzeitiger Diplomatie den Kontinent nicht derart gespalten hätte – bis hin zum Brexit, der ohne die vorangegangene Flüchtlingskrise vermutlich nicht erfolgreich gewesen wäre, so knapp, wie das Votum ausfiel.

Der Verlauf jener Stunden, die Beratungen und Telefonate, sind inzwischen minutiös rekonstruiert worden. Aber den tiefer liegenden Grund legte die Bundeskanzlerin, kaum bemerkt, seinerzeit bei Anne Will selbst offen. «Bis jetzt haben – ich geb's für mich auch zu –, hab ich

oft doch gedacht: Syrien ist weit, Irak ist weit, Afghanistan ist weit»,
sagte sie gegen Ende der Sendung, ohne eigentlich danach gefragt worden zu sein, und fuhr in erstaunlicher, durchaus sympathischer Selbst-
kritik fort: «Jetzt zeigt sich plötzlich, daß es Menschen gibt, die so um
ihr Leben rennen, daß diese weiten Strecken plötzlich zusammen-
schrumpfen und sie bei uns in die EU kommen, das heißt, daß wir Teil
dieser Konflikte werden und gar nicht mehr zwischen Außen- und
Innenpolitik unterscheiden.»

Wie bitte? Die Kanzlerin der Bundesrepublik Deutschland verfügt
über eine Mannschaft außenpolitischer Berater, ihrem Amt arbeitet ein
Ministerium mit mehreren Tausend hochqualifizierten Mitarbeitern zu,
die sich mit jedem einzelnen Land der Welt beschäftigen – und sie will
erst im Herbst 2015 «jetzt» und «plötzlich» erfahren haben, daß
Deutschland von den Kriegen im Nahen Osten betroffen ist und die
Flüchtlinge bereits Monate zuvor aus ihren Lagern in und rund um
Syrien aufgebrochen waren, nachdem das Flüchtlingswerk der Vereinten Nationen mangels Geld die Lebensmittelrationen gekürzt hatte? Die
gleichen Worte: «jetzt» und «plötzlich», hätte Angela Merkel auch nach
dem jüngsten Desaster in Afghanistan finden können, nur daß es diesmal die eigenen Staatsbürger und die Ortskräfte waren, deren Gefährdung unbemerkt geblieben war. Und wieder tagte am Wochenende der
Krisenstab. Es ist nicht nur Zufall, daß in Merkels Amtszeit eine Viel-
zahl dramatischer Nachtsitzungen und disruptiver Entscheidungen fiel.
Wer nur abarbeitet, was auf den Schreibtisch kommt, sorgt dafür, daß
es immer dringlicher wird.

Merkels gesamte Europapolitik ließe sich anhand dieses Musters
nacherzählen, von der gescheiterten Verfassung über die Finanzkrise
zur Flüchtlingspolitik; vom Autoritarismus und auch Antisemitismus
Victor Orbáns, den sie viel zu lange in der Europäischen Volkspartei
hielt, bis zur Besetzung der europäischen Spitzenämter mit Politikern
aus der zweiten und dritten Reihe, damit nur ja die Entscheidungsge-
walt bei den nationalen Führern blieb; von der Weigerung, auf die Vorschläge Emmanuel Macrons zu einer Neugründung Europas auch nur
zu antworten, bis zu dem geradezu blindwütigen Egoismus zu Beginn

der Pandemie, als sich die Bundesregierung weigerte, Masken nach Italien zu liefern, und es der Kanzlerin in ihrer ersten Fernsehansprache gelang, fünfzehn Minuten ausschließlich über Deutschland zu sprechen. Ein ums andere Mal war Angela Merkel damit beschäftigt, Krisen zu bewältigen – oft mit bemerkenswertem Erfolg –, die sie selbst durch Desinteresse, Mutlosigkeit und anfänglichen Nationalismus maßgeblich befördert hatte.

Nun hat sich auch noch der Niedergang der europäischen Außen- und Sicherheitspolitik, den sie sechzehn Jahre tätig begleitete, ein weiteres Mal gerächt, als Europa nicht einmal in der Lage war, einen Flughafen zu sichern, geschweige denn, daß die EU mit einer eigenständigen Diplomatie auf das Abkommen der USA mit den Taliban reagieren konnte. Die Folgen werden nicht zuerst in Washington und New York zu erfahren sein, sondern in Athen, Berlin und Paris: Flüchtlinge, Terrorismus und billiges Heroin mitsamt deren gesellschaftlichen Verwerfungen. Daß mitten in einer globalen Pandemie, während einer tiefen Krise der Europäischen Union und der westlichen Wertegemeinschaft, nur Wochen nach dem Fall Kabuls und angesichts des weltbedrohlichen Klimawandels in einer Fernsehdebatte der Kanzlerkandidaten ausschließlich nach nationalen Themen gefragt werden kann, ist das Erbe einer Politik, die damit beruhigt, alles werde bleiben, wie es ist, wenn es nur am eigenen Herd halbwegs gerecht zugeht, die Impfquote um zehn Prozent erhöht wird und Deutschland seine nationalen Klimaziele statt 2050 bereits 2048 erreicht. Was für eine Illusion!

Aber kann man Angela Merkel ausgerechnet Provinzialität zum Vorwurf machen, wenn sie nach sechzehn Jahren im Amt weltweit ein phänomenales Ansehen genießt? Und was kann an ihrer Amtsführung falsch gewesen sein, wenn ihre möglichen Nachfolger darum wetteifern, ihr möglichst ähnlich zu sein? Das «Sie kennen mich», das sie in ihrem letzten Wahlkampf plakatieren ließ, mag die Inhaltslosigkeit auf die Spitze getrieben haben, und dennoch – oder deshalb? – haben die Deutschen sie viermal hintereinander gewählt. Die zunehmende Selbstgerechtigkeit, die sie bei ihren letzten Auftritten an den Tag legt, läßt vermuten, daß Merkel selbst inzwischen jede Kritik an sich abperlen ließe oder so überheblich beantwortete wie jüngst bei ihrer Rede im Bundestag zu Afghanistan. Und es stimmt ja: Gerade weil ich ihre Intelligenz, ihre Integrität, ihr Pflichtbewußtsein bewundere, habe ich sechzehn Jahre lang um so mehr mit ihrer Politik und mehr noch mit ihrem visionsfreien Politikverständnis gehadert. Offenbar hat Merkel das Bedürfnis vieler Deutscher befriedigt, in Ruhe gelassen zu werden von der bedrohlichen Wirklichkeit. Das läßt sich nicht nur ihr, sondern mindestens so sehr ihnen zuschreiben. Wer Reformen wagt, wird in Deutschland – siehe zuletzt Gerhard Schröder, Merkels erstes Wahlprogramm oder die Grünen, als sie den Klimaschutz noch nicht mit einem Bausparvertrag verglichen – üblicherweise abgestraft.

Und wieder: Genau das, was als Stillstand und Kurzsichtigkeit zu kritisieren wäre, hat als Ruhe und Selbstbescheidung zugleich eine Qualität. Denn zum Erbe dieser Bundeskanzlerin gehört auch, daß Politik in Deutschland heute ohne allzu viel Größenwahn, Machismo und persönliche Diffamierung auskommt, obwohl mit dem Internet ein massiver Verstärker für Schmutz und Lügen entstanden ist. Die Systemfrage wird am Wahltag jedenfalls nicht gestellt. Während in vielen anderen westlichen Ländern Populisten, Autokraten und Rambos um die politische Führung ringen, geht in Deutschland ein Wahlkampf zu Ende, der bei aller Realitätsverweigerung doch auch vom Respekt der Kandidaten untereinander geprägt war. Über zentrale gesellschaftliche Fragen, von Integration über Gleichberechtigung und sexuelle Selbstbestimmung bis hin zur Bildungsgerechtigkeit, herrscht in Deutschland von der Linken bis zu den Freien Demokraten ein sehr weitgehender Konsens oder wird jedenfalls im Parlament überwiegend sachlich debattiert.

So wird ausgerechnet dort, wo es nicht um die großen Leitlinien der Politik, sondern um das tägliche Miteinander geht, im Rückblick vielleicht sogar eine Agenda erkennbar, die von der Islamkonferenz und dem Integrationsgipfel übers Elterngeld, das Recht auf einen Kita-Platz, den Kampf gegen Antisemitismus, die Abschaffung der Wehrpflicht, die Ehe für alle, die zwischenzeitliche Willkommenskultur bis hin zur Frauenquote führt. Und wirklich ist die gesellschaftliche Öffnung, die die rot-grüne Vorgängerregierung angestoßen hatte, erst während Merkels

Kanzlerschaft vollzogen worden. Dabei hat die beträchtliche Akzeptanz für diesen Wandel unmittelbar mit ihrer Person zu tun, weil ihre pragmatische Menschenfreundlichkeit über unterschiedliche politische Lager hinweg einen Kompaß bot, was zu gelten hat und was heute nicht mehr gelten kann. Es wäre nicht wenig, ließe sich etwas ähnliches dereinst über ihren Nachfolger oder ihre Nachfolgerin sagen.

30

Afghanistan? Schon kein Thema mehr

Das deutsche Desinteresse an der Welt

Die Zeit, 4. November 2021

Am 26. August sind die letzten deutschen Soldaten aus Afghanistan zurückgekehrt. Seitdem hat Deutschland eine Bundestagswahl erlebt, normalisiert sich das öffentliche Leben trotz steigender Infektionszahlen vorläufig wieder, kehren Zuschauer in die Stadien und Theater zurück, feiert ein Bundesland nach dem anderen seinen 75. Geburtstag, verhandeln die Wahlsieger, zerlegen sich die Wahlverlierer und liegt ein Tempolimit auf deutschen Autobahnen immer noch fern. Und Afghanistan? Ist zwei Monate später – hat jemand anderes erwartet? – schon kein Thema mehr. Die 93 000 deutschen Soldaten, die in Afghanistan gedient haben, nicht wenige von ihnen mehrfach, müssen selbst damit zurechtkommen, daß ihr Einsatz aufgrund des Abkommens der Vereinigten Staaten mit den Taliban und des Nichteinsatzes europäischer Diplomatie gleichsam über Nacht jeden Sinn verloren hat. Erst recht sich selbst überlassen sind die rund fünfundvierzig Millionen Afghanen, inzwischen sechs Millionen von ihnen im Exil, Tendenz steil steigend. Sie müssen damit zurechtkommen, daß ihr Land auf den Stand von vor zwanzig Jahren zurückgeworfen worden ist, Tyrannei, religiöser Extremismus, Frauenfeindlichkeit, Verachtung der Menschenrechte, Verachtung der Kultur, Verachtung jedweder Andersartigkeit, nur daß etwas Entscheidendes jetzt zusätzlich fehlt: die Hoffnung auf Befreiung.

Ich kann mich nicht erinnern, daß mich in den letzten Jahren politisch etwas so sehr mitgenommen hätte wie die Bilder der Menschen, die sich an die abhebenden amerikanischen Flugzeuge klammerten und aus Hunderten Metern wie Steine zu Boden fielen. Das liegt sicher an meinen eigenen Eindrücken von diesem so schönen, so geschundenen Land, mit dem die Weltpolitik seit dem Einmarsch der Roten Armee vor über vierzig Jahren Fußball spielt. Das liegt auch an meinen afghanischen Bekannten in Deutschland, denen ich seit August kaum noch in die Augen blicken mag, weil sie ausnahmslos verzweifelt sind und in unbändiger Sorge um ihre Angehörigen, besonders ihre weiblichen Angehörigen.

Aber das Gefühl, wie betäubt zu sein, hat einen Grund auch darin, daß mit dem Scheitern in Afghanistan weltweit jedes Engagement für Demokratie in der Welt, für den Aufbau von Zivilgesellschaften, für Befreiung hinfällig zu sein scheint. Ich habe mein ganzes intellektuelles Leben darum gekämpft, daß wir den Blick nach außen wenden und uns bei aller Liebe zu unserer jeweiligen Heimat gleichzeitig als Weltbürger verstehen. Aber nun lautet der Tenor vieler Kommentare und erst recht in den sozialen Netzwerken: Wenn unsere Hilfe so viel Schaden anrichte, dann wäre es doch besser für alle, wenn wir nirgends mehr intervenierten. Entsprechend war von auswärtiger Politik, globaler Verantwortung, internationalem Engagement im zurückliegenden Wahlkampf so gut wie nichts mehr zu hören.

Dabei ist das, was wir jetzt in Afghanistan beobachten, ja nicht etwa die Folge des westlichen Einsatzes – dessen Folgen waren problematisch genug, und ich selbst gehörte seit meiner ersten Reise durch Afghanistan 2006 zu den schärfsten Kritikern der Nato-Strategie. Was Afghanistan jetzt erlebt, ist die unmittelbare kausale Folge unseres Rückzugs. Tatsächlich ist genau das geschehen, wenn auch in der Umsetzung zugegeben dilettantischer, verantwortungsloser als jemals für möglich gehalten, was nicht wenige Gruppen am linken und rechten Rand des politischen Spektrums seit Jahren gefordert hatten: Beendet den Krieg in Afghanistan! Der Krieg ist beendet, ja. Aber ist deswegen irgendetwas besser geworden in Afghanistan? Nein, im Gegenteil, nun ist auch das wenige Gute zunichte gemacht, was der westliche Militäreinsatz ermöglicht hat: Frauenrechte, Zugang zu Bildung, freie Presse, die Herausbildung einer Zivilgesellschaft, internationaler Austausch, die Entfaltung von Kunst, Literatur, Musik. Und die Vereinten Nationen berichten, daß die Nahrungsmittelversorgung für mehr als die Hälfte der afghanischen Bevölkerung ungesichert ist und bereits 3,2 Millionen Kinder von akuter Unterernährung bedroht sind. «Afghanistan ist jetzt eine der weltweit schlimmsten humanitären Krisen, wenn nicht die schlimmste», sagte Ende Oktober der Direktor des Welternährungsprogramms der UN, David Beasley: «Wir befinden uns im Countdown zur Katastrophe.»

Nun steht ein neues militärisches Engagement nicht zur Debatte, und so bliebe mir nur, zu appellieren, daß die Welt Afghanistan nicht wieder vergessen darf. Allerdings würden sich bei dem Satz meine Finger verknoten, weil ich, weil jeder weiß, daß genau dies geschehen wird: Afghanistan wird wieder vergessen, ist es praktisch schon jetzt, zwei Monate nach der Rückkehr unserer Soldaten. Vergessen wie der Jemen, Äthiopien, Madagaskar, Syrien, um nur einige der verheerendsten Kriege und Hungersnöte anzuführen, die in der deutschen Politik, im deutschen Fernsehen nicht die geringste Rolle spielen. Jedoch die Frage, die der Einsatz unserer Soldaten in Afghanistan aufgeworfen hat, sie wird nicht verschwinden, sie wird vielleicht sogar – man denke nur an die Entwicklung in Mali – in den nächsten Wochen oder Monaten bereits wieder unsere Krisengremien und Talkshows beschäftigen. Ich meine die Frage, ob der Westen, ob Europa, ob ganz konkret die Bundeswehr militärisch in einen Konflikt eingreifen soll.

Kein Blut für Öl – dem würden vermutlich selbst Wirtschaftsvertreter zustimmen, zumindest öffentlich. Aber was, wenn ein Völkermord im Gange ist, Frauen zu Tausenden vergewaltigt werden oder ein Diktator Giftgas gegen die eigene Bevölkerung einsetzt? Ausgerechnet ein Staat, der seine Existenz, seine Freiheit, seine Prosperität einem ausländischen Militäreinsatz verdankt, sollte sich die Antwort nicht zu einfach machen, etwa indem er sich nach dem Debakel in Afghanistan auf die Einsicht zurückzieht, Demokratie sei nun einmal nicht zu exportieren. Eher ist die Lehre aus beiden Interventionen, daß es keine einfache Antwort gibt. Die Soldaten, die in einen Krieg ziehen, können nicht nur ihr eigenes Leben verlieren, sie können auch, und sei es gegen ihre Absicht und die Absicht ihrer Befehlshaber, das Leid einer Bevölkerung noch vermehren. Aber Tod kann es auch bringen, und im Einzelfall sogar tausendfachen, millionenfachen Tod, wenn Soldaten in ihren Kasernen bleiben.

Der Einmarsch in den Irak 2003 war nicht nur ein Bruch des Völkerrechts, er war zugleich eine katastrophale Fehlentscheidung, und wir müssen Gerhard Schröder bis heute dankbar sein, daß er Deutschland aus diesem verbrecherischen Krieg herausgehalten hat – gegen den Willen der damaligen Oppositionsführerin Angela Merkel. Die Flugverbotszone und die Luftangriffe 2011 in Libyen, als Hunderttausende Aufständische im Osten des Landes durch den Vormarsch der Regierungstruppen bedroht schienen – zugegeben, ich war zunächst unsicher, ob Deutschland gut daran getan hatte, sich bei der Abstimmung im UN-Sicherheitsrat als einzige westliche Nation zu enthalten. Die deutsche Presse, die Opposition mit Ausnahme der Linken und selbst der eigene Koalitionspartner waren jedenfalls danach voller Kritik am damaligen Außenminister, der Deutschland in die Isolation geführt habe. Heute wissen wir, weiß auch ich selbst, daß Guido Westerwelle mit seinen Zweifeln an der libyschen Opposition und den westlichen Motiven recht behalten hat, möge er in Frieden ruhen.

Andererseits hat die Enttäuschung nach den Lügen über Libyen dazu geführt, daß sich wenig später im Westen niemand bereit fand, die aufständische Bevölkerung in Syrien vor den Faßbomben und dem Giftgas des Assad-Regimes zu schützen. Anders als im Irak oder in Afghanistan ging es nicht um eine Militärintervention. Die anfangs noch säkulare syrische Opposition, angeführt unter anderem von einem Christen, Michel Kilo, forderte von der Weltgemeinschaft, eine Flugverbotszone einzurichten, damit das Militär die eigene Bevölkerung nicht länger aus der Luft bombardiert. Nach Ausbruch des Bürgerkriegs stand außerdem eine Bewaffnung der Freien Syrischen Armee im Raum. Beides wurde abgelehnt, die Opposition sich selbst überlassen. In der Folge engagierten sich andere ausländische Mächte, vor allem Saudi-Arabien, die Türkei, Rußland, Iran, zogen ausländische Dschihadisten nach Syrien ein, erstarkte der sogenannte «Islamische Staat», geriet die demokratische Revolution zunehmend zu einem konfessionellen Konflikt, verloren Millionen Syrer ihre Heimat und Hunderttausende ihr Leben;

auf Jahrzehnte wird das Land ein Trümmerfeld sein. Aus heutiger Sicht läßt sich mit einiger Bestimmtheit sagen, daß ein frühzeitiges Engagement des Westens in Form einer großangelegten diplomatischen Initiative, massiven ökonomischen Drucks und des Einsatzes begrenzter militärischer Mittel bei allen schwer zu kalkulierenden Folgen ein solches endzeitliches Szenario verhindert hätte. Weder hätte der IS zeitweise den halben Orient erobert, noch hätte die Flüchtlingskrise 2015 Europa gespalten, bis hin zum Austritt Großbritanniens aus der EU. Jesiden und Christen wären nicht aus ihrer Heimat vertrieben, Europas Hauptstädte nicht von einer Serie schwerer Terroranschläge überzogen worden.

Es gibt viele weitere Beispiele, in denen unsere Passivität einen Krieg verlängert, die Gewalt eher vermehrt hat, am drastischsten wahrscheinlich in Ruanda, aktuell im Jemen. Oder man denke an die Belagerung von Sarajevo, an das Massaker von Srebrenica, die buchstäblich vor den Augen der Nato stattfanden. Und es gibt andere Länder, mit dem Irak und Libyen habe ich zwei bereits genannt, in denen just die Intervention zu einem Flächenbrand geführt hat – oder wir rundherum gescheitert sind wie in Afghanistan. Jeder Konflikt ist anders, und oft genug läßt sich nur zwischen falschen Entscheidungen abwägen, weil es für die richtige Entscheidung zu spät ist wie 2016, als der IS den gesamten Irak zu erobern drohte. Damals hat sich der Westen kurzfristig entschieden, die kurdische Armee zu bewaffnen und die schiitischen Volksmilizen durch Luftaufklärung zu unterstützen, und das war in der dramatischen Situation vollkommen richtig, weil ein Völkermord an Jesiden und Christen, Kurden und Schiiten unmittelbar bevorstand. Es ist nicht auszudenken, was geschehen wäre, wenn der IS nach Bagdad und in die Flüchtlingslager im Nordirak eingedrungen wäre, die Massenvergewaltigungen, Enthauptungen, Kreuzigungen, Versklavungen.

Wie gesagt, das sind keine vergangenen Debatten. Erst im Mai hat die bloße Frage Robert Habecks, ob die Ukraine im Krieg gegen das übermächtige Rußland nicht mit Waffen zu unterstützen sei, für heftigen Protest gesorgt, und gerade in diesen Monaten steht Deutschland vor der Entscheidung – auch wenn sie in der Berichterstattung kaum Platz einnimmt –, ob die Bundeswehr aus Mali abzieht. Zur Erinnerung: Der

Militäreinsatz unter französischer Führung begann, als Dschihadisten große Teile des Landes bis hin zur mythischen Stadt Timbuktu erobert, die Bevölkerung unterjocht, den lokalen mystischen Islam verfolgt und die reiche malische Kultur praktisch vollständig verboten hatten.

Tatsächlich konnten die Dschihadisten zurückgedrängt werden, aber wesentliche Ziele hat der europäische Militäreinsatz verfehlt; das Land ist weit von Stabilität entfernt, und nach dem neuerlichen Putsch gegen die zivile Regierung im vergangenen Sommer sind auch die Reste der Demokratie beseitigt. Aber waren die Ziele nicht von Anfang an zu hoch gesteckt? Und was, wenn Europa Mali sich selbst überläßt? Wiederholt sich dann Afghanistan? Rollt dann die nächste Flüchtlingswelle auf uns zu? Werden die nächsten Bombenanschläge dann von Mali aus geplant? Ich weiß es leider nicht. Ich weiß nur, daß wir uns genau jene Fragen stellen müßten, die unbequem sind. Von einfachen Antworten haben wir alle genug.

Ich bin politisch sozialisiert worden mit der deutschen Friedens- und Umweltbewegung, mit den Friedensdemonstrationen im Bonner Hofgarten ebenso wie mit der Sitzblockade vor der Hardthöhe. Auf meinem ersten Auto prangte viele Jahre ein Aufkleber, der piktografisch «Fuck the Army» rief. Allerdings bin ich seither auch viel gereist, und als Reporter habe ich Krieg und Gewalt aus nächster Nähe erlebt. Speziell in Afghanistan kenne ich den Blick von den westlichen Panzern und den Blick auf die westlichen Panzer, weil ich sowohl mit der Nato als auch als Zivilist durchs Land gereist bin. Ich kann heute nicht mehr sagen, daß militärische Mittel grundsätzlich abzulehnen sind. Zugleich habe ich mit eigenen Augen gesehen, was Waffen anrichten, und reagiere auch als Schriftsteller allergisch, wenn Flächenbombardements von der Nato als «humanitäre Interventionen» verbrämt werden. Krieg ist nicht humanitär, und einer der Kardinalfehler der westlichen Strategie in Afghanistan lag eben darin, daß auch das zivile Engagement von Anfang an einer militärischen Logik unterworfen war. Die Nato, die Bundeswehr, sie sind nicht dafür da, neue politische Systeme einzuführen, staatliche Macht zu konsolidieren und zerrissene Gesellschaften zu einen. Gleichwohl kann die Alternative nicht darin bestehen, wegzusehen, wenn Völker vernichtet, vertrieben, versklavt werden. Die Alternative kann nicht sein, sich überhaupt nicht mehr in der Welt zu engagieren. Wo liegt sie dann? Ich glaube, die Alternative liegt in dem weiten Feld zwischen Nichtstun und Krieg. Man nennt es geläufig Politik.

Politik, in diesem Fall Außenpolitik, beginnt nicht mit Militäreinsätzen und endet nicht mit dem Dialog mit Diktatoren, auch wenn sie beides umfassen kann. Politik bedeutet, gerade dort nach Lösungen zu suchen, wo eine Lage aussichtslos zu sein scheint. Sie bedeutet, nicht mit den Achseln zu zucken, wenn elementare Menschenrechte mißachtet werden, Freiheit, Frieden, genügend Nahrung, Wohnraum – Politik bedeutet Diplomatie, sie bedeutet Austausch, sie bedeutet Wissen von der Welt, sie bedeutet Kopfzerbrechen, Beharrlichkeit, Geduld. Politik kann auch aus Sanktionen bestehen, Drohungen und, ja, in Einzelfällen aus klar umrissenen, strikt begrenzten militärischen Mitteln. Politik bedeutet, sich nicht nur für das Eigene zu interessieren, sondern ebenso für das Fremde, und zwar schon aus dem einfachen, egoistischen Grund, daß wir unseren eigenen Frieden, unseren eigenen Wohlstand nicht werden bewahren können, wenn in weiten Teilen der Welt Not und Gewalt herrschen. Das Fremde wird dann nämlich zum Eigenen, in Gestalt von Flüchtlingen, in Gestalt von Anschlägen, in Gestalt von Schreckensbildern, die auszuhalten unsere eigene Seele und die Zivilität unseres Gemeinwesens zerstört.

Nicht erst seit dem Sommer 2021, nein, schon seit Jahren erleben wir in Deutschland einen dramatischen Bedeutungsverlust der Außenpolitik, in der Politik ebenso wie in den Medien. Dieses Desinteresse an der Welt scheint paradoxerweise durch das Afghanistan-Debakel noch einmal beschleunigt worden zu sein. Außenminister, das war noch vor zehn, zwanzig Jahren das zweitwichtigste Amt im Staat, und heute ist es Heiko Maas. Spielte die internationale Politik im Wahlkampf schon keine Rolle, ist auch aus den Koalitionsverhandlungen keineswegs zu hören, daß die Welt jenseits des Mittelmeeres von sonderlichem Interesse wäre. Das Sondierungspapier der drei künftigen Regierungsparteien führt die Außenpolitik denn auch als letzten Punkt auf.

Zugleich wird unser Leben bis in die alltäglichsten Verrichtungen hinein immer abhängiger von äußeren Faktoren, und da müssen wir nicht einmal an die Pandemie denken, an den Klimawandel, an die Fluchtbewegungen, die nach Berechnungen der Vereinten Nationen in den nächsten Jahrzehnten massiv anschwellen werden. Es reicht der Blick auf die heimischen Benzinpreise, der Blick auf das Exportvolumen, es reicht der Blick auf das eigene Smartphone, für dessen Innenleben es Seltene Erden und Lithium braucht. Mit die meisten Reserven weltweit werden in Afghanistan vermutet, und das allein ist etwa für China ein Grund, sich aus dem Land keineswegs zurückzuziehen. Nur wird das chinesische Engagement den Afghanen kaum zu ihrer Freiheit verhelfen. Wenn wir schon meinen, Demokratie sei nicht zu exportieren, dann sollten wir uns zumindest dafür interessieren, woher unsere Importe kommen und wo wir unsere Waren künftig verkaufen können.

Den Begriff des Weltbürgers, den ich eingangs anführte, hat im 18. Jahrhundert Gotthold Ephraim Lessing geprägt; ihm vor allem verdankt die deutsche Sprache auch das Wort Kosmopolitismus. In der *Minna von Barnhelm* hat Lessing dieselbe Idee ganz schlicht ausgedrückt: «Es ist so traurig, sich allein zu freuen.» Das gilt für Menschen, aber es gilt auch für Völker, für Kontinente, für die Menschheit. Die Erfolgsgeschichte unseres eigenen Landes ist unfaßbar, sobald man sich die Situation Deutschlands am 8. Mai 1945 vor Augen führt: gedemütigt, zerbombt, moralisch vor aller Welt diskreditiert. Das immerhin gibt Hoffnung auch jenen Ländern, deren Lage heute aussichtslos zu sein scheint: Zukunft nimmt selten den erwarteten Verlauf und kennt im Schlechten, jedoch manchmal auch im Guten Wendungen, die unvorstellbar waren. Bei allem, was an der Bundesrepublik zu kritisieren war und ist, scheint mir die jüngere Geschichte Deutschlands ein solches Wunder zu sein. Das weiß ich nicht nur abstrakt, das fühle ich bei jeder Rückkehr von einer Reportage-Reise tief im Gemüt, und ich möchte auch an unsere Kinder, an jeden neuen Mitbürger appellieren, sich dieses Glücks bewußt zu sein. Welche Vergleiche auch immer man heranziehen möchte, historisch, geographisch – wir leben in einem guten Land. Und doch wäre in dem Satz des Fräuleins im dritten Akt der *Minna von Barnhelm* nicht nur der Seufzer zu hören, sondern auch die Aufgabe, die Utopie. Es ist so traurig, sich allein zu freuen.

31

Preis der Gerechtigkeit

Das Verschwinden des generischen Maskulinums

Die Zeit, 4. Januar 2021

Am Anfang von Sure 33:35 steht eine lange Aufzählung:

Siehe, die ergebenen Männer und ergebenen Frauen,
Die gläubigen Männer und gläubigen Frauen,
Die gottesfürchtigen Männer und gottesfürchtigen Frauen,
Die wahrhaftigen Männer und wahrhaftigen Frauen,
Die geduldigen Männer und geduldigen Frauen,
Die demütigen Männer und demütigen Frauen,
Die wohltätigen Männer und wohltätigen Frauen,
Die fastenden Männer und fastenden Frauen,
Die Männer und Frauen, die ihre Scham bewahren,
Die Männer und Frauen, die Gottes oft gedenken –
Gott bereitet ihnen Vergebung und großen Lohn.

Die durchgehende Nennung beider Geschlechter liest oder spricht sich seltsam, und zwar nicht nur im Deutschen, sondern erst recht für eine arabische Hörerschaft des 7. Jahrhunderts. Denn grammatikalisch bräuchten die Frauen auch im Arabischen nicht eigens aufgeführt zu werden, um dennoch genannt zu sein. Aber warum wiederholt der Koran dann ein ums andere Mal die männliche und weibliche Form, wenn der gleiche Sinngehalt doch knapper auszudrücken wäre? Folgt man der Überlieferung, so hatte sich eine Gruppe von Musliminnen beim Propheten darüber beschwert, dass sich der Koran vor allem an Männer wende. Mohammed hätte den Frauen mit Verweis auf die arabische

Grammatik erklären können, dass sie genauso angesprochen sind, wenn im Koran von Gläubigen oder Gottesfürchtigen die Rede ist. Stattdessen offenbarte Gott ihm ebenjenen Vers, der ostentativ beide Geschlechter anführt.

Auch in unserer öffentlichen Sprache, etwa in den Nachrichten, im Bundestag oder in behördlichen Verlautbarungen, werden für gemischte Personengruppen, sofern nicht ohnehin gegendert wird, seit einiger Zeit fast durchgängig beide Geschlechter genannt. Dabei ist der Grund der gleiche wie im 7. Jahrhundert auf der Arabischen Halbinsel: Wo nur die maskuline Form verwendet wird, fühlen sich weibliche Hörer nicht oder nicht ausreichend gemeint. Soweit ich es überblicke, ist das Deutsche allerdings die einzige Sprache, aus der die geschlechtsneutrale Verwendung maskuliner Substantive und Pronomen ganz verschwinden könnte.

Seinen Regelcharakter hat das generische Maskulinum bereits jetzt eingebüßt, wie sich bei der Lektüre älterer Bücher leicht ersehen läßt. Noch in den siebziger Jahren sprachen deutsche Autorinnen von sich selbst gewöhnlich als Autoren, wo sie nicht ihr Geschlecht herausstellen wollten. Heute würde man selbst dort, wo man in Aufzählungen nicht jedes Mal die weibliche Form hinzufügt, eine einzelne Frau «Autorin» nennen, obwohl das Wort «Autor» keinen Hinweis auf das biologische Geschlecht enthält und somit Frauen wie Männer gleichermaßen umfaßt. Das ist sicherlich ein Erfolg der feministischen Linguistik, die den Begriff des generischen Maskulinums in den achtziger Jahren als Lehnwort aus dem Englischen überhaupt erst im Deutschen etabliert hat. Das heißt, bei dem Ausdruck handelte es sich von Anfang an um einen umstrittenen, man könnte auch sagen: einen Kampfbegriff, der auf die sprachliche Diskriminierung von Frauen hinweisen sollte. Daß vermutlich nur wenige Deutsche das Adjektiv «generisch» auf Anhieb richtig zu übersetzen wüßten, belastet den Ausdruck zusätzlich. Anders als in der Biologie bedeutet «generisch» in der Sprachwissenschaft ja gerade nicht geschlechtlich, es ist nicht etwa ein Adjektiv zu Gender, wie die meisten wohl spontan denken würden; «generisch» meint das Gegenteil, also wenn eine grammatische Form im verallgemeinernden Sinne gebraucht wird, ohne geschlechtlichen Bezug. Im herkömmlichen

Sprachgebrauch würde man eher von neutral oder geschlechtslos sprechen. Generisches Maskulinum hingegen klingt heute an sich schon ver-
dächtig.

Nun waren in jüngster Zeit immer wieder einmal Verzweiflungsrufe
deutscher Sprachwissenschaftler zu vernehmen, daß die grammatischen
Genera nicht mit dem biologischen Geschlecht zu verwechseln sind, wie
sich an vielen Wörtern zeigen läßt; die Waise kann ein Junge und der
Liebling eine Frau sein, das Idol ist keine Sache, und das weibliche Per-
sonalpronomen «sie» schließt im Plural beide Geschlechter ein; es handelt sich hierbei um ein generisches Femininum, ohne daß es irgendwem
auffiele oder gar ungerecht erschiene. Bei der Mehrzahl der neuhochdeut-
schen Wörter, so schrieb etwa kürzlich der Münchener Sprachwissenschaftler Olav Hackstein in der *Frankfurter Allgemeinen Zeitung*, kennzeichnet das Maskulinum individuelle Wesenheiten wie etwa den Fluß;
das sogenannte Femininum ist in der Regel Kollektiva und Abstrakta
vorbehalten wie der Flut oder der Überschwemmung. Das Neutrum
schließlich kann unbestimmte Massen bezeichnen, etwa das Wasser.
Mit dem Geschlecht haben die grammatischen Genera so wenig zu tun
wie der Akkusativ mit der Anklage, nach der er benannt ist (lateinisch
accusare, anklagen). Sie haben ihre geschlechtliche Bindung nicht etwa
im Laufe der Zeit verloren; nein, es ist genau umgekehrt: Die Funktion,
die sie seit jeher ausübten, wurde erst mit der Entstehung einer grammatischen Wissenschaft unterschiedlichen Geschlechtern zugeordnet, um
die Kategorien leichter voneinander zu unterscheiden.

Ebenso bekannt dürften inzwischen die Gegenargumente sein, die genausowenig von der Hand zu weisen sind. Denn ja: Sprache ist niemals
neutral, in ihr bilden sich immer auch gesellschaftliche und politische
Verhältnisse ab. So ist die Vorstellung eines göttlichen Wesens, die in
den Anfängen der Religionsgeschichte häufig noch weiblich konnotiert
war, seit Jahrtausenden mit männlichen Pronomina und Attributen belegt, und das ist natürlich keine himmlische Fügung, sondern Ausdruck
einer patriarchal verfaßten Ordnung, wie sie sich überall in der Welt
herausgebildet hat. Vor allem aber ist Sprache kein statisches, von ihren
Sprechern unabhängiges System. Sie ist nicht nur Sprechen, sie ist auch

Hören, und wenn heute anders gehört wird, mit besonderer Sensibilität für geschlechtliche Ungleichheit etwa, verändert sich auch die Sprache. Aus dem Koran erfahren wir, daß arabische Hörerinnen das generische Maskulinum bereits im 7. Jahrhundert als ausgrenzend wahrnahmen; da nimmt es nicht wunder, wenn neuere Untersuchungen erst recht belegen, daß Frauen sich nicht in der gleichen Weise angesprochen fühlen wie Männer, wo etwa in einer Stellenausschreibung Substantive lediglich im Maskulinum verwendet werden.

Ein Sprachwissenschaftler kann noch so häufig darauf verweisen, daß etwa ein Wort wie «Leser» ein Gattungsbegriff ist und man genaugenommen von männlichen Lesern sprechen müßte, wenn ausschließlich Männer gemeint sind – sobald niemand mehr im Wort «Leser» auch die Leserinnen hört, hat der Wissenschaftler allenfalls sprachgeschichtlich recht. Die Redaktion des Dudens hat der Entwicklung, die sich abzeichnet, bereits vorgegriffen und das generische Maskulinum offiziell gestrichen: Ein Mieter ist demnach ausschließlich eine «männliche Person, die etwas gemietet hat». Und dennoch gebrauche ich selbst Wörter wie Leser und Hörer weiterhin geschlechtsneutral, füge also anders als ein heutiger Nachrichtensprecher nicht jedes Mal auch die weibliche Form hinzu. Warum?

Ich komme noch einmal zurück zum Wort Gott: Sosehr sie verdrängt wurde und wird, hat sich die Weiblichkeit Gottes in den Religionen auf die eine oder andere Weise bewahrt, in der Mystik, in der Volksfrömmigkeit und erst recht in der Kunst. Das gilt sogar für den Monotheismus, der nicht zugleich männliche und weibliche Gottheiten zuläßt und auch keine göttlichen Zwitterwesen wie im Hinduismus. In der Bibel wird die Weisheit, die Sophia, als eine von Gott abstammende, aber doch unabhängige und eben weibliche Person verehrt, als seine Braut, und im rabbinischen Judentum und in der Kabbala trägt Gott selbst in Gestalt der Schechina, seiner «Einwohnung» auf Erden, weibliche Züge. Das Christentum, das Gott in einem Mann inkarniert sieht, heiligt in der Orthodoxie und im Katholizismus zugleich die Gottesmutter: Richtigerweise hat die analytische Psychologie seit C. G. Jung in der Marienverehrung ein Mittel der Volksfrömmigkeit erkannt, das männlich verfaßte Gottesbild der Kirche auszugleichen. Im Islam nun ist das wichtigste und häufigste Attribut Gottes, die *rahma* oder Barmherzigkeit, eindeutig weiblich konnotiert, schon weil es sich von *rahim* ableitet, Gebärmutter. Die islamische Mystik, die sich nicht zuletzt in der Begegnung mit den asiatischen Religionen entwickelt hat, schreibt Gott denn auch gleichermaßen männliche und weibliche Eigenschaften zu. Wenn aber Gott Mann und Frau ist, dann ist es auch der Mensch, und zwar jeder Mensch. Denn in jedem Menschen bildet sich die göttliche Wirklichkeit ab.

Natürlich ist damit keine biologische Wirklichkeit gemeint, obwohl es bekanntermaßen Kinder gibt, deren Geschlecht nicht eindeutig zu identifizieren ist. Wohl alle Kulturen haben ein Verständnis dafür entwickelt, daß sich die menschliche Psyche aus unterschiedlichen und eben auch widersprüchlichen Elementen zusammensetzt, die eher dem Männlichen oder dem Weiblichen zugeordnet werden. Als Ideal gilt seit je, beide Wirkkräfte in ein Gleichgewicht zu bringen und sich produktiv ergänzen zu lassen, etwa das Yin und Yang in der chinesischen Philosophie oder Animus und Anima in Jungs analytischer Psychologie. In der widersprüchlichen Erfahrung des Göttlichen als furchteinflößend und anziehend zugleich spiegelt sich diese Dualität der Seele: mysterium tremendum und mysterium fascinosum bei Rudolf Otto, die Erhabenheit und Schönheit Gottes im Islam, die Kontraktion und Expansion der Mystik, das Einatmen und Ausatmen bei Goethe.

Deshalb erlebe ich die Öffnung und Erweiterung sexueller Bestimmungen, die der Feminismus begonnen hat und die heute die Queer-Bewegung überall in der westlichen Welt propagiert, nicht nur als eine soziale Befreiung. Auch wenn es nicht allen Akteuren bewußt ist oder gar dringlich erscheint, liegt in den vielfältigen Übergängen, Überschneidungen und Ambivalenzen eine grundlegende religionspsychologische und anthropologische Wahrheit. Im übrigen kann ich mir bei aller zugegebenen Voreingenommenheit nicht vorstellen, daß irgendwer auf der Welt mehr von der Frauenbewegung profitiert hat als ich selbst. Denn nur eine Generation früher geboren, wäre ich um die größte Bereicherung meines Lebens gebracht worden, nämlich meine beiden

Kinder als gleichberechtigter Vater erziehen zu dürfen, mit all den Zärtlichkeiten und Verpflichtungen, Sorgen und Glücksmomenten einer Mütterlichkeit, die jeder Mensch in sich trägt, Mann oder Frau. Unsere Väter haben ungleich weniger Zeit mit ihren Kindern verbracht, und jedenfalls mein Vater hat mich zwar anfangs belächelt, wenn ich mit dem Baby vorm Bauch in die Tür trat oder er mich beim Wickeln antraf; aber gegen Ende seines Lebens bedauerte er zutiefst, daß eine solche Innigkeit für einen Mann seiner Generation noch undenkbar gewesen war, im Iran genauso wie in Deutschland.

Wir sind nicht eindeutig, niemand von uns, weder ethnisch noch kulturell, weder psychologisch noch geschlechtlich, und eine konsequente, ausschließliche Männlichkeit hat sich in der Weltgeschichte ebenso wie in der Geschichte der Religionen ein ums andere Mal als toxisch erwiesen. Bezeichnenderweise hat Theodor W. Adorno nicht etwa Identität zum utopischen Motiv erhoben, also das Einssein eines Wesens mit seinen äußeren Zuschreibungen, sondern das Nicht-Identische – wo also etwas oder jemand nicht aufgeht in den Begriffen, die von ihm gemacht werden. Identitätspolitik, die Menschen auf bestimmte geschlechtliche oder ethnische Merkmale festlegt und sie einer vermeintlich homogenen Gruppe zuordnet, war immer schon Terror und ist es auch in ihren heutigen Ausformungen geblieben, ob links oder rechts, ob religiös oder nationalistisch, ob rückwärtsgewandt oder emanzipatorisch gemeint, und häufig genug mündet sie in physische Gewalt.

Sprache jedoch kategorisiert, das ist ihre Natur als Zeichensystem; das heißt, sie ordnet die vielfältige, ambivalente, in ihrer Komplexität letztlich unendliche Erfahrungswelt einer notwendig begrenzten Anzahl von Begriffen zu. Sie sagt «Liebe», obwohl jeder weiß, daß mit dem Wort allein noch gar nichts gesagt ist, weil das Gemeinte so unterschiedlich und sogar vollends gegensätzlich sein kann. Sie sagt «Wurzel» und faßt damit nicht nur eine kaum zu übersehende biologische Vielfalt unter einen Begriff, sondern in der Übertragung zusätzlich alle möglichen weiteren Bedeutungsgehalte. Sprache trennt das eine vom anderen, den Stuhl vom Tisch, den Verstand vom Gefühl, die Trauer vom Glück, obwohl wir aus der Physik, aus der Psychologie und erst recht aus der

Mystik wissen, daß alles mit allem durch ein endloses Beziehungsgeflecht verbunden ist. Sprache ist, nein, sie muß pragmatisch sein,
sonst wären keine Verabredungen möglich, keine gesellschaftliche Ordnung, weder Theorien noch Skatabende. Sprache sagt Mann und Frau,
obwohl alle Weisheitslehren auf die eine oder andere Weise die Einsicht
bereithalten, daß keine menschliche Natur und schon gar nicht unsere
Sexualität in eine starre geschlechtlichen Dichotomie paßt. Damit läuft
Sprache stets Gefahr, in ihrer notwendigen Vereinfachung Komplexität
zu reduzieren, Zustände zu zementieren oder mit biologischen Wirk-
lichkeiten verwechselt zu werden. Sie birgt die Gefahr, daß diejenigen,
die unter einer bestimmten Zuschreibung zusammengefaßt werden,
sagen wir: Juden, Deutsche, Schwarze, Asiaten, Schwule, Orientalen,
Männer, Frauen, Transsexuelle, in eine einzelne Identität gezwungen
werden.

Keine Sprache der Welt nennt jedes Mal alle Geschlechter, wenn von
einer gemischten Personengruppe die Rede ist, das wäre für die Alltagssprache zu umständlich und für die Poesie zu sperrig. Das brauchen die
Sprachen auch nicht, weil sie das Gesagte und das Gemeinte nicht eins
zu eins codieren. Sie sind, so formuliert es Olav Hackstein, «tendenziell
ökonomische Kommunikationssysteme», die durch Implizitheit ge-
kennzeichnet sind: Jeder Hörer versteht, was gemeint ist, obwohl es so
eindeutig keineswegs gesagt ist. Sprache funktioniert also auch und gerade durch das, was nicht gesagt, aber von den Hörern mitgedacht
wird. Um Eindeutigkeit herzustellen, ist ihr Zweck zu pragmatisch und
sind ihre Mittel allzu begrenzt.

Neben allen sprachlichen und ästhetischen Gründen ist das auch der
Grund, warum ich das Gendern nicht etwa als emanzipatorisch wahr-
nehme, sondern als eine geistige wie politische Regression. Geschlechts-
zuschreibungen gehen nicht in zwei, sie gehen aber auch nicht in sieben-
undzwanzig Kategorien auf. Zu meinen, man könne mittels der Sprache
jederzeit jedem Angesprochenen gerecht werden, verkennt nicht nur ihr
Wesen; es legt die Angesprochenen überhaupt erst fest auf eine Identität. Die Vielfalt, die Ambivalenz, die Widersprüchlichkeit der menschlichen Natur und ihrer Wahrnehmung auszudrücken ist nicht Aufgabe

unserer Alltagssprache, und schon gar nicht ist es die Aufgabe irgendeiner behördlichen oder akademischen Instanz – das ist Aufgabe und sogar Daseinszweck der Literatur, der Musik, der Kunst: eine Unmöglichkeit, die auf erstaunlichste Weise dennoch immer wieder gelingt. Ein Schriftsteller wie Proust vermag alle Schattierungen und Paradoxien menschlichen Begehrens auf einer einzigen Seite zu fassen. Kleist setzt Liebe und Haß in eins, Beckett findet für das Verstummen Worte, Simone Weil denkt bei Gott zugleich an das Nichts. Literatur breitet nicht lang und breit aus, was in der Alltagssprache bündig formuliert werden könnte. Im Gegenteil, sie schafft bewußt Lücken, durch die die Einbildungskraft des Lesers ins Werk gezogen wird.

Nun spreche ich mit dem Persischen und dem Englischen zwei Sprachen, die bei Substantiven ohne grammatisches Geschlecht auskommen. Schreibt es sich in ihnen besser? Zwar ist es ein Trugschluß, daß sich aus der sprachlichen Gleichheit der Geschlechter reale soziale Gleichheit ergibt, sonst müßte es in der Türkei oder in Iran anders zugehen. Sprache ist ein Ausdruck von Wirklichkeit, auch von sozialer Wirklichkeit und gegebenenfalls Ungleichheit, aber sie ist kein Instrument, um die Wirklichkeit zu verändern. Außer in totalitären Systemen verändert sich die Sprache von selbst mit der Wirklichkeit mit.

Für die Literatur liegt in der Uneindeutigkeit von Geschlechterzuschreibungen allerdings ein enormer Vorteil. Die homoerotische Dichtung Persiens etwa lebt eben davon, daß sie offenlassen kann, ob es sich im Einzelfall um den oder die Geliebte handelt. Aus der biographischen Literatur wissen wir zwar, daß sich die großen Liebesgedichte Rumis an einen Mann richteten (genauso übrigens wie die meisten Sonette Shakespeares). Gleichwohl konnten die Leser und politischen Autoritäten über Jahrhunderte hinweg und noch im heutigen Iran so tun, als wäre eine Frau angesprochen. Und gewiß hat Rumi seine Gedichte in ebendiesem allgemeingültigen Sinne gemeint, daß die Liebe nicht auf eine bestimmte geschlechtliche Konstellation gemünzt war, zumal er mit der irdischen Liebe zugleich auch die Liebe zwischen Gott und Mensch besang, zwischen Schöpfer und Geschöpf.

Etwas Vergleichbares habe ich erlebt, als ich 15- oder 16jährig die

Platten von Rio Reiser hörte. Ich hatte nicht die geringste Ahnung, daß Rio Reiser schwul war und seine Verse, seine Sehnsucht, sein Begehren sich auf einen Mann bezogen. Im Siegerland der frühen achtziger Jahre gab es keine Schwulen, keine Lesben – Homosexualität war für Jugendliche wie mich nicht etwa verpönt, sie war einfach nicht existent. Erst im Rückblick kann ich vermuten, wer von meinen Mitschülern eine andere sexuelle Neigung hatte als die anderen, und ich kann mir ausmalen, wie sehr sie unter der Tabuisierung gelitten haben müssen. Als ich in der Oberstufe erfuhr, daß ausgerechnet mein liebster deutscher Rocksänger einen Mann liebte, hat es – das weiß ich noch genau – klick gemacht in meinem Kopf: Mann, Frau, völlig egal, dachte ich – solche Liebe kann nicht falsch sein, die Rio Reiser besingt. Möge er in Frieden ruhen.

Nun kennt das Du, mit dem Rio Reiser sich an seine Liebe wandte, kein Geschlecht. Wenn ich hingegen in einem Roman über die Liebe schreibe, verfluche ich die deutsche Grammatik gelegentlich. Denn sie zwingt mich, das Geschlecht des oder der Geliebten offenzulegen. Für die Einbildungskraft des Lesers bliebe ungleich mehr Raum, wenn er nicht wüßte, wohin im Einzelfall die Liebe der Ich-Erzählerin ausschlägt. Daß heute der bloße Umstand anstößig geworden ist, sich als Mann in eine Frau hineinzuversetzen, sollte dabei erst recht motivieren, auf dem Nicht-Identischen zu beharren, das jedem künstlerischen Akt inhärent ist.

Andererseits läßt die deutsche Sprache Nuancierungen zu, die im Englischen und Persischen nicht möglich wären. Ich kann geschlechtliche Bestimmungen kenntlich machen, aber dank des generischen Maskulinums auch dort verschwinden lassen, wo sie ohne Bedeutung sind. Wenn ich etwa eine Mail an meine Freunde verschicke, um sie zu meinem Geburtstag einzuladen, dann rede ich sie bewußt nicht als Freundinnen und Freunde an. Das Wort «Freundin» hätte, von einem Mann geschrieben, eine ungewünschte, am Ende sogar erotische Konnotation, die mir im Zusammenhang einer Geburtstagseinladung unpassend erschiene. Wenn ich hingegen als Dozent eine Mail schreibe, rede ich meine Studenten durchgehend als «liebe Studenten und Studentinnen» an – obwohl die Studentinnen nicht in ihrer Eigenschaft als Frauen an meinem Seminar teilnehmen. Niemand würde aus meiner Anrede schließen, daß mich ihr Geschlecht besonders interessiert, eher ist es umgekehrt: Heutige Studentinnen könnten es als Affront oder Zurückweisung verstehen, wenn ich auf dem generischen Maskulinum beharrte. Da ich mich nicht dazu entschließen kann, das üblich gewordene, semantisch jedoch falsche und dazu unschöne Partizip «Studierende» zu verwenden, ist es also notwendig, beide Geschlechter zu nennen. Eigens die Studentinnen anzusprechen, obwohl sie sprachlich als Studenten mitgemeint sind, ist für mich ein Akt ebenso selbstverständlicher wie auch schöner, das Leben bereichernder Höflichkeit.

Sprache, Kultur, Zivilisation, sie bestehen nicht nur aus Notwendigkeiten. Sie bestehen auch aus dem, was der Regel nach überflüssig wäre. Dichtung zumal konstituiert sich auch aus Regelbrüchen. Die deutsche Sprache und wahrscheinlich alle Sprachen, die ein grammatisches Geschlecht kennen, erlauben Betonungen, Halbtöne und vielerlei Abweichungen von der grammatischen Norm, ohne die ich mir mein literarisches Schreiben gar nicht mehr vorstellen kann. Die Möglichkeit, ein Substantiv zu verweiblichen, aber es je nach Kontext auch nicht verweiblichen zu müssen, erweitert zudem die melodische und rhythmische Variabilität, sie ermöglicht Parallelismen dort, wo der Hauptstamm mehrerer Wörter unterschiedlich ist.

Aber die weibliche Endung – egal, wie ich ihre Anwendung variiere – ist nicht nur ein literarischer Wertstoff. Sie ist auch ein semantischer Gewinn. Bleiben wir bei der Alltagssprache: Ich kann von einer Kollegin als bedeutendstem Autor der deutschen Gegenwartsliteratur sprechen. Ich kann sie aber auch als die bedeutendste Autorin der deutschen Gegenwartsliteratur bezeichnen. Beides ist möglich, aber der Sinn ist jeweils ein anderer, wie sich sofort erschließt. Das generische Maskulinum erlaubt es, sich knapper und dabei doch präziser auszudrücken; ohne es müßte ich im Superlativ von der Kollegin als der bedeutendsten aller Autoren und Autorinnen der deutschen Gegenwartsliteratur sprechen. Sprache aber, die Sprache unserer täglichen Kommunikation, ist pragmatisch, und so neigen Sprachentwicklungen in der Regel zur Vereinfachung. Deshalb glaube ich auch nicht, daß sich das Gendern in der mündlichen Sprache durchsetzen wird. Nicht nur fehlt die Akzeptanz außerhalb eines begrenzten, entgegen seiner Selbstwahrnehmung außerordentlich homogenen Milieus; das Gendern ist schlicht zu umständlich, kompliziert und unmelodisch, um sich im Alltag durchzusetzen, geschweige denn in der literarischen Sprache. Allenfalls wird sich das Sternchen im Verwaltungsdeutsch und der Glottisschlag als Distinktionsmerkmal der höher gebildeten, sozial bessergestellten Schichten behaupten.

Was jedoch wahrscheinlich aus der deutschen Sprache verschwinden wird, ist das generische Maskulinum. Wie gesagt, Sprache ist nicht Motor, aber doch Ausdruck gesellschaftlicher Entwicklungen, und sprachliche Gleichheit zwischen den Geschlechtern scheint ein weithin empfundenes Anliegen zu sein. Als Schriftsteller kann ich den Verlust bedauern, ich kann darauf hinweisen, daß gerade der Verzicht auf eine geschlechtsneutrale Verwendung von Wörtern die Sexualisierung der Sprache befördert, ich kann mich gegen das Verschwinden des generischen Maskulinums stemmen; aber zugleich möchte ich natürlich vermeiden, daß meine Sprache als unhöflich empfunden oder gar mit einer konservativen gesellschaftspolitischen Botschaft verbunden wird, die althergebrachte Geschlechterrollen affirmiert. Wenn Sprache nicht nur Sprechen, sondern auch Hören ist, kann ich nicht ignorieren, daß insbesondere jüngere Hörer oder eben Hörerinnen das generische Maskulinum nicht mehr kennen, weil es ihnen der Deutschunterricht nicht vermittelt. Also bleibt mir nur, zu hoffen, daß die geschlechtsneutrale Verwendung männlicher Substantive und Pronomen wenigstens in meiner Lebenszeit noch nicht als Provokation mißverstanden und also ins Gegenteil verkehrt wird. Wenn eine männliche grammatische Form die geschlechtliche Identität gerade nicht mehr überginge, sondern im Gegenteil überbetonte, wäre das generische Maskulinum endgültig tot.

Aber verwirft nicht bereits der Koran das generische Maskulinum? Nein, er ignoriert es in einem spezifischen Kontext zu einem bestimmten Zweck, in diesem und vielen anderen Versen, die von der feministischen Exegese deshalb zu Recht hervorgehoben werden. Soweit bekannt, ist der Koran der erste arabische Text überhaupt, der Frauen direkt anspricht, und die Überlieferung berichtet von männlichen Hörern, die deswegen überaus irritiert waren. In der Regel jedoch, also dort, wo das Geschlecht der Hörer nicht eigens herausgestellt werden soll, beläßt es der Koran bei der männlichen Form. Anders gesagt: Wie in jeder Dichtung setzt der Bruch der Regel die Regel voraus.

In seinen *Mekkanischen Offenbarungen* zählt der große Mystiker Muhyiddin Ibn Arabi die spirituellen Eigenschaften des «Vollkommenen Menschen» auf, des *insân kâmil*. In Anlehnung an die eingangs zitierte Sure 33,35 fügt er nach jeder einzelnen Eigenschaft den gleichlautenden Zusatz *mina r-ridschâl wa-n-nisâ* hinzu: «unter den Männern und unter den Frauen». Sprachlich wäre das nicht notwendig: Das Wort «Mensch», *insân*, wiewohl männlich, umfaßt im Arabischen wie im Deutschen beide Geschlechter. Gleichwohl ist es schön und damals wie heute auch gesellschaftlich notwendig, daß Ibn Arabi die Formel hinzufügte. Erst in einer gleichberechtigten Gesellschaft müßte man vom generischen Maskulinum nicht mehr abweichen. Umgekehrt bringt sein Verschwinden die Gleichberechtigung keinen Schritt voran.

32

Krieg als Mittel der Politik

Nach der Ankündigung Wladimir Putins,
russische Truppen in den Donbass zu verlegen

Die Zeit, 24. Februar 2022

Mit der Ankündigung Wladimir Putins, russische Truppen nach Luhansk und Donezk zu verlegen, ist Krieg endgültig wieder zu einem Mittel der Politik in Europa geworden – und zwar unabhängig davon, ob Rußland bis zur Auslieferung dieser Zeitung tatsächlich in die Ukraine einmarschiert ist oder noch einmarschieren wird. Denn auch eine diplomatische Lösung, wie immer sie aussähe, wäre eine Folge gewaltigen militärischen Drucks durch Rußland und damit ein Erfolg für Putin. Und dieser Triumph fiele womöglich sogar noch größer aus, sollte die Invasion ausbleiben oder sich auf die faktisch bereits besetzten Gebiete beschränken. Denn dann könnte Moskau auf seine steten Beteuerungen verweisen, die eigenen Soldaten zu einer defensiven Übung zusammengezogen und die Ukraine zu keinem Zeitpunkt bedroht zu haben. Der amerikanische Präsident Biden, der den Tag des Angriffs mehrfach falsch vorausgesagt hätte, würde nicht nur in der russischen Öffentlichkeit als Hysteriker, Lügner und eigentlicher Kriegstreiber dastehen. Nein, auch der stetig wachsende Teil der westlichen Bevölkerung, der weniger Rußland fürchtet als die Globalisierung und die liberale Demokratie, fände einen weiteren Grund, in Putin das Vorbild eines starken, durchsetzungsfähigen Führers zu sehen – und mit der Bevölkerung jene westlichen Politiker, die dem Nationalismus das Wort reden, ob rechts Trump, Zemmour oder Orbán, ob links Mélenchon, Grillo oder Wagenknecht. Von der russischen Annexion der Krim, dem Anschluß des Donbass, der Gewaltherrschaft Lukaschenkos spräche niemand mehr, und klar wäre auch, daß die Ukraine keine europäische Perspektive hat. Andere Staaten würden es sich gut überlegen, ob sie sich an den Westen anlehnen oder nicht besser den Schulterschluß mit Moskau oder Peking suchen. Erst recht auf sich allein gestellt würden demokratische Aufstandsbewegungen sein. Klug eingesetzt, ist Krieg mitunter ein sehr effizientes Mittel der Politik. Leider.

Nach dem Ende der Sowjetunion schien die Gefahr eines militärischen Konflikts zwischen den Supermächten gebannt – denn wer sollte gegen wen in den Krieg ziehen, wenn es nur noch eine Supermacht gibt? Sicher, es wurden auch weiterhin Waffen eingesetzt, Völker vertrieben, Menschen massakriert, aber es waren keine Stellvertreter mehr, die sich bekämpften wie während des keineswegs nur Kalten Kriegs. Auch die amerikanischen Interventionen der neunziger Jahre in Kuwait, auf dem Balkan, in Somalia oder 2001 in Afghanistan unterlagen noch keinem langfristigen Plan; in jedem der Fälle reagierte Washington unmittelbar auf eine Besatzung, einen drohenden Völkermord oder einen Terrorangriff. Die Anlässe waren nicht einfach erfunden, und ihre Legitimität war, wenn schon nicht weltweit akzeptiert und durch einen UN-Beschluß gedeckt, nicht völlig von der Hand zu weisen. Wann also wurde militärische Gewalt wieder zu einem Mittel zur Durchsetzung strategischer und ökonomischer Interessen in der Weltpolitik? Im Rückblick wird klar: Es begann 2003 mit dem Einmarsch der Vereinigten Staaten im Irak.

Dessen offizielle Gründe – die atomare Bedrohung durch Saddam Hussein, seine angebliche Unterstützung des Dschihadismus, die Errichtung einer Demokratie – waren schon vor Kriegsbeginn unglaubhaft und stellten sich rasch als Lügen heraus. Wie man aus den Papieren der neokonservativen Strategen ziemlich unverblümt herauslas, wollte Amerika seine Herrschaft ausweiten, sich den Zugriff aufs irakische Öl sichern, einen früher verbündeten, nun unliebsam gewordenen Potentaten stürzen und zwischen dem Partner Israel und dem Feind Iran ein gefügiges Regime installieren. Zudem ließ die Bush-Administration kaum einen Zweifel daran, daß nach der erfolgreichen Eroberung Bagdads als nächstes Teheran ins Visier genommen werden würde, damit die Vereinigten Staaten die gesamte, an Bodenschätzen überreiche Region zwischen Kabul und Djiddah, Karatschi und Kairo dominieren. Tatsächlich wurden die Mittel für die hybride Kriegsführung gegen die Islamische Republik unter George W. Bush bereits bewilligt und eingesetzt.

Bekanntlich scheiterte die neokonservative Vision eines liberalen, Amerika zugeneigten Orients spektakulär. Statt den eigenen Einfluß von Bagdad aus auf Iran auszuweiten, geriet umgekehrt der Irak in den Einflußbereich der Islamischen Republik, für die sich die amerikanische Invasion als Frischzellenkur erwies. Und als wäre das nicht Scheitern genug, weitete Teheran in der Folge seinen Einfluß auch in Syrien und im Libanon massiv aus; George B. Bush und Tony Blair stürzten also nicht nur den Irak ins Chaos, sondern schufen zugleich die Grundlage dafür, daß in Iran Revolutionsführer Chamenei und die Revolutionsgarden ihre Herrschaft trotz der aufständischen Bevölkerung und der wirtschaftlichen Not konsolidieren konnten – und die iranischen Gefängnisse heute voller politischer Häftlinge sind.

Und das ist noch nicht alles: Indem sie bereits zwei Jahre nach dem Sturz der Taliban einen anderen Krieg anzettelten, gaben Bush jr. und Blair in Afghanistan den bereits sicher geglaubten Sieg aus der Hand. Gut erinnere ich mich an ein Gespräch 2006 mit zwei britischen Brigadegenerälen im Hauptquartier der Nato-Truppen in Kabul, die mir die negativen Folgen des Irak-Kriegs für den Einsatz in Afghanistan schilderten. Anders als der Irak-Krieg sei der Krieg in Afghanistan *winnable*, versicherten sie, aber man müsse eben auch die Bereitschaft haben, ihn mit genügend Einsatz zu führen, und zwar nicht nur mit militärischem Einsatz, sondern vor allem politischem Beistand, entschlossener Entwicklungshilfe sowie großangelegten Investitionen in Infrastruktur und Bildung. Die finanziellen und militärischen Ressourcen, die Amerika seit 2003 im Irak einsetze, würden seither in Afghanistan fehlen, um das Land zu befrieden und ökonomisch zu entwickeln. Gemessen an den Hinterlassenschaften von Bush jr. kommt einem die Präsidentschaft Donald Trumps zumindest außenpolitisch fast schon harmlos vor.

Heute sind die Vereinigten Staaten weiter denn je davon entfernt, die

Kraft des Guten zu sein, die das Böse überall auf der Welt bekämpft. Friedlicher oder gar freier ist die Welt deswegen nicht. Denn wo immer sich die USA zurückziehen, überlassen sie anderen Akteuren das Feld. China gelingt es fast ohne den Einsatz von physischer Gewalt, sein Einflußgebiet Land für Land zu erweitern, allein durch seine ökonomische Macht und strategische Intelligenz. Rußland hingegen, weil ihm die wirtschaftlichen und technologischen Anreize fehlen, tritt deutlich robuster auf. Bereits 2016 in Syrien führte es der verblüfften Weltöffentlichkeit vor, wie Interventionen erfolgreich sein können, nämlich mit ungleich geringeren militärischen Mitteln, als Amerika sie einsetzt, genauso vielen Lügen und noch größerer Skrupellosigkeit.

Fragt man nach den Gründen für Erfolg und Scheitern im Nahen Osten, hilft ein Blick in die jüngere Geschichte: Amerika war nach dem Untergang der Sowjetunion und den schnellen Erfolgen im vorherigen Golfkrieg sowie in Afghanistan berauscht gewesen, als es im Irak einmarschierte. Der Roten Armee hingegen steckte die Niederlage am Hindukusch noch in den Knochen, als sie in Syrien landete. Außerdem wird der Kreml genau studiert haben, wie die Vereinigten Staaten an ihrer eigenen Hybris gescheitert waren, erst im Irak, nach und nach in Afghanistan und 2011 auch noch in Libyen. So bewahrten der Realismus und die konsequente Beschränkung der eigenen Ziele Rußland vor dem Sumpf, den Präsident Obama im Fall einer Intervention in Syrien angekündigt hatte.

Ermuntert vom unerwarteten Erfolg und dennoch mit kühlem Kopf, schwingt sich Rußland seitdem auch in anderen Teilen der Welt wieder zu einer imperialen Großmacht auf, in Lateinamerika, in Afrika und zuvörderst natürlich auf dem Gebiet, das durch den Fall der Sowjetunion verlorengegangen war. Der Intervention in Syrien ging die Annexion der Krim und der Einmarsch im Donbass voraus, denen der Westen kaum mehr als diplomatische Beschwörungen entgegenzusetzen hatte. Eigentlich war der Krieg dort bereits nach Europa zurückgekehrt, also 2014, nur hatten wir es noch weitgehend ignoriert. Speziell Deutschland baute im folgenden sein Gasgeschäft mit Rußland erst richtig aus, was für die Minsker Verhandlungen kaum förderlich war. Und Europa? Längst ist die Antwort notorisch: Ach. Statt als der starke, machtbewußte und gleichwohl seinen Werten verpflichtete Akteur aufzutreten, der sie ihrer Größe und ökonomischen Kraft nach sein könnte, bleibt die Europäische Union durch ihre unzureichenden institutionellen Strukturen sowie den Egoismus ihrer nationalen Führer außenpolitisch gelähmt – durch eben jenes Gift also, das Moskau durch fremdenfeindliche Kampagnen und die Unterstützung nationalistischer Parteien mit anrührt.

Kommt es also zum heißen Krieg? Wer sich immer noch damit beruhigt, daß die Kosten-Nutzen-Rechnung Putin am Ende doch von einem Einmarsch in die Ukraine abhalten wird, sollte den bestürzenden, aber wohl realistischen Aufsatz lesen, den Liana Fix und Michael Kimmage vor ein paar Tagen in der Zeitschrift *Foreign Affairs* veröffentlichten: Trotz aller zu erwartenden Schwierigkeiten und Sanktionen könnte die Intervention sich am Ende als realpolitisch noch lohnender erweisen als zuvor im Donbass, auf der Krim, im Kaukasus oder in Syrien.

Ein Erfolg Rußlands in der Ukraine aber, mag er zunächst auch weniger triumphal ausfallen als der Einzug der Amerikaner in Bagdad, würde Europa tiefgreifender verändern als jedes andere Ereignis seit dem Fall der Mauer. Denn nicht mehr nur im Nahen Osten oder am Schwarzen Meer, nein, auch in der Mitte Europas zöge die neue Weltunordnung ein. Die Nato wäre vorgeführt, der nächste militärische Konflikt fast vorprogrammiert. Speziell für ein Land wie Deutschland, das einerseits vom Export lebt, damit von stabilen Verhältnissen, und sich andererseits am liebsten wegduckt, wenn irgendwo in der Welt etwas zu ordnen ist, wäre es dann mit der Beschaulichkeit vorbei.

Interessanterweise verläuft die Debattenfront in Deutschland quer zu den politischen Lagern und finden sich auf beiden Seiten richtige Argumente: Ja, man muß die russischen Ängste ernstnehmen, die gewiß vom Kreml instrumentalisiert und geschürt werden, aber aus naheliegenden Gründen nun einmal tief im kollektiven Bewußtsein der Bevölkerung verankert sind. Und man wird keineswegs zum Putin-Versteher, sondern tut, was im militärischen Jargon Feindbeobachtung genannt würde, wenn man sich das Mißtrauen vergegenwärtigt, das in Rußland herrschte, nachdem der Westen die Ankündigung Hans-Dietrich Genschers, die Nato werde sich nicht nach Osten erweitern, nicht wahr-gemacht hatte. Es bleibt ein folgenreicher Fehler, Rußland in den neun-ziger Jahren nicht in die europäische Sicherheitsarchitektur und die Nato eingebunden zu haben. Der Eindruck, getäuscht und zurück-gewiesen worden zu sein, manifestierte sich in fast jedem Satz der auf-gewühlten Ansprache, mit der Putin am Montag den Westen scho-ckierte. Es wäre fatal, zu meinen, daß sich darin nur der private Zorn eines einzelnen Politikers ausgedrückt hätte, der gern zu den Großen auf der Welt gezählt würde. Putin rührt an ein Gefühl, das in Teilen der russischen Bevölkerung, berechtigt oder nicht, nun einmal existiert. Das macht seine Schimpfkanonade so gefährlich.

Aber richtig ist auch: Moskau hat ebenfalls ein Versprechen ge-brochen, das in diesem Fall sogar 1994 vertraglich festgehalten worden ist, als die Ukraine auf ihr atomares Arsenal verzichtete, nämlich deren Souveränität in den bestehenden Grenzen zu respektieren. Wer heute noch meint, der russischen Drohung nur mahnende Worte oder un-bestimmte Sanktionen entgegensetzen zu müssen, befördert die Eskala-tion. Denn wie zuvor in Tschetschenien, Abchasien, Ossetien, Syrien oder in der Ostukraine hätte der Krieg keinen Preis. Deshalb macht sich Deutschland auf entsetzliche Weise unglaubwürdig, wenn es allein im vergangenen Jahr für vier Milliarden Euro Waffen an Ägyptens grau-samen Diktator Abdel al-Sisi lieferte, aber für die demokratische Ukra-ine, die konkret bedroht wird, nur fünftausend Helme übrig hat. Selbst Estland wird von Berlin daran gehindert, seine Bestände aus der Natio-nalen Volksarmee Kiew zu überlassen. Ja, man kann deutsche Waffen-exporte ablehnen und das durchaus mit der deutschen Geschichte be-gründen. Allerdings sollte man dann konsequent sein und die Verluste für die eigene Wirtschaft hinnehmen, statt die Hände aufzuhalten, wo keine Gasgeschäfte gefährdet sind.

Nun mangelt es der Ukraine an vielem, aber vermutlich nicht an Alternativen zu deutschen Waffen. Wenn Berlin sich also nicht durch-ringen mag, der Ukraine militärisch beizustehen, könnte es sich durch um so größeren diplomatischen Mut hervortun. Wie wäre es, jetzt – also wirklich jetzt, als eine der Reaktionen auf die Ansprache Putins –

neben den bereits angekündigten Sanktionen dafür zu werben, daß Brüssel den Beitrittsprozeß der Ukraine zur Europäischen Union beginnt? Berücksichtigt man bei dem Angebot die ukrainischen Wirtschaftsbeziehungen zu Rußland und schafft keine harte Ostgrenze, die den Warentransfer kappt, würde die Botschaft klar, daß es uns mit der Annäherung Kiews an Europa weder um militärische noch um ökonomische Vormacht geht, sondern um eben jene demokratischen Werte, für die auf dem Maidan gestorben worden ist. Schließlich wird eine Mitgliedschaft in der Nato, wie jeder der Beteiligten weiß, auf absehbare Zeit ohnehin unrealistisch sein. Hingegen wäre die Aussicht auf die Zugehörigkeit zur EU ein Signal, daß von der Ukraine keine Gefahr ausgeht – oder nur jene Gefahr für autoritäre Regime, die darin besteht, daß freie Gesellschaften so viel anziehender sind.

33.

Durch die Nacht

Die Ukraine im Krieg

Die Zeit, 5. Mai 2022

Nachts ist es nirgends in Kiew so dunkel wie am Bahnhof. Das heißt, dunkel ist es in der ganzen Stadt, aber während die Straßen wegen der Ausgangssperre wie verlassen wirken, herrscht vor den Zügen dichtes Gedränge, und spätestens wenn man über ein Gepäckstück stolpert, sticht das fehlende Licht ins Auge, fast wie ein Blitz. Von den Menschen sind nur die Konturen zu erkennen und allenfalls noch die Gesichter, die vom Bildschirm der Smartphones aufschimmern. Warum sprechen sie so leise? Kann man aus der Ferne, wo die Raketen gezündet werden, nicht nur Lichter ausmachen, sondern auch Stimmen hören, oder trübt die Finsternis die Gemüter mit ein? Die Taschenlampe abwechselnd auf den Zug und auf den Bahnsteig gerichtet, suche ich meinen Waggon.

Am Tag wirkt Kiew fast schon wieder wie eine normale Stadt – in der freilich jeden Tag Sonntag ist. Nur einzelne Geschäfte haben geöffnet, gleichwohl sind erstaunlich viele Autos und sogar die ersten Jogger unterwegs. Die Sirenen, die an manchen Tagen gar nicht, dann wieder in kurzen Abständen wimmern, scheinen kaum noch beachtet zu werden, jedenfalls beschleunigt niemand seinen Schritt. Selbst ich habe mich verblüffend schnell an den Luftalarm gewöhnt. Eilte ich in der ersten Nacht noch mit den anderen Gästen in die Lobby meines Hotels in Lemberg, beruhige ich mich seither mit der Unwahrscheinlichkeit, daß die Rakete ausgerechnet über mir einschlägt. In der Mitte und im Westen des Landes ist die Wahrscheinlichkeit inzwischen so gering, daß von Tag zu Tag mehr Normalität einkehrt. Am Bahnhof indes wird mir bewußt, daß es der Krieg ist, der in der Ukraine zur Gewohnheit zu werden droht. Es dauert endlos, bis der Zug abfährt, wie überhaupt alle Züge verspätet zu sein scheinen, zwei, drei oder sieben Stunden, ohne daß sich jemand beschwert, Hauptsache, man kommt weg. Wo die Stadt aufhört, wann das flache Land beginnt, ist hinterm Fenster des Schlafwagens nur zu erraten, weil in der Schwärze alles gleich aussieht.

Vorgestern erst liefen wir, meine Begleiterin Katya Lachina und ich, durch Butscha, wo die Zeit für immer in ein Davor und ein Danach geteilt bleiben wird, und das Erste, was überraschte, war, wie schnell man dort ist, dreißig, vierzig Minuten nur, so nah war der Horror an Kiew gerückt. Seit die Massengräber ausgehoben und die Übertragungswagen abgezogen sind, ist selbst in den Trümmern so etwas wie Alltag eingekehrt – der Alltag der Essensausgaben, der Alltag der Aufräumarbeiten, der Alltag, immer weitere Leichen zu begraben. Nicht alle sind durch Kugeln, Geschosse oder Bomben gestorben. Viele Bewohner haben die Besatzung nicht überlebt, weil sie krank wurden, bei Minusgraden Woche um Woche ohne Elektrizität, ohne Heizung, ohne sauberes Wasser, nur mit den eigenen Nahrungsvorräten und der immerwährenden Angst. Andere, besonders Ältere, haben gleich zu Beginn einen Schock erlitten oder einen Herzinfarkt. Und dann waren auch schon vor dem Krieg Menschen gestorben, die in der Leichenhalle lagen, als der Strom ausfiel – was tun? Als es noch möglich war, wurden sie in andere Orte gefahren, wo die Kühlung noch funktionierte, aber welche Leiche wohin, das ließ sich in der Eile kaum ordentlich registrieren. Nun, da die Massengräber wieder zugeschüttet worden sind, werden jeden Tag Leichen nach Butscha zurückgebracht, um sie zu identifizieren. Ein Zettel an der Windschutzscheibe, auf dem «Cargo 200» steht, weist auf die Ladung hin. Es ist das Codewort für den Transport Gefallener, noch aus dem sowjetischen Afghanistan-Krieg.

Die Angehörigen blickten stumm auf zwei Lieferwagen, die Heck an Heck parkten, während die schwarzen, länglichen Plastiksäcke von einer Ladefläche auf die andere gehoben wurden. Weil es regnete, hielten zwei Helfer ihnen Schirme hin, und ein dritter stritt sich mit den ausländischen Fotografen, die sich partout nicht abdrängen ließen. So schwer, bei so vielen Toten noch irgendwie deren Würde zu wahren, und dann

kommen auch noch diese Aasgeier hinzu, die meinem eigenen Berufs-
stand angehören. Nachdem die Säcke für die Identifikation kurz geöffnet worden waren, folgte die Obduktion, die, wie anscheinend alles in
diesen Wochen, von Freiwilligen übernommen wird, freiwilligen Ärzten
in diesem Fall. In ihren weißen, knittrigen Ganzkörperanzügen rauch-
ten sie vor der Leichenhalle eine Zigarette, bevor sie wieder das Atem-
schutzgerät übers Gesicht zogen. An der Rückseite des Gebäudes war-
teten die bereits obduzierten Toten nebeneinander auf eisernen Liegen
darauf, endlich begraben zu werden.

Das erste Feld mit 117 anonym verscharrten Leichen wurde hinter
der Sankt-Andreas-Kirche gefunden, und so sprachen wir dort den
Pater an, der gerade Hilfsgüter in einen Bulli trug. Er heiße Andreas,
stellte er sich vor, richtig, genau wie seine Kirche; dem Ausdruck seines
Gesichts nach zu schließen, hatten vor mir schon andere die Namens-
gleichheit bemerkt. Höchstens anderthalb Minuten Zeit habe er, be-
tonte er und legte dennoch den Karton ab, als ich fragte, was der
schwerste Moment für seine Gemeinde gewesen sei. Das Schwerste sei
nicht der Anblick der Körper gewesen. Das Schwerste für die Angehörigen sei jedes Mal der Anblick des Gesichts gewesen, selbst wenn ihnen
lediglich ein Foto gezeigt wurde.

– Und was haben die Angehörigen Sie gefragt?, wollte ich wissen.

– Sie haben mich gefragt, warum Gott das zugelassen hat.

– Und was haben Sie geantwortet?

– Ich habe geantwortet, daß wir nicht Gott verantwortlich machen
sollen für das, wofür Menschen verantwortlich sind. Nicht Gott hat
getötet, Menschen haben getötet. Nicht Gott hat den Krieg gesegnet,
Kyrill hat den Krieg gesegnet.

– Aber ist Kyrill für die meisten Christen in der Ukraine nicht immer
noch ihr Patriarch?

– Die Ukrainer können nicht mehr anders, als sich von der Russisch-
Orthodoxen Kirche zu lösen. Und damit meine ich nicht nur meine, ich
meine alle Gemeinden. Es ist ein schmerzlicher Prozeß, aber er ist unvermeidlich geworden mit diesem Krieg. Wir müssen an einen Gott
glauben, der liebt.

Pater Andreas harrte während der gesamten Zeit der Besatzung in Butscha aus, wagte sich allerdings selten aus der Kirche. Auch die anderen Bewohner seien in ihren Kellern geblieben und hätten sich von Vorräten ernährt. Den russischen Soldaten seien sie daher zunächst kaum begegnet. Nicht einmal in der Kirche? Nach Gebeten habe den Russen wohl nicht der Sinn gestanden, antwortete der Pater: Wie könne auch jemand beten, der mordet, foltert oder vergewaltigt? Ob denn die Soldaten von Anfang an so brutal gewesen seien, wollte ich wissen. Nein, die eigentlichen Gräuel hätten sich in den letzten ein, zwei Wochen vor dem Abzug zugetragen. Über die Gründe kann der Pater nur mutmaßen: der Frust, so nah vor Kiew wieder umkehren zu müssen, der Alkohol, die Langeweile oder vielleicht doch ein Befehl. Aber ein Brudervolk seien die Russen seither für niemanden hier mehr.

Ein paar Kilometer weiter in Borodjanka blickten wir in einen Krater, der sich zwischen zwei Hochhäusern auftat. Dort hatte ebenfalls ein Hochhaus gestanden, erfuhren wir. Fünfundvierzig Menschen soll es unter sich begraben haben, als eine Rakete einschlug. Der Schutt war bereits abgetragen, dennoch gruben einige Männer weiter in der Erde. Wonach sie suchten, fragten wir. Nach dem Internetkabel, antworteten sie. Es gibt noch keinen Strom, kein fließend Wasser, keine Heizung, aber die Verbindung zur Welt wird bereits wieder gesucht.

Einer der Männer bot an, uns das Gebäude zu zeigen, das den Besatzern als Zentrale gedient habe. Seine eigene Wohnung sei praktisch nebenan. Quer über ein Fußballfeld führte er uns zu einem Spielplatz, dessen Geräte ebenso aus sowjetischer Zeit zu stammen schienen wie die Plattenbauten ringsum. Dort wies er auf einen Schuppen, in dem die männlichen Bewohner verhört worden seien. Ja, auch er habe sich hinknien müssen und sei mit einem Gewehr vor der Stirn gefragt worden, wer von den Nachbarn zu den Banderisten gehöre. Nach dem nationalistischen Politiker Stepan Bandera nennen russische Medien die vermeintlichen Nazis, von denen die Ukraine befreit werden müsse. Viele Männer seien auch misshandelt worden, er zum Glück nicht. Er kenne keine Banderisten, habe er beteuert. Den Erschossenen haben die Soldaten offenbar nicht geglaubt.

- Was denken Sie heute über die Russen, fragte ich: Glauben Sie, Sie können irgendwann wieder in Frieden mit ihnen leben?

- Ich selbst bin doch praktisch ein Russe, antwortete der Mann: Meine Vorfahren kommen fast alle von dort, ich spreche die gleiche Sprache, das waren Leute wie wir.

Zurück in Kiew, fragte ich den Religionswissenschaftler Ihor Koslowski, ob die Nähe von Russen und Ukrainern gar eine Ursache des Konflikts sei, wie in so vielen Kriegen auf der Welt. Koslowski, einer der angesehensten Gelehrten des Landes, stammt aus Donezk und wurde dort zwei Jahre von prorussischen Separatisten festgehalten und misshandelt, bevor er Ende 2017 bei einem Gefangenenaustausch freikam. Nähe sei relativ, antwortete Koslowski: Je näher man trete, desto mehr Unterschiede fielen einem auf. Dann setzte er zu einer halbstündigen Vorlesung über das verwickelte und spannungsreiche Beziehungsgeflecht der beiden Völker an.

- Und wird das nun, also der Krieg, der Bruch sein?

- Ja, das wird der Bruch sein, ein völliger Abbruch. Selbst Familien brechen derzeit in großer Zahl auseinander.

Davon haben mir viele Ukrainer berichtet: von dem Entsetzen, wenn sie während der Bombenangriffe mit Verwandten in Russland telefonierten. Es gebe keine Raketen, hätten sie zu hören bekommen, oder wenn es Raketen gebe, dann seien es ukrainische, oder wenn es doch russische Raketen seien, dann nur, um die Ukrainer von den Nazis zu befreien. Und so weiter. Danach rufe man nicht mehr gern in Rußland an, und wenn, rede man nur oberflächliches Zeug.

- Es geht bei diesem Krieg nicht um Herkunft, sagte Koslowski: Es geht auch nicht um Territorium, um Sprache. Es geht um Werte. Wir wollen nicht so leben wie sie. Wir wollen keinen Präsidenten, der immer der Gleiche ist. Die Ukraine ist ein europäisches Land, das immer auch nach Westen orientiert war, viel stärker als Rußland. Wir wollen wieder zu Europa gehören.

Ich fragte, ob die Ukraine nicht einen wichtigen Teil der eigenen Geschichte, der eigenen Identität verleugne, wenn sie sich von Rußland abwende, die Beziehungen zur russischen Geisteswelt abbreche und die russische Zivilisation ausschließlich als etwas Fremdes und Hegemoniales behandele. Schließlich führe jedweder Nationalismus letztendlich zu Ignoranz gegenüber der eigenen Kultur, die niemals rein sei, unvermischt. Das stimme, antwortete Koslowski, aber jetzt sei eben die Zeit, sich des Eigenen bewußt zu werden, die Zeit der Unterscheidung und Abgrenzung. Immer mehr Menschen begännen, im Alltag Ukrainisch zu sprechen statt Russisch, und selbst die Russisch-Orthodoxe Kirche in der Ukraine schließe den Moskauer Patriarchen nach über tausend Jahren nicht mehr ins Gebet ein. Wladimir Putin habe die Ukraine auslöschen wollen; stattdessen habe er, überspitzt gesagt, die Ukraine erst erschaffen. Kein anderes Ereignis habe so sehr zur Nationenbildung beigetragen wie dieser Krieg.

Anderntags fuhren wir nach Tschernihiw, der Großstadt nördlich von Kiew, die fünf Wochen lang belagert wurde. Weil die Brücken der Hauptstraßen vor dem Einmarsch der Russen gesprengt worden sind und man auf den Nebenwegen zahlreiche Checkpoints passieren muß, braucht man für die 150 Kilometer vier bis fünf Stunden. Dafür kommt man durch die Dörfer, die unter russischer Besatzung standen, durch Ruinenlandschaften und an verlassenen Höfen vorbei. Auch wenn wir nichts von Gewaltexzessen wie in Butscha hörten, steckten die 45 Tage, die sie größtenteils im Keller verbracht hatten, noch allen Menschen in den Knochen, die wir entlang des Weges ansprachen. Manche berichteten von Plünderungen, und eine Greisin schimpfte, die Russen seien schlimmer als die Deutschen, die nach Lebensmitteln immerhin gefragt hätten. Ob es noch Bewohner gibt, die sich hier, so nah an der Grenze zu Rußland und Belarus, weiterhin der russischen Hemisphäre zugehörig fühlen? Bestimmt gebe es die, sagte ein Priester, der für den Moskauer Patriarchen nur Verachtung übrig hatte: Aber selbst sie merkten, daß gerade kein günstiger Moment sei, Verbundenheit mit Rußland zu bekunden. Wie viele in seiner Gemeinde sich selbst jetzt noch gegen den Anschluß an die Orthodoxe Kirche der Ukraine sperrten, könne er daher schwer einschätzen, vielleicht 20 Prozent, vielleicht 30.

– Gar nicht so wenige, sagte ich.

– Ja, aber die Ukrainisch-Orthodoxe Kirche ist auch erst 30 Jahre alt. Das ist so gut wie nichts.

Beinahe in allen Dörfern trafen wir auf Kombis, Transporter oder Lastwagen, vor denen Lebensmittel, Kleidung und andere Dinge des täglichen Bedarfs verteilt wurden. Soweit ich es in Erfahrung brachte, waren sie sämtlich von privaten Initiativen bestückt und entsandt worden, hier ein Nachbarschaftstreff, dort ein Biathlonverein oder die Pfadfinder. Als ich 2016 erstmals die Ukraine bereiste, hatte ich keineswegs den Eindruck, daß der Krieg im Donbass sonderlich interessierte. Viele der ukrainischen Kämpfer dort fühlten sich nicht nur vom eigenen Staat verraten, sondern auch von der Gesellschaft vergessen. Die miserable Ausstattung, die maroden Waffen, die schlechte Bezahlung – es bedurfte schon eines gewaltigen Patriotismus, dennoch sein Leben in den Schützengräben zu riskieren. Nun haben sich nicht nur Hunderttausende Männer freiwillig für den Krieg gemeldet, nein, das gesamte Land scheint in die Verteilung der Hilfsgüter involviert zu sein, und das deutet vielleicht auf den eigentlichen Grund, warum Rußland so mühsam vorankommt in diesem Krieg: Auf der einen Seite kämpft eine Armee, auf der anderen ein Volk.

Bezeichnenderweise höre ich über Wolodymyr Selenskyj, den ukrainischen Präsidenten, der im Westen als Held gefeiert wird, in meinen Gesprächen so gut wie nichts. Nicht daß er sonderlich kritisiert würde; eher wirkt es so, als verstehe sich die Statur von selbst, die er seit Ausbruch des Krieges gewonnen hat, schließlich wächst gerade die Gesellschaft als ganze über sich hinaus. Nicht einmal Selenskyjs russisch-jüdische Herkunft scheint irgendwen positiv oder negativ zu interessieren.

– Ich gebe Ihnen nicht die Auskunft, die Sie hören wollen, sagte mir in Kiew ein ums andere Mal der Psychiater Semen Hlusman, den ich nach Selenskyjs Judentum fragte. Natürlich war ihm bewußt, warum sich die Frage für einen Besucher aus Deutschland stellt. Hlusman ist selbst Jude, hat als Dissident in der Sowjetunion erst sieben Jahre im Arbeitslager, dann drei in der sibirischen Verbannung verbracht und sich in der Ukraine bisher noch gegen jede Regierung gewandt. Ja,

Selenskyj habe er gewählt, gesteht er ein, aber eigentlich nur, um dessen Vorgänger abzuwählen, und er habe es bereut, als er sah, mit welchen Leuten sich der neue Präsident umgibt; nein, wiederwählen werde er ihn bestimmt nicht.

– Aber ist es 77 Jahre nach der Schoah nicht doch von irgendeiner Bedeutung, daß das Land, das heute wie kein anderes um Europa kämpft, von einem Juden angeführt wird?

– Ich gebe Ihnen nicht die Auskunft, die Sie hören wollen, wiederholte Hlusman.

Vielleicht ist ebendies die Auskunft in einem europäischen Land: daß die Religion des Präsidenten keine Rolle spielt.

Nahe Tschernihiw erreichten wir eine Straße, in der sich die ukrainischen und die russischen Streitkräfte Auge in Auge gegenübergestanden hatten. Die Frontlinie war an einer Erdaufschüttung zu erkennen, über die man nur zu Fuß steigen konnte. Aber auch wenn die Straße wieder frei ist, wird noch lange sichtbar sein, bis wohin die Russen vorgedrungen waren, denn dort sind die Häuser unversehrt. Wen hat es wohl ärger getroffen? Diesseits der Linie waren die Geschosse auf die Bewohner herabgeregnet, jenseits hatten die Besatzer geherrscht. Ich fragte herum, aber niemand mochte entscheiden, ob Frieden wichtiger ist oder Freiheit, um es ebenfalls einmal überspitzt zu formulieren. Vor einem Gemeindezentrum sah ich ein Beet, in dem etwas sproß. Ich nahm an, daß es Kartoffeln oder etwas Ähnliches seien, weil die Äcker wegen der Minen brachliegen und noch auf lange Zeit kein Laden öffnen wird. Nein, das sind Blumen, sagte eine Frau, die neben mir stand.

In Tschernihiw selbst waren wir überrascht, daß das Zentrum weitgehend intakt geblieben ist und sogar gepflegt wirkt. Vielfach hatte ich gehört, daß die Stadt zu 70 Prozent zerstört sei, so wurde es mir in Kiew und Lemberg erzählt. Tatsächlich sind nur einzelne Gebäude beschädigt, hier ein Hotel, dort eine Behörde. Darauf angesprochen, sagte mir in Kiew der Philosoph Anton Drobowitsch, daß das Land sich keinen Gefallen damit tue, die Schäden zu übertreiben, obschon das in der alles andere als stillen Post der sozialen Medien wahrscheinlich unvermeidbar sei. Die realen Zerstörungen seien verheerend genug. Drobowitsch ist Leiter des staatlichen Instituts für Nationale Erinnerung und traf sich mit mir nicht in seinem Büro, sondern auf einer Parkbank in der Nähe seiner Kaserne. Auch er hatte sich als Freiwilliger gemeldet und trug eine einfache Soldatenuniform, was ein bißchen kurios aussah, weil er in seinen Worten, Blicken und Gesten der stille, behutsam abwägende Büchermensch geblieben war. Gerade würden sie Gräben rund um Kiew ausheben für den Fall, daß die Russen noch einmal auf die Hauptstadt vorrückten.

«Genozid» etwa, so fuhr Drobowitsch fort, sei ein klar umrissener juristischer Begriff, den man nicht vorschnell verwenden dürfe, sonst entwerte man ihn. Es gebe zahlreiche Kriegsverbrechen, die bereits jetzt ausreichend dokumentiert seien, aber ob Rußland tatsächlich einen Völkermord an den Ukrainern begehe, dafür brauche man Beweise, die von einer unabhängigen Instanz geprüft werden müßten, und man brauche Sorgfalt und Zeit, sonst tue man es Putin nach, der wahllos mit dem Begriff um sich werfe. Gleich wie groß das Leid sei und wie verständlich der Zorn – eben dafür kämpften die Ukrainer doch, daß Recht herrsche und keine Willkür. Also müßten sie gerade auch in der Anklage präzise sein.

Während ich im Nachtzug Richtung Westen fahre, mehren sich die Anzeichen und Ankündigungen, daß im Osten eine russische Großoffensive bevorsteht. Werden die feindlichen Truppen zurückgeschlagen, oder setzen sie sich im gesamten Donbass, entlang des Schwarzen Meeres, gar bis nach Moldawien fest? Davon, so heißt es in den Analysen, hänge der weitere Verlauf des Konflikts entscheidend ab. So oder so deutet vieles auf einen langen Stellungskrieg hin, der einen Teil des Landes vom anderen abtrennen wird. Wird der Zusammenhalt dann bestehen bleiben, der hohe Grad an Mobilisierung, die beeindruckende Solidarität? Der Mensch sehnt sich so sehr nach Normalität.

Mit den üblichen paar Stunden Verspätung in Lemberg eingetroffen, staune ich, wieviel Leben in diese wunderschöne Stadt zurückgekehrt ist. Waren vor ein paar Tagen noch viele Geschäfte geschlossen, ist die Fußgängerzone nun voller Menschen, und es konkurrieren bereits die Gaukler und Musikanten wieder um Aufmerksamkeit und Geld. Das endlich etwas wärmere Wetter und ein paar Sonnenstrahlen tun ihr Übriges, damit der Krieg noch ein bißchen weiter in die Ferne rückt.

In einem Café treffe ich Olga Pikula, 39 Jahre alt, aus Mariupol. Ich bin jetzt überhaupt nicht der Bergsteigertyp oder so, erklärt sie, und das nimmt man ihr sofort ab, so elegant, wie sie gekleidet ist – und so zierlich ihre Statur. Während der Belagerung lernte sie, Holz zu sammeln und auf offenem Feuer zu kochen; sie lernte, Eis zu hacken, um es zu schmelzen; sie lernte, im Garten etwas Eßbares zu finden und die Bettdecke bei minus acht Grad zu wärmen, damit sie während des Schlafes nicht erfriert. Sie lernte, ihre Angst zu überwinden, wenn sie Wasser holte, wegen der dauernden Geschosse im Sprint von Hauseingang zu Hauseingang. Sie lernte, durchzuhalten, wenn sie die zwei Sechs-Liter-Kanister drei Kilometer weit nach Hause trug, ihrem Bizeps sehe man es immer noch an. Sie lernte, sich selbst zu überraschen, als sie während einer kurzen Feuerpause am 15. März ihren Mann überzeugte, sofort mit dem Auto zu fliehen. Auf der Landstraße traf ein Geschoß das Auto, das direkt vor ihnen fuhr, auf der Rückbank ein Kind.

Olga ist Geschäftsfrau, besaß in Mariupol mehrere private Bildungszentren, engagierte sich im Kommunalparlament, spricht fließend Englisch und ist weit gereist. Sie wollte mit Freunden in den Karpaten Ski fahren, doch dann verschob sich der Urlaub um eine Woche, und plötzlich fing der Krieg an. Drei Wochen lebte sie auf einem anderen Stern.

– Ich habe noch etwas gelernt, sagt sie: Ich habe zu hassen gelernt. Ich wußte vorher überhaupt nicht, was das ist. Das ist das Schrecklichste, daß ich jetzt weiß, was Haß ist. Ich hasse Rußland, jeder haßt Rußland, der das erlebt hat.

– Und hast du noch mehr gelernt?

– Ja, ich habe gelernt, wie sich die Menschen 2015 in Aleppo gefühlt haben müssen. Ehrlich gesagt, hat mich das damals überhaupt nicht interessiert. Ich habe gelernt, wie sich Menschen in Afrika fühlen, die hungern, die Angst haben, die nicht wissen, ob sie den nächsten Morgen sehen. Ich fühle jetzt physisch mit ihnen. Ich glaube, das war die wichtigste Lektion.

Auf die Frage, ob sie sich eine Rückkehr nach Mariupol vorstellen könne, fragt Olga zurück: Welches Mariupol? Dann holt sie ihr Smartphone hervor und zeigt ein Video, das offenbar mit einer Drohne aufgenommen worden ist. Es fällt schwer, sich vorzustellen, wie man die Zerstörung noch übertreiben könnte, die auf den Bildern zu sehen ist. Nein, vorläufig bleibe sie in Lemberg oder ziehe nach Kiew, das wisse sie noch nicht, sagt Olga. Jedenfalls wolle sie ihre Sprach- und Fortbildungskurse wieder starten, online dann eben, und hoffe auf einen Kredit. Für die Zukunft allerdings habe sie einen sehr konkreten Traum. Vor dem Krieg habe sie einmal Straßburg besucht, und sie wolle eines Tages dorthin zurückkehren, um am World Forum for Democracy zu arbeiten, das beim Europarat angesiedelt ist, der gesamteuropäischen Menschenrechtsorganisation.

Zu Europa gehört es auch, sich mit Feinden zu versöhnen. Menschen wie Olga Pikula, die physisch mit den Elendsten fühlen, aber auch gelernt haben, was Haß ist, könnten einmal unsere Lehrer sein.

427 Seiten | Broschiert | (bp 6432) ISBN 978-3-406-76741-8

«Erinnert daran, wozu man Intellektuelle braucht: damit Reden
gehalten werden, in denen etwas gesagt wird.»
Frankfurter Allgemeine Sonntagszeitung

«Worte können verletzen. Worte, die aufrütteln und heilen,
sind Kermanis Metier.» *Der Standard*

«Ein wahrer Fundus klarer Gedanken in einer immer
komplizierteren Welt.» *ARD, Titel Thesen Temperamente*

C.H.BECK
WWW.CHBECK.DE

NAVID KERMANI
ENTLANG DEN GRÄBEN
Eine Reise durch das östliche Europa bis nach Isfahan

C·H·Beck

446 Seiten mit 1 Karte | Broschiert
(bp 6378) ISBN 978-3-406-74767-0

«Ein überwältigendes Reisebuch» *Bayerischer Rundfunk*

«Ein zeitgenössischer Herodot» *Rheinische Post*

«Einer der wenigen Neugierigen» Berliner Zeitung

«Eine Horizonterweiterung» *Denis Scheck, ARD Druckfrisch*

«Ein Buch so prall und bewegend, dass es gut ist, sich dafür 54 Tage zu nehmen,
also Tag für Tag wieder in eine neue Welt einzutauchen.»
NDR Kultur

C.H.BECK
WWW.CHBECK.DE